中國學術思想 研究輯刊

二八編

林慶彰 主編

第 3 冊

透過冥契主義重構《莊子》體道工夫的研究向度

林修德 著

花木蘭文化事業有限公司

國家圖書館出版品預行編目資料

透過冥契主義重構《莊子》體道工夫的研究向度／林修德 著 ─
初版 ─ 新北市：花木蘭文化事業有限公司，2018〔民107〕
序 2+ 目 4+224 面；19×26 公分
（中國學術思想研究輯刊 二八編；第 3 冊）
ISBN 978-986-485-472-1（精裝）
1. 莊子 2. 研究考訂
030.8 107011403

ISBN- 978-986-485-472-1

9 789864 854721

中國學術思想研究輯刊
二八編 第三冊 ISBN：978-986-485-472-1

透過冥契主義重構《莊子》體道工夫的研究向度

作　　者　林修德
主　　編　林慶彰
總 編 輯　杜潔祥
副總編輯　楊嘉樂
編　　輯　許郁翎、王　筑　美術編輯　陳逸婷
出　　版　花木蘭文化事業有限公司
發 行 人　高小娟
聯絡地址　235 新北市中和區中安街七二號十三樓
　　　　　電話：02-2923-1455／傳真：02-2923-1452
網　　址　http://www.huamulan.tw 信箱 hml810518@gmail.com
印　　刷　普羅文化出版廣告事業
封面設計　劉開工作室
初　　版　2018 年 9 月
全書字數　167841 字
定　　價　二八編 12 冊（精裝）新台幣 22,000 元

透過冥契主義重構《莊子》體道工夫的研究向度

林修德　著

作者簡介

林修德，1983 年生，新北板橋人，東吳大學哲學碩士，國立東華大學中文博士，遊走於哲學與中文兩端，期許理性與感性的整合，得以開拓當代中國哲學研究的新向度。現任嶺東科技大學通識中心助理教授，曾任教於國立東華大學、國立臺東大學、國立臺東專科學校、聖母醫護管理專科學校。著有〈從〈聲無哀樂論〉引用《莊子》「三籟」典故探其「聲情關係」中所蘊含的工夫向度〉、〈試從存有三態語言觀反省《莊子》工夫的研究方法〉、〈中國哲學研究關懷初探——以《莊子》冥契主義研究爲例〉等篇論文。

提　要

　　本論文企圖融合理性的思辨與感性的體悟，是一種嘗試連結中文、哲學、心理與宗教的跨領域研究。

　　從結構而言，本文涉及了《莊子》體道思想及其書寫表達方式、冥契主義（即 Mysticism，又譯爲神祕主義）、榮格的集體潛意識理論。集體潛意識理論認爲所有人類從古至今共同具有一超越時空的潛在意識，此集體潛意識得以做爲冥契主義的理論基礎，而冥契主義旨在探究天人合一的體驗內涵，《莊子》的體道思想亦屬冥契主義的一種。因此，研究集體潛意識理論，將有助於我們對於《莊子》體道智慧的當代理解。

　　提出新的《莊子》體道思想研究方法，亦是本論文的研究目標。冥契主義除了得以做爲《莊子》體道思想的基礎理論外，心理學進路的冥契主義研究，亦有助於我們調整研究《莊子》體道思想的方法策略，心理學進路擅長從冥契語言的分析中，掌握言說者完整的冥契體道歷程，據此重新檢視並解構傳統《莊子》三言的語言表達模式，將得以發展出一種針對《莊子》體道思想的當代研究模式。

　　本論文旨在探究《莊子》體道思想所能引發的當代實踐意義，亦即呼應於當代意義治療、哲學諮商與人文臨床的發展脈絡，期許《莊子》能跨越歷史文化的時空限制，而爲當代人們帶來更豐厚的生命智慧！

自 序

　　一路從哲學系走向中文系，既是因緣際會，也是研究動力的驅使。哲學人強調理性的思辨以及體系的建構，至於中文人則更著重於情感的交流與真切的體悟。筆者一直深信：當代《莊子》思想研究，甚或是全面的中國哲學研究，必須有效整合此兩種學術特質，如此方能激發出更精緻的研究視野！因此，跨領域的嘗試，是筆者這些年來的學術志向，也是這部論文想要傳達的一種理念。

　　然而跨領域研究，也意味著一種學術的冒險與挑戰，在整合不同研究立場、態度與關懷的嘗試中，此部論文仍顯得跌跌撞撞，不甚成熟。對此，十分感謝賢中老師以及冠宏老師在指導過程中的包容與鼓勵！也非常感激口考老師們雖對此研究進路多有質疑與擔憂，卻仍對於修德的研究能力予以支持及肯定！此外，本論文有幸受到科技部「人文與社會科學領域博士候選人撰寫博士論文獎勵」的贊助，筆者亦在此誠摯致謝！

　　驀然回首，在東華已生活了六個年頭，花蓮山水一如往昔般那麼黏人，又如此可愛！大自然似乎真有股難以言喻的能量，隱含著生命的洞見與智慧的光亮。期望我能持續傳達這份動人的美好，並使之茁壯！

目次

自　序

第一章　緒　論 ……………………………………………… 1

第一節　研究主題的界定 ……………………………… 4

壹、什麼是「工夫」? ………………………………… 4

貳、什麼是「《莊子》的體道工夫」? ……… 5

參、什麼是「《莊子》體道工夫的研究」? ……8

肆、什麼是「冥契主義」? ……………………… 13

伍、冥契主義與《莊子》體道工夫的關係
為何? ………………………………………… 16

陸、關於《莊子》體道工夫的「研究向度」‥18

第二節　研究動機與目的 …………………………… 18

第三節　研究文獻與範圍 ………………………… 23

壹、關於《莊子》文本 ……………………… 24

貳、關於冥契主義研究 ………………………… 26

第四節　研究策略與步驟 ……………………… 28

壹、透過冥契主義的協助以重構《莊子》體道
工夫的新研究方法 ……………………… 28

　　貳、執行新研究方法以重現《莊子》體道
　　　　工夫的理論內涵與實踐智慧 ………… 30

第二章　冥契主義與《莊子》研究 ……………… 33

　第一節　略述冥契主義研究的源流與發展 ……… 33

　第二節　當代冥契主義研究中的範圍與分類爭議 ‥ 36

　第三節　冥契主義與《莊子》關係研究文獻檢討 ‥ 48

　　壹、馬丁布伯《莊子的對話與寓言》 ……… 49

　　貳、羅浩〈〈齊物論〉中的雙重冥契經驗〉 … 51

　　參、關永中專論三篇 ……………………… 55

　　　一、〈上與造物者遊──與莊子對談神秘
　　　　　主義〉 ………………………………… 56

　　　二、〈「獨與天地精神往來」──與莊子對
　　　　　談神祕經驗知識論〉 ………………… 60

　　　三、〈不敖倪於萬物、不譴是非──與莊子
　　　　　懇談見道及其所引致的平齊物議〉 ‥ 63

　　　四、此三篇專論的綜合性意義 …………… 66

　　肆、賴錫三《當代新道家──多音複調與
　　　　視域融合》 ………………………………… 68

　　　一、〈道家的自然體驗與冥契主義
　　　　　──神秘‧悖論‧自然‧倫理〉 ……… 70

　　　二、〈老莊的肉身之道與隱喻之道
　　　　　──神話‧變形‧冥契‧隱喻〉 ……… 73

　　　三、此兩篇專論的綜合性意義 …………… 77

　　伍、包兆會〈《莊子》中的神秘主義〉 ……… 80

　第四節　《莊子》所屬冥契主義類型界定 ……… 83

第三章　建構《莊子》體道工夫研究的新方法 …… 97

　第一節　從建構《莊子》體道工夫研究方法的後設
　　　　　角度談起 ………………………………… 97

　　壹、從領域認同走向學術分工──透過冥契
　　　　主義與集體潛意識理論而從當謂與創謂
　　　　的層次進行研究。 ……………………… 98

　　貳、基於當代處境姿態的自我檢視,「分析研
　　　　究」亦將成為東方傳統堅信「直觀體悟」
　　　　之外的一種深入形上體驗的恰當進路。
　　　　…………………………………………… 100

參、在「是什麼」與「有什麼」的探究之上，
進一步透過「為什麼」與「如何」的追
問以深入創作者的冥契心靈及其所隱含
的實踐原理。……………………………… 103

肆、既然傳遞冥契心靈是傳統東方哲人的創
作企圖之一，那麼研究者個人對於工夫
實踐的體驗感受也當值得直接展現在其
學術成果當中。…………………………… 107

伍、針對上述四項核心原則進行總結。…… 108

第二節　針對冥契語言的研究策略與冥契現象的
理論詮釋……………………………………… 109

壹、冥契主義研究者面對冥契語言的研究
策略…………………………………………… 110

貳、冥契主義研究者對於冥契者意識昇華
轉化現象的理論詮釋…………………… 118

第三節　透過冥契主義研究重探《莊子》的語言
策略…………………………………………… 124

壹、刁生虎對於《莊子》三言之解析……… 126

貳、徐聖心對於《莊子》三言之解析……… 128

參、楊儒賓對於《莊子》三言之解析……… 131

肆、統合以上三位學者解析《莊子》三言的
研究成果…………………………………… 135

伍、參照冥契語言的研究策略以重新深化《莊
子》的三言結構………………………… 138

第四節　藉由《莊子》冥契語言分析以重構新的
研究方法…………………………………… 143

壹、根本的研究目的………………………… 144

貳、主要的研究策略………………………… 145

參、具體的研究方式與步驟………………… 148

肆、呈現研究成果的表達原則……………… 150

第四章　透過新研究方法重探《莊子》體道工夫· 153

第一節　先從《莊子·天下》談起…………… 153

第二節　《莊子》體道工夫的實踐原則及其方法
進路………………………………………… 162

　　壹、《莊子》爲何要以冥契體驗做爲其體道
　　　　原則？…………………………………… 162
　　貳、如何開啓冥契體驗以深入集體潛意識的
　　　　基本實踐原則？………………………… 168
　　參、上述的體道原則是否將開展出某種固定
　　　　的實踐方法進路？……………………… 172
　　肆、透過《莊子》體道工夫重新檢視內外
　　　　兩種冥契類型區分之意義？…………… 175
　第三節　《莊子》體道昇華歷程的意識轉化原理　178
　　壹、冥契體驗爲何得以昇華轉化自身心靈意
　　　　識的原理依據？………………………… 179
　　貳、冥契體驗如何得以引發體道者產生新的
　　　　價值思維？……………………………… 182
　　參、應然性的冥契價值如何從實然性的冥契
　　　　事實中推導出？………………………… 185
　第四節　《莊子》體道境界的價值思維及其生命智慧
　　　　………………………………………… 188
　　壹、體道者內在心靈意識在其體道實踐歷程
　　　　中的轉化情況？………………………… 189
　　貳、體道者外在行爲姿態層面在實踐歷程中
　　　　有何具體變化？………………………… 193
　　參、體道者從冥契價值模式中所獲致的應世
　　　　價值觀點爲何？………………………… 196
　　肆、此應世價值觀點將如何具體轉化體道實
　　　　踐者的眞實生命與世界？……………… 204
　第五章　結　論……………………………………… 211
　引用書目…………………………………………… 219

第一章　緒　論

　　在從古至今的《莊子》研究中，我們很容易發現一個事實：《莊子》被視為中國藝術精神的主要根源之一〔註1〕，也同時被視為中國哲學思想——尤其是道家哲學思想的重要奠基者。它是一部同時跨越文學藝術與哲學思想的偉大著作，也因此在進行《莊子》研究的態度立場上，往往同時涉及著感性與理性兩端，然而感性運作著重於主客合一性的體驗與感受，而理性活動則往往展現為主客二分式的思辨與理論，此中既須合一又須二分的獨特張力，一直是莊學研究中最令人費解卻也最精彩之處！本論文所進行的《莊子》體道工夫之研究，正必須處在此張力之中進行。

　　事實上，主客合一性的體證不僅是《莊子》思想，也一直是中國哲學思想中最具特色之處，因此過往的中國哲人總是擅長使用啟發性的感通語言來進行哲學陳述，然而在當代學術研究規範的要求下，研究者不得不採取主客二分式的思辨論述來呈現主客合一性的體證感受，此中勢必需要面對冥合性的終極體驗如何透過主客二分式的語言陳述來完全彰顯的研究難題，但身處於當代學術研究的發展脈絡下，研究者幾乎也不可能全然退回到過去啟發性語言的陳述語境，就如同楊祖漢先生所認為的：

> 中國哲學之未來發展，固然要重思辨，不能止於以往的以啟發性指
> 點性言論，以期引起對方有和自己相同的體證，相同的感受，而彼

〔註1〕徐復觀先生在其名著《中國藝術精神》中即認為「老、莊思想當下所成就的人生，實際是藝術地人生；而中國的純藝術精神，實際係由此一思想系統所導出。」引自徐復觀：《中國藝術精神》（臺北：臺灣學生書局，1998年5月初版十二刷），頁47。

此相悅以解爲已足，但若因重思辨，而不求通過實踐而生體證，便
會喪失了中國哲學的特質，接不上往哲的慧命。〔註2〕

這是當代中國哲學研究所必須面對的學術任務，也將是中國哲學在當代世界哲學發展脈絡中的轉折與契機。

因此，當代《莊子》研究，一方面必須在思辨論證上更加審愼細緻；另一方面也必須更加深入喚回屬於冥契體證中的生命智慧，如此方能爲當代《莊子》詮釋找到更有優勢的發聲位置。所以筆者試圖承接前人對於《莊子》冥契主義〔註3〕的研究成果，而企圖透過相關冥契體驗之理論，以及當代冥契研究者對於冥契者言說心理分析的研究策略，以嘗試融合《莊子》體道工夫研究中的論證性與體證性。廣義而言，此亦是一種兼具理論哲學與實踐精神的思想實驗。

本論文定名爲「透過冥契主義重構《莊子》體道工夫的研究向度」，其主要任務在於將當代冥契主義的研究方法，重新導入對於《莊子》文本的研究之中。換言之，本研究不完全等同於前人直接透過冥契主義內涵所進行的一種理論參照研究（冥契體驗歷程與《莊子》體道歷程之間的對應研究），而旨在進行一種後設性的研究方法導入研究（解析當代冥契主義研究者針對冥契語言的研究方法並將其導入《莊子》文本語言的研究方法中），以藉此還原檢視《莊子》作者言說動機中的冥契心靈。事實上，本論文不僅試圖針對前人的冥契理論參照研究有所承啓，更嘗試進行一種冥契主義研究方法的導入研究！附帶一提，基於針對研究方法的反省與重構，屬於研究對象後設層次的研究工作，因此本論文的陳述筆調，將難以避免地多有後設分析式的釐清與說明。筆者期許此種後設層次的探究，得以促使《莊子》體道工夫研究，更加聚焦與深入！

如果檢視當代臺灣學界對於道家研究的豐富面向，賴錫三先生認爲至少可歸納出存有、美學、神話、冥契、自然、倫理、隱喻、敘事……等向度，〔註4〕甚至亦可添加其當前針對《莊子》研究，更爲關注的權力批判與文化

〔註2〕 引自楊祖漢：〈「體用不二」與體證的方法〉，《鵝湖月刊》第 19 卷第 12 期（1994年 6 月），頁 6。

〔註3〕 亦有學者將「冥契主義」稱爲「神祕主義」或者「密契主義」，此譯名問題將在稍後進行說明。

〔註4〕 關於此方面的具體內容，請參考賴錫三：《當代新道家——多音複調與視域融合》（臺北：臺大出版中心，2012 年 3 月初版二刷）。

更新的新興視域，〔註5〕因此有關冥契向度的《莊子》研究，或已不足全然涵蓋《莊子》所蘊含的多元面貌！除此之外，楊儒賓先生亦主張將《莊子》思想分成三種面向——深居無之意識層的「冥契型的莊子」、介入社會進而有所批判的「支離型的莊子」以及掌握價值之源而強調創化的「『天均』型的莊子」，換言之，楊先生可能也同意「冥契型的莊子」，只是《莊子》全貌的三分之一，而無法直接企及其餘兩個部分。〔註6〕總之，關於冥契向度的《莊子》研究，或許無法直接涉及當代《莊子》研究更爲關注的語言批判（包含認知批判）與文化反思（包含社會、政治與權力的反省）的兩大議題，然而筆者認爲透過冥契進路所探求的某種價值根源，極可能是上述其餘兩項研究的價值核心及其動力基礎，因此廣義而言，針對冥契向度的研究，其實未必與這些豐富且具當代性的《莊子》研究相牴觸，反倒可以將其視爲一種追本溯源式的研究進路！無論如何，本研究關注於體道工夫的當代意義，因而嘗試透過冥契主義的涉入，進而展開一種研究方法與理論參照的並行研究。

事實上，筆者認爲關於冥契向度的研究（尤其是透過集體潛意識理論所進行的冥契研究）是一種試圖超越文化差異，而針對整體人類所進行的「類研究」，因此從嚴格的文化主體論述來說，這樣的跨文化研究是充滿風險與武斷的！然而換個角度來說，《莊子》與冥契主義都是當代人們共享的思想資產，甚至當代冥契研究者亦大多同意：冥契研究可能是人類開啓下一個文明智慧階段的關鍵鎖鑰！因此，本論文嘗試在此研究視域下，參照冥契研究的理論與方法，一方面期許冥契主義得以讓我們更深入認識《莊子》；另一方面

〔註5〕關於此方面的具體內容，請參考賴錫三：《道家型知識分子論——《莊子》的權力批判與文化更新》（臺北：臺大出版中心，2013年10月初版）。

〔註6〕關於此方面的具體內容，請參考楊儒賓：〈莊說，說莊〉（廈門：第三屆海峽兩岸國學論壇暨第四屆海峽兩岸國學高端研討會「道家研究——學術・信仰・生活」會議論文，2012年11月23～24日）。楊先生目前的《莊子》研究，大抵已超出冥契向度，轉而關注於『天均』型莊子」的研究面向。更深入地說，楊先生指出冥契主義所強調「意識主體」的個體主動性，已無法全然窮盡《莊子》「形氣主體」所強調全體被動性的氣化展現，換言之，楊先生認爲體道活動的根本動力來源，並非是個體的「心」，而是全體的「氣」。然而筆者認爲：如果透過榮格「集體潛意識」的進路來理解冥契主義，那麼冥契體驗的達致，事實上既非僅依賴個體意識所能企及，也並非僅止於沉默寂靜的無意識狀態，具體而言，其乃是一種既主動又被動的全體性展現，此或可透過某種「心氣共振」的觀點來陳述，更爲恰當！關於此點，將在稍後的相關章節，進行更全面的討論。

也企圖探索《莊子》所承載的思想與文化，能為當代冥契研究注入什麼樣的新養分！

第一節　研究主題的界定

本論文旨在透過冥契主義的協助，來進行《莊子》體道工夫的研究，其中蘊含幾個主要的研究主題，理應在此先行說明：

壹、什麼是「工夫」？

「工夫」與「功夫」二詞之間的關係，向來撲朔迷離，林永勝先生對此問題有一溯源性的考察：

> 「功夫」一詞較早出現，至宋代以後則習用「工夫」，但二語的涵義並無明顯區別。功夫一詞在東漢出現時，其原始的詞義是役夫役徒，及其所行的傜役工作。由於傜役工作可依其執行天數進行計算，這會引伸出「時間」的詞義。另外，由於前面幾個功夫的詞義兼有人力與時間的意涵，由此亦會衍生出「做事所花費的時間與精力」之詞義。以上幾個詞義，是功夫較原初的詞義，其中的修養意涵尚不明顯。隨著佛教使用功夫一詞來描述其修養方式，功夫一詞開始產生了修養意涵。佛教開始時是用功夫的工作意涵來指布施僧人、修建佛塔等行為，而這類的行為也被認為是修持佛法的一途，於是功夫就有了「積功累行」的意涵。由於布施波羅蜜也只是成佛之途的一種，故其他的幾種波羅蜜也可以被稱之為功夫，所以佛教後來也用功夫來泛指六波羅蜜，此時功夫遂有「欲達到某一修行目標所設想出的方法或手段」的意涵，這個詞義仍被保留在《大漢和辭典》等日文辭書中。〔註7〕

依林先生的考察，「工夫」與「功夫」二詞之間原本並沒意義上的差異，其中「功夫」一詞因佛教的使用，因而較早具有修養的意涵，進而確立「功夫」具有「欲達到某一修行目標所設想出的方法或手段」的意涵，而這樣的涵義到了宋代則大量被理學家轉入「工夫」一詞中來使用，而在此語意傳播的過

〔註7〕引自林永勝：〈功夫試探──以初期佛教譯經為線索〉，《臺大佛學研究》第21期（2011年6月），頁26。

程中，使用「工夫」一詞意指此修養意涵的頻率反而逐漸超過「功夫」一詞
的使用，以至現代，「功夫」一詞的修養意涵似乎逐漸被「工夫」一詞所取代，
進而形成「目前較普遍的認知，即以功夫稱武術，而以工夫指理學家的修養
方法。」〔註8〕這樣的理解。也因此若要判定「工夫論」與「功夫論」此二詞
的使用何者較正確的問題，筆者同意林先生的論點，其認爲「功夫與工夫的
差異只是時代之別，六朝以前以功夫爲主，宋代以降則多用工夫。……故不
存在二詞何者更爲正確的問題。」〔註9〕而基於當代的使用習慣，「工夫」一
詞與「體證本體」或者「體道」的關係更爲緊密，因此本論文採取「工夫」
一詞來指涉《莊子》的「體道」思想，其意指欲達致體道狀態所設想出的原
則與方法。〔註10〕

貳、什麼是「《莊子》的體道工夫」？

依照林先生的分析，所謂「工夫」的修養意涵具有以下幾點特性：

> 本文在第三節中指出，功夫是「欲達到某一修行目標所設想出的方
> 法或手段」，本節則藉由對《佛說大安般守意經》中的數息觀之分析，
> 釐清所謂「設想出來的方法」，到底具有哪些要素。而這種被設想出
> 來的方法，也就是功夫，我們可以將其定義爲：個體將其身心進行
> 高度的集中，以投入某種具有可重複性、竅門性、進階性的儀式化
> 操作技法。〔註11〕

如果進一步將林先生對於「工夫」修養意涵的定義進行整理，此種得以將個體
身心昇華轉化的活動，應具備儀式性（即實踐活動中的具體操作步驟〔註12〕）、
可重複性、竅門性（即實踐步驟中的關鍵原理或原則〔註13〕）、進階性（即工夫

〔註8〕引自林永勝：〈功夫試探——以初期佛教譯經爲線索〉，頁4。

〔註9〕引自林永勝：〈功夫試探——以初期佛教譯經爲線索〉，頁7。

〔註10〕雖然依照林先生的看法，使用「功夫」一詞有助於擴大學界過去對於「工夫」
一詞的窄化理解，然而本論文所欲處理的《莊子》思想確實僅集中在「工夫」
一詞之專指「體證本體」或者「體道」的特定意涵上，因此本論文仍採取「工
夫」一詞來指涉《莊子》的體道工夫。請參考林永勝：〈功夫試探——以初期
佛教譯經爲線索〉，頁26～27。

〔註11〕引自林永勝：〈功夫試探——以初期佛教譯經爲線索〉，頁25。

〔註12〕林先生認爲此操作步驟或許還可進一步區分爲「開始的儀式」、「主要的儀式」
與「結束的儀式」三者。請參考林永勝：〈功夫試探——以初期佛教譯經爲線
索〉，頁23。

〔註13〕林先生指出「這些儀式化的步驟，都包含了許多具體的要求，或可稱之爲『竅

實踐所能達致的成果階級〔註14〕）四種特質。那麼針對《莊子》體道工夫思想，在此四種向度的檢視下，將展現出怎樣的具體內涵？在此暫且先以《莊子》工夫論述中，最著名的「心齋」與「坐忘」兩段文獻為例，來予以討論：

> 顏回曰：「吾无以進矣，敢問其方。」仲尼曰：「齋，吾將語若。有而為之，其易邪？易之者，皞天不宜。」顏回曰：「回之家貧，唯不飲酒、不茹葷者數月矣。如此，則可以為齋乎？」曰：「是祭祀之齋，非心齋也。」回曰：「敢問心齋。」仲尼曰：「若一志，无聽之以耳，而聽之以心；无聽之以心，而聽之以氣。聽止於耳，心止於符。氣也者，虛而待物者也。唯道集虛。虛者，心齋也。」（《莊子‧人間世》）〔註15〕

> 顏回曰：「回益矣。」仲尼曰：「何謂也？」曰：「回忘仁義矣。」曰：「可矣，猶未也。」它日，復見，曰：「回益矣。」曰：「何謂也？」曰：「回忘禮樂矣。」曰：「可矣，猶未也。」它日，復見，曰：「回益矣。」曰：「何謂也？」曰：「回坐忘矣。」仲尼蹴然曰：「何謂坐忘？」顏回曰：「墮枝體，黜聰明，離形去知，同於大通，此謂坐忘。」仲尼曰：「同則无好也，化則无常也。而果其賢乎！丘也請從而後也。」（《莊子‧大宗師》）〔註16〕

首先，關於儀式性與竅門性方面，「心齋」要求求道者超越「聽之以耳」與「聽之以心」的侷限性，進而達到「聽之以氣」的體道狀態；「坐忘」則要求求道者「墮枝體，黜聰明，離形去知。」以達致「同於大通」的體道狀態。可以確定在「心齋」與「坐忘」的實踐當中，皆具有其具體的操作步驟，但是這樣的具體「儀式」，卻未必表現在外顯的行為模式上，就如同「心齋」並非「不飲酒、不茹葷」的「祭祀之齋」，而是指向內在精神意識的轉化修練，所以無論是「心齋」的「無聽之以耳」與「無聽之以心」或者「坐忘」的「墮枝體，黜聰明，離形去知。」與其將它們理解為關於外在行為模式的

門』。」請參考林永勝：〈功夫試探——以初期佛教譯經為線索〉，頁23～24。

〔註14〕林先生認為「一個完整的功夫體系，不會只有一套主要儀式。當修行者對一套儀式化的步驟經由不斷的重複與修正，達到熟練的程度時，就可以、也必須進入下一個次第，開始進行下一套的重複性儀式化步驟。」請參考林永勝：〈功夫試探——以初期佛教譯經為線索〉，頁25。

〔註15〕引自王叔岷：《莊子校詮》（北京：中華書局，2007年6月初版），頁130。

〔註16〕引自王叔岷：《莊子校詮》，頁266。

具體操作步驟，不如將它們理解爲關於內在精神意識轉化的竅門原則，而且「無聽之以耳」還能與「墮枝體」交互解釋；「無聽之以心」也能與「黜聰明」相互詮解。〔註17〕換言之，《莊子》體道工夫蘊含其關於內在意識轉化的竅門性，且此竅門原則雖然隱含具體的實踐步驟，然其所呈現的實踐步驟卻不具明顯的外在儀式性，而是傾向於涵容各種由技入道的多元開放向度。

再者，關於可重複性方面。透過上述的討論，既然已闡明《莊子》的體道工夫具備實踐的竅門原則，卻不具有具體實踐步驟的固定儀式，因此所謂《莊子》體道工夫的可重複性，應只是指涉實踐竅門原則的一再引導與被依循，而非指向外在具體實踐步驟的不斷重複操作，換句話說，《莊子》的體道工夫並不具備具體儀式步驟的可重複性，而僅具有體道竅門原則的可重複性。〔註18〕

最後，關於進階性方面，「坐忘」的「墮枝體，黜聰明，離形去知。」雖然沒有明顯的境界階級性說明，但透過「心齋」論述的參照理解，似乎可能隱含從「聽之以耳」朝向「聽之以心」，最後邁向更高的「聽之以氣」狀態般的境界階級性思維。在《莊子》體道工夫的論述當中，確實蘊含一些關於進階性的說明，但這是否表示那些已達致的體道狀態有境界高下之別？抑或這些具有階級性的說明，旨在協助求道者理解朝向最終體道狀態之前所可能遭遇的各種階段性狀態？事實上，對於《莊子》體道工夫而言，所謂的進階性，或許並不是意指體道境界具有高下差等的階級之別，而是意指邁向體道境界的實踐進程中，隱含不同的階段性狀態。

參照上述林先生對於「工夫」修養意涵所提出的四項特質，已有助於初步理解《莊子》體道工夫的概念內涵。大致而言，《莊子》體道工夫是一種依循特定竅門原則，而可一再引導求道者藉由多元開放的實踐進路，並以階段

〔註17〕在此暫且僅能以「心齋」與「坐忘」兩段文獻予以說明，但事實上，《莊子》文本中關於體道工夫的絕大部分論述，都是以竅門原則性的陳述爲主，關於此部分，有待本論文稍後的相關章節，再進一步討論。

〔註18〕在此需要補充說明，關於《莊子》工夫的竅門原則，大致而言，即是「體悟道而順隨道，進而冥合於道。」而這樣的竅門原則，雖然得以一再做爲求道者的實踐依循，但針對「冥合於道」這個體道冥契狀態來說，卻未必是任何一位曾經契入道體的體道者，皆可一再透過自力修行而能達致的！換言之，所謂《莊子》體道工夫的「可重複性」，當是指涉竅門原則在每次工夫實踐中的固定引導性，而並非指涉求道者在實際的工夫實踐中，皆必然得以契合於道的境界重複性。關於此方面的問題，有待之後的相關章節，再深入討論。

性的漸進方式趨向體道狀態的身心修養活動。如果將這樣的修養活動對比於許多偉大宗教的系統性修行模式，筆者傾向將《莊子》體道工夫的理解，予以某種程度的寬鬆化，具體來說，筆者認爲這樣的身心修養活動可能並不具備嚴格的實踐步驟與方式，而旨在驅使求道者進行自我精神意識層面的昇華轉化，進而在體道狀態中領悟某種更高級的生命價值觀以及更美好的生活模式。

參、什麼是「《莊子》體道工夫的研究」？

所謂工夫研究所要解答的主要問題有三：其一是工夫實踐爲什麼能達致目標境界的合理性說明；其二是工夫實踐應如何進行的原則與步驟說明；其三是所要達致的目標境界的實質內涵爲何之說明。相應來說，《莊子》體道工夫研究所必須回應的根本目標也就爲以下三者：

第一，《莊子》體道工夫實踐爲什麼能達致體道境界的合理性說明。這是《莊子》體道工夫理論的核心問題，換言之，如果無法說明此合理性，《莊子》體道工夫的思想主張便從根本上無法確立。然而難以避免的，此合理性的探討最終可能也將遭遇某部分只能依賴個人感性體證來證成的困境，以本論文的立場而言，筆者寧可透過更多的推測與假說，也要盡可能地將此無法透過理性論證的部分降至最低，當然也不排除將所謂的合理性說明區分成兩種層次：其一是得以理性論證的層面；另一層面則是有待個人感性體證的層面。〔註 19〕而論證層面爲本論文所能處理的主要範圍。另外，與這個合理性問題相關的還有另一個關於工夫實踐的價值來源問題，具體而言，既然《莊子》體道工夫旨在依循特定的竅門原則以引導求道者進行自我精神意識的轉化活動，此中必內含某種應然性的實踐價值原則，而此應然性的價值原則似乎必須從實然性的體道境界（也可以說是道體本身）中的內涵來證成，〔註 20〕

〔註 19〕當一個人要判斷某說法是否合理時，往往與此人自身的「前理解」有關，亦即是說如果此說法與此人過去的理性推論經驗或感性體驗經驗吻合，則此說法便能使此人認爲是合理的；如果無法吻合，則此人可能無法接受此說明。因此在這樣的情況下，當說明合理性的推論過程必須依賴某些額外的假設與假說時，此推論的前提往往可能必須借助某些直觀經驗性的感受與猜測，所以讀者究竟能否接受此合理性的說明，可能涉及到讀者個人對於此前提假設的實際經驗與感受。也因此這裡的合理性說明，有可能必須區分成兩個層次來探討。

〔註 20〕《莊子》認爲人們「『應該』體悟道而順隨道進而冥合於道才是完善的！」此中關於「應該如何」的應然價值來源，從《莊子》的思維方式來看，即是源自

因此這個關於工夫實踐價值來源的證成問題，也將必須在此工夫理論的合理性探討中，一併予以解答。

第二，實踐《莊子》體道工夫應如何實際進行的原則與步驟說明。如果上述的合理性問題是確立《莊子》體道工夫理論的基礎，那麼此處關於體道工夫實踐的原則與步驟問題，則是《莊子》體道工夫研究所應探求的主要內容。

第三，《莊子》工夫實踐所要達致的體道境界的實質內涵說明。關於體道境界實質內涵的探討，不單單是為了確立體道工夫實踐所應朝向的方向與目標，也同時說明了《莊子》學說為何希冀後人投入體道實踐的理由之所在。

總體來說，上述三者即是《莊子》體道工夫研究所要探討的根本議題。合理性問題是工夫理論的根本基礎，實踐原則與步驟則是工夫理論所應說明的主要內容，境界內涵則指出了工夫實踐所應朝向的方向與目標。

在說明了「什麼是《莊子》體道工夫研究？」的問題之後，或許還有一個與此相關而更根本的問題，值得在此一併檢討，此問題是「工夫研究是否在莊學研究中具有重要性？」也許歷來的莊學研究者大多不會質疑此重要性，但瑞士著名的當代中國思想史學者畢來德（Jean François Billeter），則對此提出了反對意見：

> 我承認，在傳統的修養論，與莊子描述的活動機制由低向高的過渡之間，有著一定的聯繫——但是也有著重大的差異。修養論總是以自我完善為目標，所以其基礎總是建立在經驗當中有助於人朝向更大的超脫狀態、更高的敏銳程度、更有效的行動能力的元素上。對於經驗，它只選取了這些元素。縱使這樣一種自我完善，對莊子來

於「道」的內涵本身，而其內涵無論是指「道體」或者是「體道境界」，很顯然地都是一種實然性的存在，換言之，《莊子》工夫思想的應然性價值內涵是從一實然性的存在內涵中所確立的，然而此思維方式在西方哲學的反思下，則犯了所謂「自然主義的謬誤」（Naturalistic Fallacy），亦即關於道德性（善）的應然範疇無法由非道德性的實然範疇中所推導出來，否則即犯了「自然主義的謬誤」。然而，《莊子》的工夫思想非但並未因此而失去其合理性，反倒開創出了另一種超越應然與實然範疇區分的價值思維模式！關於此方面的探討，筆者曾在碩士論文階段透過方東美先生的「機體主義」予以探討，請參考林修德：《從方東美的「機體主義」論《莊子》「道」之兩重意涵》（新北：花木蘭文化出版社，2011 年 9 月初版）。但本論文認為透過當代冥契主義研究的協助，似乎能開啟更進一步的分析與推論，此部分有待後面的相關章節再予以說明。

講並不陌生，但他的哲學關懷卻是遠遠超出了這一範圍。他有志於追尋聖智，但也關心聖人深受其害的幻覺；他們所犯的錯誤，他們的挫折，以及他們對有別於己的人所持的不解。從更廣大的意義上來講，他關注的是我們精神的運作，包括它的失常，以及它所產生的矛盾。而這樣的敏感，在中國後世的思想家中再也沒有出現過。所以像中國古今諸多論者那樣，僅從修養論的角度來詮釋莊子的思想，是比較狹隘的。〔註21〕

雖然畢來德並不否定《莊子》具有工夫修養論的思想，但是其認為所謂工夫修養的理論內涵並非《莊子》思想中的關鍵核心，因此傳統上大多以工夫修養論面向來進行《莊子》研究的進路，對於畢來德來說是相對狹隘的。至於畢來德為什麼傾向此論點？在本段引文中僅能大致察見其理由在於認為《莊子》所真正關注的議題是「我們精神的運作，包括它的失常，以及它所產生的矛盾。」然而這些關於精神運作的失常與矛盾究竟意指為何？也許透過賴錫三先生的評論能獲得更確切的理解：

畢來德認為若將《莊子》視為一套純粹的精神修煉、自我完善的境界說，除了容易流於形上虛玄之外，也恐將促使主體的空洞化而造就一「貧乏的主體」；亦即東方所嚮往的空靈境界對他而言，恐怕只是弱化、單薄的主體，這絕非是《莊子》所展現的：充滿創造動能、擁有語言厚度的「嶄新主體」。一言以蔽之，畢來德所要揭露的嶄新主體，非形上主體、非心靈主體、非空靈主體，而是迴旋降落於肉身、語言之中的身體主體。〔註22〕

換言之，對於畢來德來說，透過精神修煉的工夫以達致自我完善的境界，只不過造就了所謂「貧乏的主體」，這樣的主體只能去除自我個體的種種物性差異以融入形上玄虛的精神同一當中，因而在此運作中的自我，將喪失了發言與批判的能力，甚至只能任由某種形上秩序所操控而失去自我個體的創造力。〔註23〕因此畢來德相信此種關於工夫境界的論點並非《莊子》思想的真

〔註21〕引自畢來德（Jean François Billeter）著，宋剛譯：〈莊子九札〉，《中國文哲研究通訊》第 22 卷第 3 期（2012 年 9 月），頁 22。

〔註22〕引自賴錫三：〈身體、氣化、政治批判——畢來德《莊子四講》與〈莊子九札〉的身體觀與主體論〉，《中國文哲研究通訊》第 22 卷第 3 期（2012 年 9 月），頁 71。

〔註23〕關於此點，請參考畢來德著，宋剛譯：〈莊子九札〉，頁 19。畢來德在此處提到：「像傳統觀念那樣，把創造性的源頭放到宇宙當中，也就是讓個人面臨這

諦，反倒是那個致力於關注自我身體主體的精神運作，而能察覺失常與批判矛盾，進而「充滿創造動能、擁有語言厚度的『嶄新主體』」才是《莊子》思想所眞正要彰顯的宗旨。

　　如果接受畢來德的論點，那麼本論文對於《莊子》體道工夫的研究便顯得意義匱乏！然而在此，可以再次檢視畢來德對於《莊子》的理解，如以《莊子‧齊物論》中的「三籟」論述爲例：

> 南郭子綦隱几而坐，仰天而噓，嗒焉似喪其耦。顏成子游立侍乎前，曰：「何居乎？形固可使如槁木，而心固可使如死灰乎？今之隱几者，非昔之隱几者也。」子綦曰：「偃，不亦善乎，而問之也！今者吾喪我，汝知之乎？女聞人籟而未聞地籟，女聞地籟而未聞天籟夫！」子游曰：「敢問其方。」子綦曰：「夫大塊噫氣，其名爲風。是唯无作，作則萬竅怒呺。而獨不聞之翏翏乎？山林之畏佳，大木百圍之竅穴：似鼻，似口，似耳；似枅，似圈，似臼；似洼者，似污者。激者，謞者，叱者，吸者，叫者，譹者，宎者，咬者。前者唱于，而隨者唱喁。泠風則小和，飄風則大和，厲風濟則眾竅爲虛。而獨不見之調調、之刁刁乎？」子游曰：「地籟則眾竅是已，人籟則比竹是已。敢問天籟。」子綦曰：「夫吹萬不同，而使其自己也。咸其自取，怒者其誰邪？」〔註24〕

「三籟」論述可視爲南郭子綦對於「吾喪我」工夫與境界的隱喻性說明，其中關於天籟、地籟與人籟三者的關係論述更隱含了工夫實踐的方向原則以及其體道境界的狀態內涵。在此暫且略過複雜的文本解讀工作，而可以確定的是此中關於天籟內涵的描述，實爲體道境界內涵的說明，但此天籟般的體道境界卻絕非與地籟、人籟彼此相互對立且撕裂，而是同時融入地籟與人籟，進而展現爲一和諧共振的自然交響樂。關於此「三籟」之間的複雜關係，筆者曾試圖透過下列圖示來進一步說明：

樣一個選擇：要麼把自己看成是一個在本質上就被來自本源的宇宙秩序所規定的存在，因此是完全受制於這一秩序的；要麼把自己看成是一個能夠在自己身上捕捉到來自本源的創造性能量的存在。在第二種情況下，捕捉能量的過程，就只能被構想爲一種後退，必須回溯到萬事萬物不可捉摸的源頭。這是一種工夫（ascèse），要求個人變得透明、順從，也就是以另一種方式去否定自我。而在兩種情況下，他都不能把自己構想爲一種動因，一種新事物出現的場域。帝國時代的中國思想史應證了這一論點。」

〔註24〕引自王叔岷：《莊子校詮》，頁40～48。

《莊子》「三籟」思想結構關係圖

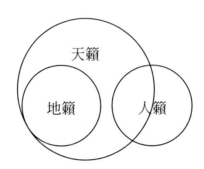

具體而言，當「人籟」與「地籟」皆處於自然發聲的狀態，則此一切自然發聲的聲響都屬於「天籟」的展現，因此「天籟」的內涵得以包含「人籟」與「地籟」。但是所謂「人籟」的發聲情況則有其具體細部狀態的不同，當「人籟」的發聲是基於人之意志所造作，則此「人籟」僅屬於「人籟」而無法成為「天籟」的展現；而當「人籟」的發聲是直承自然之氣所吹奏，則此「人籟」已全然是自然的呈現，那麼其便得以成就為自然的「天籟」。另一方面，「地籟」之所以完全被「天籟」所包含，則是因為所有的「地籟」其實都屬於「天籟」的展現，也就是說，所謂的「地籟」雖仍然是由客體孔竅所發出，但其發聲過程乃是自然之氣與大地孔竅在主客合一狀態下的自然展現，其中並沒有任何人為意志造作的成份，因此一切的「地籟」也就全然等同於「天籟」的展現。此外，「地籟」在此「三籟」思想環節中的重要意義在於：其旨在揭示當「人籟」的發聲狀態如同「地籟」時，則此「人籟」也就如同「地籟」一樣，而都得以做為「天籟」之自然展現。〔註25〕

換言之，當求道者達致體道狀態而彰顯天籟境界時，其真正的主體性其實並未失去，反倒是所謂的天籟仍須透過體道狀態的人籟以及自然地籟而有所具體顯現，如此說來，在天籟展現的具體過程中，事實上也是體道者個體主體

〔註25〕此處的圖示與文字皆引自林修德：〈從〈聲無哀樂論〉引用《莊子》「三籟」典故探其「聲情關係」中所蘊含的工夫向度〉，《中央大學人文學報》第 54 期（2013 年 4 月），頁 114～115。

性（亦即如同地籟般的人籟）最真實的表現，所以南郭子綦便以「夫吹萬不同，而使其自己也。咸其自取，怒者其誰邪？」來做為對於天籟的解釋，意即「吹萬不同」的天籟當也是「自己」與「自取」的地籟與人籟之展現。

總之，對於「吾喪我」這樣的《莊子》體道工夫來說，「吾喪我」所去除的「我」，才更接近畢來德所謂的「貧乏主體」，相反地，在「喪我」之後的「吾」，基於道體的灌注，進而能使主體擁有更多自由與創造的能量，因而反倒更接近畢來德所謂的「嶄新主體」。〔註26〕如果這樣的推論大致無誤，那麼本論文所要進行的《莊子》體道工夫研究便並非毫無意義，進而仍與過去大多莊學研究者的立場一致，視體道工夫為《莊子》思想的主要核心之一。

肆、什麼是「冥契主義」？

冥契主義即所謂的 Mysticism，過去較多學者將之譯為神秘主義，如關永中先生〔註27〕與王六二先生〔註28〕，但由於「神秘」一詞在現代漢語的使用中容易與奧妙難解，甚至是怪力亂神相連結，所以當代又有學者主張將之譯為密契主義或者冥契主義，如沈清松先生便以密契經驗稱之〔註29〕；而楊儒賓先生則以冥契主義來翻譯〔註30〕。

在翻譯問題上，諸家學者皆有其縝密的考量。大體來說，以神秘主義（或稱神祕主義）來做為譯名，依林久絡先生的分析，此優點在於其得以彰顯此

〔註26〕賴錫三先生對此亦有類似的見解，請參考其〈身體、氣化、政治批判——畢來德《莊子四講》與〈莊子九札〉的身體觀與主體論〉一文。在此文中，賴先生即明確提出：「筆者的立場在於正視《莊子》的氣論文獻，並對它們進行適切的理解詮釋，以促使《莊子》的氣論在存有論、身體觀、心性論、工夫論（甚至批判性）等面向的詮釋融貫，並說明它們可以導向具體而差異的存有論，而工夫修養並不必然偏向主體貧乏的心靈境界，一樣可以迴向語言主體之中來進行豐富性和批判性的活動機制。」引自賴錫三：〈身體、氣化、政治批判——畢來德《莊子四講》與〈莊子九札〉的身體觀與主體論〉，頁82。

〔註27〕請參考關永中：〈神秘主義及其四大型態〉，《當代》第36期（1989年4月），頁39～48。

〔註28〕請參考王六二：〈宗教神秘主義的性質〉，《世界宗教研究》1996年第1期，頁1～10、156。

〔註29〕請參考沈清松：〈表象、交談與身體——論密契經驗的幾個哲學問題〉，《哲學與文化》第24卷第3期（1997年3月），頁262～274。

〔註30〕請參考史泰司（Walter Terence Stace）著，楊儒賓譯：《冥契主義與哲學》 *Mysticism and Philosophy*（臺北：正中書局，1998年6月）。

學說中「『由開顯至隱密』與『由隱密至開顯』之雙向回互」〔註31〕的理論特質。而楊儒賓先生之所以選用「冥契」一詞，則有如下關於學術用語發展史的考量：

> 「冥」成爲重要的學術語言，似乎起於魏晉玄學，……前人釋「冥」，亦多解爲「玄而合一」之意，如釋其言爲「幽深」、「了無」皆是。「契」字亦然，「契」字成爲重要的哲學用詞，大概起於東漢時期的《周易參同契》，此處的「契」字，具有「合」義。……我們此處「冥契」二字合用，……顧名思義，我們取的是「合」義。此種界定與冥契主義第一義「內外契合，世界爲一」，是相符合的。〔註32〕

基於「冥契」一詞得以彰顯「內外契合，世界爲一」的理論特質，因此楊先生主張將此學說翻譯爲冥契主義。

本論文之所以依循楊先生的見解而採取「冥契主義」一詞來指涉Mysticism，其理由有三：一方面，「神秘」一詞在當代漢語使用中，確實已存在太多負面而又複雜的意涵，因此以「神秘」一詞指涉之，很容易造成歧義且又怪異的解讀與聯想。二方面，雖然「神秘」一詞得以彰顯「隱密」與「開顯」雙向互動的學說特質，然而相較之下，「內外契合，世界爲一」似乎更能代表冥契主義根本的學說主張，換言之，關於「隱密」與「開顯」的雙向作用似乎僅是冥契主義在某一面向上的解讀（尤其是透過存有學的立場來解讀之），而「內外契合，世界爲一」則是此學說最根本也最爲核心的基本主張，因此以其基本主張來命名，似乎是比較合適的。三方面，雖然「密契」一詞與「冥契」一詞，在強調萬物合一或萬物爲一的意義上相同，但「密契」一詞的「密」字又似乎容易與秘密或者神秘方面的解讀涵義相連結，因而仍將無法擺脫與「神秘主義」一詞相似的使用弊病，如此一來，筆者認爲還是選用「冥契主義」一詞來指涉Mysticism較爲恰當。

至於冥契主義的基本論點究竟有哪些？在此暫且先透過哲學辭典對於「神祕主義」一詞的解釋，予以大致的說明：

> 一種堅持認爲一個人可以不透過感覺知覺、或推理、概念思想而獲得實在的知識的教義或學科。神秘主義通常與宗教傳統聯繫密切，

〔註31〕 請參考林久絡：〈神秘主義〉，《法光》雜誌第118期（1999年7月）。其中有更完整的說明。

〔註32〕 引自史泰司著，楊儒賓譯：《冥契主義與哲學》，譯序頁10～11。

可以以一種有神論的形式出現，如在猶太教、基督宗教、伊斯蘭教中，也可以以一種無神論的形式出現，如在佛教和各種類型的印度教中。神祕主義稱神祕體驗是獲得神祕的知識的工具，人們通常在經過祈禱、反省、齋戒、戒律和放棄俗念等靈魂淨化後，才得到神祕體驗。有神論的各種神祕主義把神祕體驗描繪成是由上帝賜與的，因此不受神祕家（the mystic）的控制。儘管有神論者宣稱，為了在神祕體驗中感覺與上帝很親近，他們把自我與上帝的同一認為是異端。無神論的各種神祕主義，更傾向於把神祕體驗描繪成是受神祕家的力量的誘導和控制，能區別自我和實在、主觀和客觀間的差異，在此神的力量的表現為虛幻。神祕家認為，儘管神祕體驗是真實的，卻無法用語言來充分描述，因為普遍的交流是以感覺經驗和概念差別為基礎的：神話作品的明顯特徵就是隱喻（metaphor）和明喻（simile）。所有的神祕體驗是否基本上是一樣的，它們之間的明顯差異是否受到不同文化傳統的影響而解釋的結果，這都引起很多爭議。〔註33〕

簡要而言，冥契主義主張人得以透過某些進路而擁有與終極實在結合的冥契體驗，進而能在此體驗狀態中獲取至高無上的真理，所以此學說時常與各種宗教信仰緊密連結。那麼，也得以藉由著名宗教心理學家威廉‧詹姆斯（William James）在其著作《宗教經驗之種種》中的冥契性質界定，來進一步說明：〔註34〕

　　一、不可言說（Ineffability）。將某種狀態歸類為密契經驗，最方便的就是否定的方式。經歷此種經驗的人馬上會說它不可言傳，它的內容無法以適當的語言來表達。因此，只能直接經驗它，而無法將這樣的經驗傳授或傳達給別人。就此特性而言，密契狀態比較接近感覺狀態，甚於理智狀態。

　　二、知悟性（Noetic quality）。雖然密契狀態近似感覺狀態，但對那

〔註33〕引自羅伯特‧奧迪（Robert Audi）英文主編，王思迅主編：《劍橋哲學辭典》（臺北：貓頭鷹出版社，2002年初版），頁801～802。

〔註34〕以下四點論述皆摘錄自威廉‧詹姆斯著，蔡怡佳、劉宏信譯：《宗教經驗之種種》The Varieties of Religious Experience（臺北縣新店市：立緒文化事業有限公司，2007年5月初版四刷），頁458～459。

些經驗此種狀態的人而言，它也是一種知性狀態。密契狀態是對於推論的理智所無法探測之深刻真理的洞悟。它們是洞見、啓示，雖然無法言傳，但充滿意義與重要性，通常對於未來還帶著一種奇特的權威感。

三、頃現性（Transiency）。密契狀態無法維持很久。除了極少的例子之外，它的極限是半小時，最多一兩個小時，之後就漸漸淡入日常生活的狀態。當經驗消褪時，通常只剩下模糊的記憶；但當它再度發生，卻可以被認出來。在兩次間隔中它可以持續發展，使人覺得它有一種內在豐富性與重要性。

四、被動性（Passivity）。雖然密契狀態的來臨可以經由預備性的刻意操作激發，例如集中注意力，做某些特定的身體動作，或是用其他密契主義手冊所規定的方式。但當這種特別的意識來臨，密契主義者會覺得自己的意志好像中止一樣，而且有時候真切地覺得好像有個更高的力量將他握住。

威廉・詹姆斯認為前兩項是所有冥契體驗的普遍性質，無論其是否屬於宗教領域的冥契體驗皆是如此，至於後兩項則在冥契體驗的性質界定上未必如此絕對。此外，賴錫三先生認為在此四項性質界定中，得以另外突顯其餘兩項補充性質的重要性：其一是冥契體驗將使冥契者的人生充滿意義感；其二是此體驗將使冥契者對於未來充滿權威自信感。〔註35〕至於，究竟必須透過什麼樣的方法進路才能達致所謂的冥契狀態？以及冥契體驗的過程與狀態究竟如何透過語言文字來加以形容或陳述？這些相關問題在不同派別或者領域的冥契主義中，或多或少有其意見上的歧異，就如同上述所提及的有神論類型的冥契主義與無神論類型的冥契主義之間的學說爭議一樣。關於冥契主義詳細的學說內涵，以及其在不同派別或者領域之間的論述爭議，將留待本論文後面的相關章節再進一步處理。

伍、冥契主義與《莊子》體道工夫的關係為何？

說明冥契主義與《莊子》體道工夫的關係，事實上也在說明本論文企圖透過冥契主義來研究《莊子》體道工夫這個研究進路本身的合理性基礎。

〔註35〕請參考賴錫三：《當代新道家——多音複調與視域融合》，頁236～239。

　　關於冥契主義與《莊子》的關係研究，歷來學者已有不少關注，其中最具代表性的是關永中先生的三篇專論：〈上與造物者遊——與莊子對談神秘主義〉〔註36〕、〈「獨與天地精神往來」——與莊子對談神祕經驗知識論〉〔註37〕以及〈不敖倪於萬物、不譴是非——與莊子懇談見道及其所引致的平齊物議〉〔註38〕。這三篇專論有一共同的脈絡系統，即是視《莊子・天下》爲《莊子》整體思想的核心導論，進而從「獨與天地精神往來，而不敖倪於萬物，不譴是非，以與世俗處。」與「上與造物者遊，而下與外死生、无終始者爲友。」〔註39〕兩則關鍵性的〈天下〉論述中，確認《莊子》思想屬於冥契主義的範疇。具體而言，從「與天地精神往來」以及「與造物者遊」兩句來看，確實直接彰顯了冥契主義中「人得以與終極實在結合」的根本主張；至於「不敖倪於萬物，不譴是非，以與世俗處。」則又顯示了冥契者在體驗冥契狀態後的昇華價值觀。著名的冥契主義研究者史泰司（Walter Terence Stace）也主張：「倫理價值源自冥契經驗，這種經驗的根源位於宇宙根本的一或梵我之處。職是之故，這種理論認爲倫理價值不僅是人類之事，它事實上反應了造化本性，而且紮根於此造化本性。」〔註40〕事實上，學界過去曾關注冥契主義與《莊子》關係的研究成果，皆不約而同地指出《莊子》思想具有冥契主義的傾向，關於此方面的詳細資料以及進一步的討論，將在後面的相關章節再予以呈現。

　　此處雖然大致說明了《莊子》思想屬於冥契主義的這一層關係，而此關係也足以做爲本論文企圖透過冥契主義來研究《莊子》體道工夫這個研究進路的合理性基礎，然而此中仍有許多問題有待釐清，例如：即使《莊子》思想屬於冥契主義的範疇，但其應被歸類爲冥契主義學說中的哪一種類型？而這問題又牽涉到冥契主義學說本身的分類問題，亦即怎麼樣的分類系統對於龐大而複雜的冥契主義學說，是比較適合的呢？更關鍵的問題是，《莊子》所

〔註36〕關永中：〈上與造物者遊——與莊子對談神秘主義〉，《臺大哲學論評》第 22 期（1999 年 1 月），頁 137～172。
〔註37〕關永中：〈「獨與天地精神往來」——與莊子對談神祕經驗知識論〉，《第三個千禧年哲學的展望——基督宗教與中華文化交談——會議論文集》（臺北縣新莊市：輔仁大學出版社，2002 年 10 月初版），頁 105～156。
〔註38〕關永中：〈不敖倪於萬物、不譴是非——與莊子懇談見道及其所引致的平齊物議〉，《臺灣大學哲學論評》第 32 期（2006 年 10 月），頁 45～74。
〔註39〕以上兩句引文皆引自王叔岷：《莊子校詮》，頁 1342。
〔註40〕引自史泰司著，楊儒賓譯：《冥契主義與哲學》，頁 447～448。

屬的冥契主義類型具有怎麼樣的特質？它的特質對於《莊子》體道工夫研究能提供哪些方法或者理論層面上的協助呢？這些問題都觸及了本論文的核心議題，在此暫且無法深入討論，有待後面的相關章節，再進行研究。

陸、關於《莊子》體道工夫的「研究向度」

　　研究向度的設定，往往取決於研究者自身的研究動機，雖然歷來的《莊子》體道工夫研究十分多元，然而大抵而言，「試圖解答《莊子》文本的內涵」以及「試圖透過《莊子》思想以啓發人生意義」，大概是兩種最主要的研究（或者關注）動機，前者是文化使命感的繼承；後者則是生命意義感的追求。此兩種看似相互依存的研究動機，在歷來各領域的《莊子》體道工夫研究中，卻時常開展出兩種可能產生對立的研究向度。關於此部分的具體內涵，將在下一節「研究動機與目的」中進一步說明。

第二節　研究動機與目的

　　從古至今，各界對於《莊子》體道工夫的關注與研究，一直持續不斷，而其中最主要的兩種研究動機，很可能來自於對《莊子》文本解讀的文化使命感以及尋求人生困境之出口的生命意義感。如果從學術知識的傳承與確立的立場來說，以前一種文本解讀的文化使命感做爲研究動機，自然是當之無愧，但以後一種關於自我生命意義感的追求來做爲主要研究動機，則似乎有點難登學術大雅之堂！然而，進一步省思，將會發現其實此兩種動機並非絕對斷然無關，反而此二者時常處於內外交疊的契合狀態，具體來說，研究者通常以文本解讀的文化使命感做爲外顯的學術動機，而關於自我生命意義感的追求，則往往成爲研究者內在底層的心靈召喚，就如同陳鼓應先生在進行《莊子》譯註研究過程中的眞實感受：

> 　　從一九六六年開始，我的生命之旅就步入了一段坎坷之途，其間尤以一九七三年台大哲學系事件我之遭受波折爲甚。由於多年鑽研《莊子》，他的哲學思想不僅是我學術研究的重要對象，也逐漸內化，成爲我內心世界的重要部分。每當人生跌入困頓之谷，莊子的理念總是成爲我最大的精神支柱，支撐我繼續前行。〔註41〕

〔註41〕引自陳鼓應註譯：《莊子今註今譯》（臺北：臺灣商務印書館，2007 年 10 月修

對於筆者來說亦是如此，然而當筆者再更深入地自我探問：文化使命感與生命意義感的研究動機之間何者更爲核心？筆者必須誠實地回答：對於探問生命意義感的渴求，確實遠遠大於文化使命感的責任揹負！雖然有些不安，筆者仍須如此眞誠地承認，並且此根本關懷也將主導本論文在研究策略與進路方面的設定。

如果生命智慧的開啓以及幸福人生的擁有，必須建立於某種觀看世界與面對人生的角度，那麼《莊子》一書確實運用許多寓言性的故事文字，來試圖轉化人們許多已僵化而不恰當的世界觀與價值觀，事實上這種轉化的活動本身就是所謂的「體道工夫」。因此，《莊子》體道工夫研究爲什麼能帶給人們生命意義感？理由便在於《莊子》期望讀者們受其引導而能在世界觀與價值觀的轉化過程中，體悟世界與生命的奧秘，進而從中獲得面對生命種種困苦與矛盾的能量與智慧。

當生命意義感的探求成爲《莊子》體道工夫研究的主要動機之後，隨之而來的研究目的或者所期望的研究成果，當不只是對於體道工夫的知識性探究，而是同時期許身爲研究者的自己，也得以成爲求道的實踐者。具體而言，本論文所要呈現的研究成果不單單只是回應《莊子》體道工夫研究的三個主要問題：其一是體道工夫實踐爲什麼能達致體道境界的合理性說明；其二是體道工夫應如何實際進行的原則與步驟說明；其三是工夫實踐所要達致的體道境界的實質內涵說明，而是必須同時將研究者自身對於道的實踐、體悟與感受，呈現在研究成果當中。從研究對象的角度來說，此時的研究對象將不單單只是《莊子》文本以及其中所承載的體道工夫思想，而是同時包含著研究者自身的生命實踐，換言之，這種研究向度同時是一種客體性的對象研究，也是一種主體性的自我探究。

反觀早期各界對於《莊子》體道工夫的研究關注：若以解讀《莊子》文本的文化使命感爲其主導的研究動機，哲學思想學界的學者往往致力於進行《莊子》體道工夫理論的知識性建構，期望能將體道工夫的實踐知識予以客觀化的呈現；文獻校讎學界的學者則致力於第一線的《莊子》文獻內容的確定與解讀工作，期望《莊子》盡可能有一客觀普遍的文本意涵；藝術與文學界的學者也大多致力於《莊子》文本的相關理論詮釋工作，同樣期望其研究成果有一客觀而明確的呈現。此種以「客觀呈現」做爲研究要求的進路，雖

訂版六刷），修訂版頁 1。

然符合學術研究的基本原則，但其卻可能忽視或者壓抑了研究主體對於《莊子》思想精神的真實體悟。相較之下，有些傾向以探求生命意義為主要動機的研讀者，如譚元春筆下的《遇莊》，則呈現出鮮明而獨特的生命主體性：

> 以《莊》學史的角度來說，譚元春的《遇莊》是相當奇特的書，此書不是一般的注本，譚元春甚至反對注解《莊子》，因為注《莊》是對於文句的認知和解釋，主客二者不免相互對立。《遇莊》則有別於此，譚元春以觸物而起的隨興語言來寫作此書，是希望藉由個人體悟《莊子》的經驗，引領讀者也能在心境清明的狀態中與莊子精神遇合。……最後以譚元春個人的角度來說，《遇莊》中呈現了孤迥而深情的莊子形象，此一形象有得莊子之孤高，而未得莊子之閎大，實質上是譚元春精神意志的一種投射。在《遇莊》的寫作過程中，莊子的思想影響了譚元春，譚元春的人格又反映於莊子，兩個精神主體交互融攝，因此，既可以說譚子化身為莊子，但也無妨反過來說，此書的莊子已化身為譚子。〔註42〕

從謝明陽先生對於譚元春《遇莊》的評論中，可以發現譚子並不致力於解讀《莊子》文本的客觀文意，而是主張將自我生命所體會的《莊子》精神，透過觸物起興的語言創作而予以重新呈現。從《莊子》面對語言文字的立場來說，《莊子·天道》篇末已透過「輪扁斲輪」的寓言故事來說明實踐主體對於書本內容的精神體悟，遠遠比書本文字表面的客觀文意來得更加重要！〔註43〕因此譚子這樣的研讀與創作方式，似乎頗符合《莊子》作者所希望讀

〔註42〕引自謝明陽：〈竟陵派詩學視野中的《莊子》詮釋——譚元春《遇莊》論析〉，《臺大中文學報》第36期（2012年3月），頁189～190。當代亦有許多類似於譚子的文學創作者，如作家周夢蝶先生與孟東籬先生皆曾在作品中透露出其對於《莊子》的精神體悟。

〔註43〕請參照王叔岷：《莊子校詮》，頁496～497。其原文如下：世之所貴道者書也，書不過語，語有貴也。語之所貴者意也，意有所隨。意之所隨者，不可以言傳也。而世因貴言傳書。世雖貴之哉！猶不足貴也為其貴非其貴也。故視而可見者，形與色也；聽而可聞者，名與聲也。悲夫，世人以形色名聲為足以得彼之情！夫形色名聲果不足以得彼之情，則知者不言，言者不知，而世豈識之哉！桓公讀書於堂上，輪扁斲輪於堂下，釋椎鑿而上，問桓公曰：「敢問：公之所讀為何言邪？」公曰：「聖人之言也。」曰：「聖人在乎？」公曰：「已死矣。」曰：「然則君之所讀者，古人之糟魄已夫！」桓公曰：「寡人讀書，輪人安得議乎！有說則可，无說則死。」輪扁曰：「臣也以臣之事觀之。斲輪，徐則甘而不固，疾則苦而不入。不徐不疾，得之於手，而應於心，口不能言，

者來閱讀《莊子》一書的方式，然而這樣的方式卻往往未必能完整地彰顯《莊子》思想內涵的全貌，就如同謝先生對於譚子《遇莊》的最終評論：「有得莊子之孤高，而未得莊子之閎大，實質上是譚元春精神意志的一種投射。」換言之，當以探求生命意義做為研讀《莊子》的主要動機時，其對於《莊子》文本的解讀，似乎也容易淪於過度主觀的文意相對性。

關於上述兩種面對《莊子》文本的方式與態度，大抵而言，前者傾向於「主客二分式的研究方法」；而後者則傾向於「主客合一式的研究方法」。筆者曾試圖針對此兩種研究取向，進行比較與評判：〔註44〕

> 總結來說，「主客二分式」的研究方法具有其客觀、明確、詳細的研究優點，但也同時具有其間接、分離、抽象的研究缺點，至於「主客合一式」的研究方法雖然具有其直接、綜合、具體的研究優點，但也同時具有其主觀、模糊、跳躍的研究缺點。在此可以進一步以下圖來呈現兩種研究方法的主要差異：
>
> ┌「主客二分式」的研究方法：強調理性的作用
> │   →┌ 優點：客觀、明確、詳細
> │   └ 缺點：間接、分離、抽象
> └「主客合一式」的研究方法：強調感性的作用
>   →┌ 優點：直接、綜合、具體
>   └ 缺點：主觀、模糊、跳躍

更進一步來說，此兩種面對《莊子》文本的研究進路不僅具有其各自需要克服的問題缺陷，更關鍵的是此兩種進路時常與《莊子》所謂「知者不言，言者不知」〔註45〕的評論直接扣合，亦即是說真正的契道者常言「道不可言」，而純粹的理論重構者卻也往往終難契道！結果此兩種進路在各自單打獨鬥的情況下，似乎皆無法真正有效地引導讀者朝向契道之路，也無法真正細緻地說明人如何得以契道的關鍵理論。

　　有數存焉於其間。臣不能以喻臣之子，臣之子亦不能受之於臣，是以行年七十而老斲輪。古之人與其不可傳也死矣，然則君之所讀者，古人之糟魄已夫！」

〔註44〕以下的文字與圖表均引自林修德：〈《莊子》工夫論之研究方法省思〉，《東華中國文學研究》第9期（2011年6月），頁12。

〔註45〕此文句直接出現在《莊子》文本中的兩處，其一在上述〈天道〉中「輪扁斲輪」的寓言故事，請參照王叔岷：《莊子校詮》，頁496～497；其二在〈知北遊〉中「知問道」的寓言故事中，請參照王叔岷：《莊子校詮》，頁803～804。

　　此兩種進路有融合的可能嗎？如何融合才能克服其各自的問題缺陷呢？筆者認爲透過冥契主義的協助是一種可行的方式。理由在於冥契體驗的內容本身就是一種關於感受與體悟的經驗狀態，而冥契主義研究也同時是一種探討感受與體悟的理論學說。雖然大多數的冥契者認爲所謂的冥契體驗無法言喻，但他們大多就如同《莊子》文本般，仍留下許多與冥契體驗相關的文字訊息，也因此許多致力於冥契主義研究的學者，便不斷試圖從這些冥契者的言說中，探討種種關於冥契體驗的具體內涵，這些學者善於分析冥契者所言說的各種語言特質，也試圖從各種不同的相關領域來切入對於冥契語言的研究，除此之外，他們的研究成果不僅涉及關於冥契體驗的現象描述，更試圖觸及人如何得以與終極實在結合的關鍵理論之探討。因此冥契主義的理論學說，將有助於研究者適度調整《莊子》體道工夫研究的方法進路，尤其在面對《莊子》語言文字的研究策略上，以及探討人如何得以契道的關鍵理論層面上。

　　更進一步來說，透過冥契主義而進行的研究進路，其實涉及了兩項中國哲學研究方法層面的爭議：其一是「存有論詮釋學」與「方法論詮釋學」之間的對立，此衝突的焦點在於——究竟應該「六經注我」還是「我注六經」？何者才是最恰當的經典詮釋方式？〔註46〕其二則是「以中釋中」與「以西釋中」之間的立場衝突，此爭論核心在於——究竟透過西方哲學概念來詮釋中國哲學思想是否恰當？以上兩項爭議皆是本論文企圖透過冥契主義研究，來建構《莊子》體道工夫研究方法所不得不面對的！而這些關於中國哲學方法論的議題，將留待本論文第三章「建構《莊子》體道工夫研究的新方法」中，再來聚焦討論。

　　回到冥契主義本身，也許有人會質疑冥契體驗過於神秘，因而根本無法帶給《莊子》體道工夫研究正面的學術助益！事實上，當代的冥契主義研究早已脫離中世紀的神秘狀態，取而代之的是各種學術領域的共同投入，除了傳統的宗教、哲學、文學、藝術……等人文學科的領域之外，還加入了心理學、醫學、物理學……等現代科學領域的科際整合，因此部分科學家也開始認同冥契主義研究當是人類探究世界奧秘的重要途徑之一，也因此當代冥契主義研究已融入更豐富而多元的學術視角與方法進路，確實有助於研究者開

〔註46〕在此，「六經注我」與「我注六經」二語，指向當代方法論之意義，而與其原始語境脈絡不同。

啓《莊子》體道工夫研究的新視野。〔註 47〕另一方面，也許又有人會懷疑這麼神祕奧妙的冥契體驗是否爲一般人所能擁有？如果不行，那麼此學術助益似乎也相當有限！因爲它無法爲一般人的體道實踐帶來有效的引導。事實上，冥契經驗非但並不神祕，而且它爲人們大多體驗過的一種經驗狀態，就如同關永中先生的體會：

> 我們說每一個人或多或少都會有神祕經驗，只是深淺程度不同。比如當你很快樂的時候，你忘懷而整個人跳出來，融合在這宇宙中，你多少會有這樣的經驗；你看到美麗的風景，你會心馳神恍；你可能聽到宗教的音樂，你很感動，然後出神停留在這美麗的狀態。這是我們可以看到人基本上有這樣的潛能，如果你能夠把它加以發揮，你可以變成神祕家。〔註 48〕

換言之，冥契經驗對於每個人來說，其實並不陌生，只是我們通常僅對其有過淺顯的經驗，而未嘗能夠擁有眞正深入的體悟，因此人們需要工夫！工夫將喚起每位求道者的冥契潛能，進而帶領求道者將自身的冥契體驗予以深化，而得以從中體悟體道冥契狀態所能賦予的智慧與能量。

　　總而言之，本論文將站在以生命意義感的探求〔註 49〕爲主要研究動機的立場下，試圖透過冥契主義的協助來修正純粹主客二分式研究的弊病，也試圖以此融合主客合一式的體悟性探究，期望冥契主義得以開啓某種《莊子》體道工夫研究的新向度，而不僅能夠解答體道工夫研究所應回應的三大問題，也同時得以將研究者自身對於道的實踐、體悟與感受，呈現在研究成果當中。若可能的話，更期許本研究成果能與讀者相應於心，進而邀請讀者一同投入體道實踐的大化歷程之中。

第三節　研究文獻與範圍

　　本論文旨在透過冥契主義來重構《莊子》體道工夫的研究向度，因此所

〔註 47〕關於當代冥契主義研究的詳細發展狀況，請參考王六二：〈近現代神祕主義研究狀況〉，《世界宗教研究》2001 年第 3 期，頁 125～140、156。其大致的發展情況，將在後面的章節予以說明。

〔註 48〕引自《法光》雜誌編輯室採訪整理：〈每個人都是一個潛能的神祕家——專訪關永中教授〉，《法光》雜誌第 118 期（1999 年 7 月）。

〔註 49〕筆者所謂「生命意義感的探求」意指追求一種更幸福而完善的生命存在狀態，當然其具體的目標內涵對於每位追求者而言，可能並非一致。

關涉的兩個主要研究對象，分別爲《莊子》文本與冥契主義思想二者，以下將分別說明本論文對此二者的文獻與範圍之設定。

壹、關於《莊子》文本

本論文以生命意義的探索爲主要研究動機，因此關於《莊子》文獻的專業考據問題，實爲本論文力有未逮之處，然若全然撇除文獻問題而逕自進行《莊子》文本的思想詮釋，則又容易落入望文生義的武斷之嫌！因此本論文將依循現今學界對於《莊子》文獻的一般學術共識，來做爲詮釋立場的基礎，以試圖盡可能地站在合理的文獻基礎上，來進行文本詮釋的研究工作。

首先，關於《莊子》的作者問題，由於證據不足又多富爭議，歷來的考證研究，大多無法取得學界的共識！一般來說，較爲可靠的資料出自於《史記‧老莊申韓列傳》：

> 莊子者，蒙人也，名周。周嘗爲蒙漆園吏，與梁惠王、齊宣王同時。其學無所不闚，其要本歸於老子之言。故其著書十餘萬言，大抵率寓言也。作漁父、盜跖、胠篋，以詆訿孔子之徒，以明老子之術。畏累虛、亢桑子之屬，皆空語無事實。然善屬書離辭，指事類情，用剽剝儒墨，雖當世宿學，不能自解免也。其言洸洋自恣以適己，故自王公大人不能器之。楚威王聞莊周賢，使使厚幣迎之，許以爲相。莊周笑謂楚使者曰：「千金，重利；卿相，尊位也。子獨不見郊祭之犧牛乎？養食之數歲，衣以文繡，以入大廟。當是之時，雖欲爲孤豚，豈可得乎？子亟去，無污我。我寧游戲污瀆之中自快，無爲有國者所羈，終身不仕，以快吾志焉。」〔註50〕

但此說也未必取得大部分學者所公認，例如其中〈漁父〉與〈盜跖〉兩篇是否爲莊子本人或者爲莊子學派所作，歷來學者就持較多的反對意見。總之，在《莊子》作者問題的考證上，基於證據不足的緣故，一般莊學研究者往往存而不論或者暫且擱置，本論文則爲了降低《莊子》作者的爭議問題，將直接探討《莊子》文本中所承載的思想內涵，而採取以《莊子》一書的思想整體來取代《莊子》作者思想的研究進路與論述策略。

再者，關於《莊子》文獻的篇章判定問題，雖然現行本《莊子》的三十

〔註50〕引自瀧川龜太郎：《史記會注考證》（臺北：大安出版社，2006 年 8 月初版五刷），頁 834。

三篇（其中內篇七篇、外篇十五篇、雜篇十一篇）已為定本，但目前學界除了視內七篇為《莊子》思想原貌此一大致的學術共識之外，歷來學者對於外篇與雜篇是否屬於莊學思想的判定則仍存在著種種爭議。然而一般來說，學界大多認為外篇與雜篇為莊子後學所作，因此可將之視為內七篇思想原貌的延續與發展，但此中亦存在因發展過度而背離《莊子》思想原貌的篇章，例如雜篇中的〈讓王〉、〈盜跖〉、〈說劍〉、〈漁父〉四篇，從郭向注《莊》對此四篇的刻意省略以來，一直有學者認為其不屬於《莊子》思想的範疇，其中〈說劍〉一篇更在劉笑敢先生的全盤考證後，被完全排除在《莊子》思想範疇之外。〔註 51〕雖然大致而言，外雜篇哲學思想的精純度一直不如內七篇，但雜篇中的〈寓言〉與〈天下〉兩篇，則又被學界公認為其具有全書導論或序言的學術價質，因此將此二篇的重要性與內七篇並列應是較妥當的策略。總之，本論文在面對《莊子》篇章的文獻問題上，將採取以下的重視性程度排序：以《莊子》內七篇與〈天下〉、〈寓言〉兩篇為主要文本對象，輔以扣除〈天下〉、〈寓言〉兩篇以及〈讓王〉、〈盜跖〉、〈說劍〉、〈漁父〉四篇等六篇之後的外雜篇為次要文本對象，並且將盡可能地避免引用〈讓王〉、〈盜跖〉、〈說劍〉、〈漁父〉此四篇之文獻，其中〈說劍〉一篇更應力圖完全排除，如果〈讓王〉、〈盜跖〉、〈漁父〉三篇的內容，具有得以呼應參照之處，將以註腳的行文方式予以補充。

　　最後，關於《莊子》文本的校注參照問題，本論文將以王叔岷先生的《莊子校詮》為主要的徵引對象，並輔以錢穆先生的《莊子纂箋》〔註 52〕與郭慶藩輯、王孝魚先生整理的《莊子集釋》〔註 53〕為次要的參考資料。王叔岷先生的《莊子校詮》是其《莊子校釋》的續作，國學大師錢穆先生對於《莊子校釋》的校勘成果已有極高的評價，〔註 54〕王先生的《莊子校詮》更是當前《莊子》文獻基礎研究的佼佼者，謝明陽先生對此有所評論：

〔註 51〕 請參考劉笑敢：《莊子哲學及其演變》（北京：中國社會科學出版社，1988 年 2 月初版），頁 87。依劉先生考證，其認為〈說劍〉一篇全然與莊子毫無聯繫，但〈讓王〉、〈盜跖〉、〈漁父〉三篇則仍受到莊子及其後學部分影響。

〔註 52〕 錢穆：《莊子纂箋》（臺北：東大圖書股份有限公司，2009 年 8 月六版四刷）。

〔註 53〕 〔清〕郭慶藩輯，王孝魚整理：《莊子集釋》（臺北：華正書局有限公司，2004 年 7 月初版）。

〔註 54〕 錢穆先生在其《莊子纂箋》的〈序目〉中，對於劉文典先生的《莊子補正》以及王叔岷先生的《莊子校釋》稱讚道：「兩書為近人對莊書校勘之最詳備者，而王書用力尤勤。」引自錢穆：《莊子纂箋》，序目頁 7。

> 是書煌煌鉅著，近一千五百頁，非僅較舊著詳實淵博，甚至已超邁
> 歷代前賢，攀上《莊子》研究的高峰。然《莊子校詮》卻不單是《莊
> 子校釋》的擴寫而已，觀二書的寫作方式，《莊子校釋》係條列舉證，
> 至《莊子校詮》則改錄全文，逐章訓釋；由其間的差異，不難察知
> 王叔岷先生欲從校勘、訓詁之舊作，進而上蹻義理詮解的著書用心。
> 〔註55〕

換言之，不論是對於《莊子》文獻的校勘考據，或者是針對基礎文意的義理
詮解，《莊子校詮》都是當前最完備的研究成果，因此本論文將以此做為研究
開展的基礎文本。除此之外，陳鼓應先生的《莊子今註今譯》〔註56〕以及方
勇先生與陸永品先生的《莊子詮評》〔註57〕，在白話註解的貢獻上亦有可觀，
將一併參照考量。

貳、關於冥契主義研究

　　從古至今對於冥契主義思想的相關研究十分豐碩且龐雜，不同領域的研
究者所切入的視角以及其所關注的面向，甚至是進行研究所採取的方法進路
皆不盡相同，從中世紀以基督宗教或者神學為主要領域的研究進路，至今已
開展為科際整合式的多元領域研究，對於冥契主義研究的發展來說，這是個
值得肯定的學術進展。

　　然而，本論文無法全面照應歷來所有冥契主義的研究成果，因此將大抵
集中在能與《莊子》體道工夫思想相應的冥契主義研究上，具體而言，主要
將涉及三個循序漸進的相關議題：其一，冥契主義思想的源流與發展概述，
例如威廉‧莊士頓（William Johnston, S.J.）神父的〈神秘主義與時推移的不同
面貌〉〔註58〕，即相當精煉地說明了冥契主義思想的發展脈絡，此議題旨在
呈現冥契主義思想的早期形成淵源與當代發展向度，以做為理解當代冥契主
義整體論述的背景輪廓。其二，當代冥契主義思想的類型學及其理論內部衝

〔註55〕引自謝明陽：〈王叔岷《莊子校詮》勝義舉隅〉，《臺大中文學報》第 28 期（2008
　　　　年 6 月），頁 200。

〔註56〕陳鼓應註譯：《莊子今註今譯》（臺北：臺灣商務印書館，2007 年 10 月修訂版
　　　　六刷）。

〔註57〕方勇，陸永品：《莊子詮評》（成都：巴蜀書社，2007 年 5 月二版）。

〔註58〕威廉‧莊士頓（William Johnston, S.J.）著，李靜芝譯：〈神秘主義與時推移的
　　　　不同面貌〉，《當代》第 36 期（1989 年 4 月），頁 49～53。

突的相關議題，例如王六二先生的〈神秘主義的類型學課題〉〔註 59〕，即統整性地分析了冥契主義類型的分類模式與區分標準，此議題的探究則在於試圖釐清冥契主義幾種不同論述主張的衝突關鍵所在，並期望以此建立一種更為合理而明確的冥契主義分類架構，如此方能做為判定《莊子》體道工夫思想應從屬於何種冥契主義類型的前提依據。其三，冥契主義與《莊子》思想之間的關係研究，例如本章第一節中所提及關永中先生的三篇專論：〈上與造物者遊——與莊子對談神秘主義〉、〈「獨與天地精神往來」——與莊子對談神祕經驗知識論〉以及〈不敖倪於萬物、不譴是非——與莊子懇談見道及其所引致的平齊物議〉〔註 60〕，其在此方面的學術貢獻十分具有代表性，此議題的探究旨在判定《莊子》思想應歸屬於何種冥契主義的理論類型，而此種類型的冥契主義思想又具有怎樣的理論特質，進而得以協助《莊子》體道工夫研究，在方法進路上，有所調整與創新。

另一方面，當代針對冥契主義研究的專書論文，同樣十分繁雜且路數眾多，相較之下，筆者十分推崇史泰司在《冥契主義與哲學》〔註 61〕中所採取的分析哲學進路，因為本論文的根本研究目的在於透過冥契主義的協助來調整與改良《莊子》體道工夫的研究向度，而關於研究方法進路的探討與設計，本來就屬於後設層次的分析性研究，所以此種分析式的研究進路，正符合本論文所要透過冥契主義來反省與重構《莊子》體道工夫研究向度的研究策略。除此之外，榮格（Carl Gustav Jung）的《東洋冥想的心理學——從易經到禪》〔註 62〕，也將成為本論文在冥契主義研究方面的主要參考論著，理由在於：一方面，其著名的集體潛意識理論已成為當代冥契主義研究中最具發展性的研究進路之一；另一方面，其立基於心理學的研究進路，為當代《莊子》體道工夫研究中較不常見的切入方式，而心理分析式的研究進路，或許得以成為研究者在面對《莊子》文本語言時的一種具有優勢的新嘗試，關於此方面的具體論述，有待後面相關章節，再詳細說明。

〔註 59〕 王六二：〈神秘主義的類型學課題〉，《宗教哲學》第 8 卷第 2 期（2002 年 10 月），頁 26～35。

〔註 60〕 關於此三篇專論的出處，請分別依序參考註 36、37、38。

〔註 61〕 關於《冥契主義與哲學》一書的出版資訊，請參考註 30。

〔註 62〕 榮格（Carl Gustav Jung）著，楊儒賓譯：《東洋冥想的心理學——從易經到禪》（北京：社會科學文獻出版社，2000 年 11 月初版）。

第四節　研究策略與步驟

　　所謂研究方法是指為了能夠完成研究目的而設計出的研究方式、進路、策略以及步驟。本論文主要的研究目的即在於試圖透過冥契主義研究的協助，來調整與修正《莊子》體道工夫的研究方法，進而開啟某種《莊子》體道工夫研究的新向度。因此本論文所設定的主要研究策略，實質上必須包含以下兩個不同層次的研究階段：第一個層次階段是透過冥契主義相關研究的協助，以重構《莊子》體道工夫的新研究方法；第二個層次才是執行此新研究方法，來重新呈現《莊子》體道工夫的理論內涵與實踐智慧。以下將分別針對此兩個不同目的的研究階段，進行研究步驟層面的具體說明：

壹、透過冥契主義的協助以重構《莊子》體道工夫的新研究方法

　　進行《莊子》研究必然需要直接面對《莊子》文本的語言問題，研究《莊子》體道工夫也不例外，事實上，《莊子》文本的語言文字本來就是研究者唯一能研究與感受的對象，因此探討《莊子》文本的語言性質，當是首要的研究工作。而從《莊子·寓言》以及其他探討語言問題的相關篇章來看，《莊子》作者對於這個問題，其實相當具有後設反思的問題意識，因此研究者得以從相關的《莊子》文本中，探究其面對語言文字的基本態度，以及其創作生產出《莊子》文本的原則與過程。在目前相關的研究成果中，關於《莊子》語言思維的主題研究，歷來已成果豐碩，但從冥契主義研究的角度出發，而重新檢視《莊子》語言問題的研究進路，則仍未有重大開展，而在前二節中，也已指出冥契主義研究者十分擅長對於冥契語言的分析研究，尤其在結合心理學的心理分析研究進路下，他們通常不直接理解冥契者的言說內容，而是嘗試探討冥契者的言說動機、策略以及過程，進而再確認其言說的真正意涵。這種面對冥契語言的研究方式，將有助於研究者重新檢視與調整在進行《莊子》體道語言研究時的態度與策略，更具體地說，過去的研究雖已指出《莊子》面對語言的基本態度及其創作原則，但對於《莊子》為什麼主張此語言態度與創作原則的根本原因與理由，往往不敢妄下猜測！然而透過冥契主義研究的協助，也許研究者能對此問題有更深入的探討，進而得以從中建構出一種更適合《莊子》體道工夫研究的新方法。

　　另一方面，從純粹知識性的理論建構角度來說，過去對於《莊子》體道

工夫的研究，主要致力於釐清體道工夫的實踐原則與具體步驟，並且也同時涉及關於實踐目的的境界描述。然而相較之下，對此工夫實踐為何能夠達致所謂境界目標的關鍵理論說明，在歷來的研究成果中，相對較為缺乏，為什麼會如此呢？原因可能在於先秦時期，許多關於契道的理論或假說，如冥契主義一脈的相關學說理論皆尚未發展成熟，因此《莊子》文本中許多關於契道的理論說明，仍停留在相當神秘的階段。〔註63〕更進一步來說，「工夫實踐為何能夠達致體道境界？」這樣的理論問題，或許並非《莊子》文本所企圖回應的核心議題，對於《莊子》文本而言，其僅須告訴讀者——體道工夫如何實踐？應該朝向什麼方向？最終能夠達致怎麼樣的境界？並且有許多求道者在此工夫歷程中，都確實擁有真實而美好的體悟！——就足夠了！因為如此已足以引導讀者願意嘗試投入體道工夫的具體實踐。換言之，此處試圖探究「為何能夠」這樣的提問方式，依傅偉勳先生「創造的詮釋學」來說，已屬於「當謂」與「創謂」層次的問題〔註64〕，那也就表示從較保守的《莊子》研究立場而言，這樣的探討其實已超出《莊子》文本本身所承載的內涵，研究者因而必須承擔詮釋過度的風險！但從理論補足的研究立場來說，這未嘗不是一種詮釋研究的進一步發展！冥契主義研究並不單單侷限於冥契體驗的現象描述，而是試圖觸及人如何得以與終極實在結合的關鍵理論之探討，此方面的研究成果，將有助於補足《莊子》體道工夫理論中的相關缺陷。

總結上述兩段說明，冥契主義對於《莊子》體道工夫研究的協助，主要將表現在兩個層面：其一，得以使我們重新看待《莊子》文本中關於冥契語言言說者的思維模式；其二，得以補足體道工夫實踐中，關於與道合一進而得以昇華轉化的核心理論。從目前的研究現況來看，過去涉及冥契主義與《莊子》關係的相關研究，大多集中於理論補足的研究層面；而藉此學說以重新檢視對於《莊子》語言研究的態度與策略，則相對十分稀少！因此這個研究

〔註63〕 大抵而言，《莊子》僅試圖透過「天地一氣」這樣的氣論概念，來說明求道者為何得以通過工夫實踐而達致體道境界的根本原理。

〔註64〕 關於「創造的詮釋學」的詳細論述，請詳見傅偉勳：《學問的生命與生命的學問》（臺北：正中書局，1994年5月初版二刷），頁228～240。簡要而言，傅先生認為文本詮釋可以分成五個層次：第一層是關於表面客觀文獻考訂的「實謂」層次；第二層則是關於文本脈絡意涵解讀的「意謂」層次；第三層則是關於文本歷代註釋擇取的「蘊謂」層次；第四層則是關於文本義理當代重述的「當謂」層次；第五層則是關於文本理論缺陷的批判與補足的「創謂」層次。

進路的切入點，將是本論企圖加以著力之處。總體來說，爲了透過冥契主義研究的協助，以重構《莊子》體道工夫的研究方法，以下幾個研究工作將必須依序進行：

第一，概述冥契主義的學說內涵：此部分將涉及冥契主義大致的源流與發展情況，以及其學說的分類問題，甚至必須處理其學派內部理論衝突的相關爭議。

第二，判定《莊子》所屬的冥契主義類型：此部分將涉及前人對於冥契主義與《莊子》關系研究的相關成果，同時必須從冥契主義的學說分類中，嘗試判定《莊子》所從屬的冥契主義類型，此類型的界定，將有助於《莊子》體道工夫研究中，對於契道理論層面的補足。

第三，透過冥契主義研究的協助以重探《莊子》的語言文字：在此部分必須檢視冥契主義研究對於冥契語言的研究策略，從而藉此重新探討《莊子》面對語言文字的基本態度及其文本創作的根本動機、策略、原則以及方式，最終企圖對於《莊子》文本的語言性質，予以重新的定義與分類。

第四，透過《莊子》語言類型的不同特性以重構體道工夫研究的新方法：不同類型的《莊子》語言能給予讀者不同的訊息，進而能帶給求道者在具體實踐過程中，不同的意義與效用！因此在此部分中，研究者必須思考如何對應不同類型的《莊子》語言？不同類型的《莊子》語言所具有的不同功能，又應如何統合？此外，當研究者也必須將自身體道感受融入研究成果中時，又該如何顧及「體證」與「論證」兩端？此相關問題，都將是重構《莊子》體道工夫研究方法的關鍵所在。而此部分也將明確訂定新研究方法的基本研究原則及其具體的操作步驟。

貳、執行新研究方法以重現《莊子》體道工夫的理論內涵與實踐智慧

依照本論文的主要研究策略，關於此第二層次研究階段所應採行的具體研究步驟，理應呈現在上述第一階段最終的研究成果當中，因此在本節中，將暫且無法予以明確地說明。從基本的研究策略而言，此第二階段，將透過新研究方法以重新檢視《莊子》內七篇、〈天下〉、〈寓言〉等九篇爲主的《莊子》文本之內涵，並結合《莊子》冥契主義研究的相關研究成果，以試圖重新呈現《莊子》體道工夫的理論內涵，亦即必須解答體道工夫研究的三大問

題：其一是體道工夫實踐爲什麼能達致體道境界的合理性說明；其二是體道
工夫的實踐原則與步驟之說明；其三是體道境界的實質內涵之說明。除此之
外，研究者自身對於體道實踐的相關體會，也將嘗試透過此新研究方法，來
予以呈現。

第二章　冥契主義與《莊子》研究

第一節　略述冥契主義研究的源流與發展

在本節中，將透過東京上智大學宗教研究所教授，也同時是世界著名的神修體驗作家威廉・莊士頓（William Johnston, S.J.）神父的兩篇文章〔註1〕，以及中國社會科學院世界宗教研究所研究員王六二先生的一篇文章〔註2〕，用以簡述冥契主義的思想起源以及其當代發展的概況。

依威廉・莊士頓神父的考察，若要探討冥契主義最早的起源，也許可以追溯到古希臘時代的酒神信仰。在當時的酒神崇拜中，發展出相當神秘的信仰儀式，他們要求教徒保密，不得對於教外人士坦承儀式的內涵，這是冥契主義最初的興起狀態。此信仰後來被新柏拉圖學派轉化爲一種心靈的冥想方式，以做爲與宇宙合而爲一的修行途徑，並從而發展出「神秘神學」的理論學說。爾後，此學說輾轉流傳，在中世紀基督宗教中獲得更大的發展，他們進一步認爲冥契主義是一種由「愛」而被引導出來的神秘智慧，此智慧得以使人們契入上帝的國度，此後，這種關於「愛」的實踐智慧，一直持續影響

〔註1〕 此兩篇文章分別爲威廉・莊士頓著，李靜芝譯：〈神秘主義與時推移的不同面貌〉，《當代》第 36 期（1989 年 4 月），頁 49～53。以及威廉・莊士頓著，張譯心譯：〈神秘主義有未來嗎？〉，《輔仁宗教研究》第 15 期（2007 年夏），頁 1～12。附帶一提，威廉・莊士頓神父雖然信仰天主教，卻執教於日本大學而積極與佛教研究對話，其試圖在宗教差異之上，實踐與探索眞正超越的宗教精神。

〔註2〕 此篇文章爲王六二：〈近現代神秘主義研究狀況〉，《世界宗教研究》2001 年第 3 期，頁 125～140、156。

著後來基督宗教教義的理論發展。

冥契主義發展的初期與神秘知覺、感受、體驗息息相關，大抵而言，其學說與強調理性、客觀的科學性質背道而馳，然而受到十八世紀啟蒙運動的影響，大約從十九世紀中葉起，冥契主義已開始被視為科學性的對象，而被進行研究。據王六二先生的考察，東方文化在十九世紀初期對於歐洲的影響十分重大！東方婆羅門教、佛教、老子思想的傳入，迫使當時的歐洲人重新檢視自身基督宗教的文化內涵，因此居於基督宗教信仰核心的冥契主義思想，便開始有了重新被探討與發展的機會。當時的學者們關注於宗教起源論的議題，冥契主義往往被視為歷史層面、社會層面與心理層面的一部分來探討，歷史學者與社會學者們大多認為冥契主義的興起，是被當時的社會狀況所決定；心理學家則試圖從冥契狀態的意識經驗入手，進而從中肯定或否定其中超自然實體的存在性。

在十九世紀邁向二十世紀之際，歐洲學界一方面讚揚著理性主義與科學發展的重要性與成果，另一方面也開始對於理性與科學產生種種關於精神匱乏的質疑，就在這樣的矛盾情結下，哲學家們開始關注冥契語言的議題，試圖重新檢視語言究竟能否準確表述冥契狀態下的整體經驗感受。一次世界大戰之後，人們再次意識到宗教信仰的力量，宗教現象學家也開始重新深入冥契意識狀態的內部探討，他們認為冥契體驗起源於一種與自我全然相異的力量相結合的感受，而冥契主義便是在探討與此力量結合的學問。然而現象學式的探討仍無法取代科學實證主義對於宗教體驗的種種批判，因此採取精神分析式的心理學進路則成為當時更重要的冥契主義研究策略，心理學家認為所謂的冥契狀態即是一種「無邊際」的意識狀態，在這種狀態中，主體與客體全然被消融於一個無限包容的整體之中。而在這些心理學研究中，最傑出的莫過於榮格，他透過「集體無意識」理論的提出，進而更加深入地解析了冥契主義的實質內涵，並且認為關於冥契主義的種種信念，雖然不能被完全確證，但所謂的冥契體驗，則仍然確實是一種心理層面的實在。往後的心理學家更在這個基礎上，開展出「高峰經驗」理論以及結合精神分析與沉思修練的「精神綜合」學派。

在六十年代至七十年代之間，西方社會又面臨另一場價值世俗化的衝擊，人們不再相信對於永恆的追求，轉而希冀當下的付出便能有所收穫，這樣的價值需求，使得人們靠向傳統的冥契主義，以試圖追求當下冥契體驗進

所帶來的自我提升，而在這個強調爲己的價值潮流中，透過服藥以進入冥契望狀態的方式，似乎是被認可的。然而，從這個階段開始，介入冥契主義研究的領域已十分多元，例如現代物理學家也開始涉入，他們甚至認爲現代物理學所發現的世界觀，事實上與冥契者所體驗到的整體統一性的世界觀，彼此吻合一致，而各領域所展開的微觀研究，也使得冥契主義研究有更深入且多元的發展。但是，基於各領域研究動機與立場的不同，也因而同時產生了不少研究意見上的分歧，例如神學家們大多主張每種宗教都內含彼此差異而不可化約的冥契體驗內涵，但哲學家與心理學家們則大多持相反意見，他們認爲即使存在著不同宗教與文化影響下的詮釋差異，但所有的冥契體驗本身，仍具有一致而共同的實質內涵。

　　八十年代以後，冥契主義研究更加多元蓬勃地發展，諸多非人文領域的學科，例如病理學、臨床醫學、量子力學、腦神經科學、人工智能領域……等學門，也都紛紛投入研究行列，冥契主義也因此開始與許多超越傳統科學範疇的新興科學領域相結合，其中的超心理學領域，甚至涉及到超感官能力與意念致動能力的特異功能研究。此方面的相關研究在國際心靈研究會的推動下，仍持續發展中，依王大路先生的觀察，冥契主義在當代的理論發展現況，可能具有三條線索：

> 一是物理理論，認爲世界上存在某種尚未被發現的、與其他已知的能量形式不同的能量形式。二是投影假說，認爲可能還存在一種獨立於物質世界之外的、能與物質世界相互作用的能力。三是榮格的集體無意識理論，認爲所有的人都具有無意識的感知源，而某個人的無意識意念可引起他人進入無意識狀態。〔註3〕

　　從上述關於冥契主義當代研究的發展現況來看，榮格的集體無意識理論確實是當代研究冥契主義的重要進路之一，甚至，威廉・莊士頓神父也認爲榮格的心理學，確實帶給他個人的實際修行層面，許多助益！〔註4〕也因此本

〔註3〕引自艾弗・格拉頓・吉尼斯（Ivor Grattan Guinness）主編，張燕云譯：《心靈學──現代西方超心理學》（瀋陽：遼寧人民出版社，1988 年 3 月初版），中譯本序言頁 8。此書是世界最早成立的心靈研究會爲了紀念學會成立一百週年而編纂的研究論文集，其書 1982 年在英國出版，後由遼寧人民出版社在 1988 年引進並翻譯，王大路先生爲本書的責任編輯。

〔註4〕請參考威廉・莊士頓著，張譯心譯：〈神秘主義有未來嗎？〉，頁 3。他在文中提到：「我轉而尋求靈修指導者的諮商，閱讀心理學的理論──其中容格的心

論文傾向以其集體無意識理論做為當代冥契主義學說的理論核心，並試圖透過哲學的分析進路，來重新釐清其實質的理論內涵。

威廉・莊士頓神父做為當代冥契主義的研究者與實踐者，其在〈神秘主義有未來嗎？〉一文提及了許多宗教體驗上的交流，他身體力行於佛教禪宗中學習，以試圖調整與改良天主教式的冥契修行，也不斷與其他宗教與教派的冥契者交換修行過程與冥契經驗的體會，在這些交流中，他十分關注亞洲宗教對於「氣」以及印度教對於「拙火」能量的體驗，進而十分肯定與認同亞洲宗教對於「無」與「空」的重視與體悟。他認為不同的宗教體驗雖然確實具有其差異，但其中卻共同存在著冥契體驗的核心感受，而此冥契體驗將自然引領人們走向一條融合與互愛的道路，並將成為當代文明以及未來智慧的希望之光。

第二節　當代冥契主義研究中的範圍與分類爭議

冥契主義研究是對於冥契體驗現象的研究，然而所謂的冥契現象，對於不同立場的冥契主義研究者而言，他們在現象範圍的劃定上一直存在著些許不同的差異。造成此意見分歧的原因很多，最關鍵的原因在於研究者們對於冥契體驗本身的認定，仍有所歧異，也因而當研究者們試圖對於眾多冥契現象進行分類區別時，也無法避免地引發了更多的論戰與爭議。

對於冥契主義分類議題的關注，同時具有神學與哲學背景的關永中先生，傾向接受英國著名宗教史學者齊那（R.C. Zaehner）在其著作《神祕主義：神聖與世俗》〔註5〕中，對於冥契主義的分類：

> 一、自然論神秘主義——自然論神秘主義（Nature Mysticism）的特色在於主張個體與大自然合為一體。
>
> 二、一元論神秘主義——一元論神秘主義（Monistic Mysticism）的特色則在乎遠離自然現象世界，而與一超越的「絕對本體」合一。
>
> 三、有神論神秘主義——有神論神秘主義（Thesitic Mysticism）的宗旨則在乎投奔向一位有心靈位格至高之神，企圖與祂在愛之中達

理學對我尤其重要——我同時也發現了聖十字若望、不知之雲以及其他神秘家的作品，這些深深觸動了我的潛意識。」

〔註5〕 R.C. Zaehner. *Mysticism: Sacred and Profane —An Inquiry into some Varieties of Praeternatural Experience.* London: Oxford University Press, reprinted 1978.

　　到圓滿的結合。〔註6〕

這樣的類型區分著重於冥合對象的差異，而關先生更進一步在這樣的分類基礎上，補充了第四種類型——「巫祝論神秘主義」，關於此四種類型冥契主義的具體特質，關先生在其〈神秘主義及其四大型態〉一文中有非常詳盡的說明，以下將透過圖表，來對其要點進行摘錄與整理：〔註7〕

自然論	1. 主張個體與大自然合爲一體 2. 與大自然溝通 3. 自我的引退 4. 返璞歸眞 5. 深信不朽 6. 不必透過艱苦的修行
一元論	1. 與「絕對境界」合一 2. 現象世界是虛幻的 3. 自力修行 4. 返璞歸眞
有神論	1. 信仰一至高之神的存在 2. 以祂爲萬物之根源 3. 肯定這至高的神超越萬物又內在於一切受造物之中 4. 靈修歷程：覺醒→煉道→明道→神夜→合道 5. 在結合當中仍保留人心靈的位格 6. 強調神在人修行中的加持
巫祝論	1. 通冥者 2. 通冥者在肉體上、心靈上有其特徵 3. 有一或多個神明與他有密切聯繫 4. 命中註定被揀選 5. 接受特殊入門禮儀 6. 在神魂拔中通靈 7. 有一對頭人 8. 有時應用有神力的物件來協助自己 9. 在與超越界冥合的當兒不會失卻個人的個體性

〔註6〕以上三段引文皆引自關永中：〈《神祕主義：神聖與世俗》〉，《哲學雜誌》第 3 期（1993 年 1 月），頁 238。此爲關先生對於齊那《神祕主義：神聖與世俗》一書的理解與評論。

〔註7〕請參考關永中：〈神祕主義及其四大型態〉，《當代》第 36 期（1989 年 4 月），頁 41～47。

　　從冥合對象來看，自然論主張與大自然合一；一元論主張與絕對境界或者是與至高的絕對本體合一；有神論主張與至高之神結合；巫祝論則是與某位非至高性的神明結合。一元論的絕對本體與有神論的至高之神，差異在於至高者位格性的有無，此相異可能是受到宗教信仰或者文化傳統差異影響下，所產生的詮釋歧異，然而其實質內涵有可能類似，甚至是一致的。至於自然論所謂的「大自然」，是否與一元論與有神論的「至高者」不同？如果以泛神論者的立場來說，他們認為世界與上帝根本同一，因此自然世界與至高者二者，也可能只是詮釋差異，而本質一致。至於巫祝論所冥合的神明雖然並非所謂的至高者，但其或也可視為至高者的某種神靈分身，那麼這樣的冥合狀態則便又與前三者相似（然而僅能說相似而不能說一致，因為此冥合狀態並未達致萬物相合的程度）。

　　如果從冥合狀態中冥契者與冥合對象的關係來論，則可以發現自然論與一元論皆主張冥契者與冥合對象的「合一」；至於有神論與巫祝論則強調冥契者與冥合對象的「結合」。「合一」是指在冥合狀態中，冥契者與冥合對象全然合而為一；至於「結合」則是認為在冥合狀態中，冥契者仍與冥合對象有某種程度上的差異，而僅是雙方結合在一起。此兩種關係狀態皆是對於冥契體驗現象的事實陳述，此中幾乎不容許有詮釋差異的可能！因此這裡的差異，才是真正得以劃定冥契現象範圍以及區分冥契主義類型的關鍵之一。

　　前面已提到關於冥契主義範圍與類型界定的爭議，源自於冥契主義研究者對於冥契體驗本身的認定有所歧異，例如齊那認為冥契主義的核心意義在於「以基督宗教的辭彙而言，冥契主義意指與神結合；在非神論的脈絡中也意指與某原理或他者結合。於是，它即是指一個與某個體或者自我之外的某物相結合的經驗。」〔註8〕至於關永中先生則認為「神秘主義就是與『絕對者』冥合的一門學問與修行；而神秘家，就是達到與『絕對者』冥合的個體。」〔註9〕在此兩段論述中，可以發現齊那對於冥契對象的範圍劃定較為廣泛，其不僅認為與所謂的至高者（不論是指上帝或者其他非位格的絕對本體）結合，屬於冥契體驗，也認同與其他非自我之外的他者結合，亦屬於冥契體驗

〔註8〕引自齊那：《神祕主義：神聖與世俗》*Mysticism: Sacred and Profane*，頁 32。原文如下：In Christian terminology mysticism means union with God; in non-theistical contexts it also means union with some principle or other. It is, then, a unitive experience with someone or　something other than oneself.

〔註9〕引自關永中：〈神祕主義及其四大型態〉，頁 41。

的範疇。至於關先生的看法比較有趣！其雖然補充了巫祝論此一類型，而或可做爲齊那意見上的補充，但其自身卻對於冥契體驗本身的認定上，卻較爲嚴格，其僅認爲冥契者必須與所謂的至高者冥合，才能屬於冥契體驗。

　　透過上述的討論，可以發現眞正影響冥契體驗現象範圍界定的關鍵，至少有二：其一是冥合狀態關係的「合一」與「結合」之程度差異；其二則是冥契對象是否僅限定於所謂絕對的至高者（包含有位格的上帝、絕對本體、自然世界的整體）而排除了只是其他自我之外的某個體。基於此兩點關鍵歧異，筆者認爲應該重新對於冥契主義進行狹義性與廣義性的兩種範圍界定：狹義的冥契主義所認定的冥契現象，僅限於冥契者與至高者（包含有位格的上帝、絕對本體、自然世界的整體）的冥合，並且在冥合關係上必須達致合而爲一的程度，具體而言，其主張人得以透過某些進路而達致與至高者合而爲一的冥契體驗，進而能在此體驗狀態中獲取某種眞理觀與意義感。至於廣義的冥契主義所認定的冥契現象，則範圍較爲廣泛，不僅包含狹義性冥契主義所認定之與至高者合而爲一的冥契程度，也一併納入僅是與至高者結合或者僅是與其他自我之外的某個體結合的體驗現象，換言之，廣義的冥契主義是主張人得以透過某些進路而達致與至高者或者與其他自我之外的某個體相結合（此冥合關係僅須達致二者結合的程度）的冥契體驗，進而能在此體驗狀態中，獲取某種眞理觀與意義感。此處關於冥契主義的廣狹範圍界定，可以透過下表來說明：

狹義冥契主義 所認定的冥契現象範圍	冥契對象：僅限於至高者 冥契狀態關係：必須達致合而爲一（同一）的程度
廣義冥契主義 所接受的冥契現象範圍	冥契對象：至高者或者其他自我之外的某個體 冥契狀態關係：僅須達致二者結合（交流）的程度

　　上述關永中先生對於冥契主義所劃分的四種類別非常具有典型意義，但從分類判準的角度考察，則發現其判準同時涉及許多層面，包含冥契對象的差異、冥契狀態關係的差異以及達致冥契狀態方法的差異等面向，然而此四種典型類別的劃分，事實上卻僅能大致反映冥契對象差異此一分類判準，而對於其後兩個分類判準則時有時無地觸及或者跳脫，例如從達致冥契狀態的方法此一分類判準來檢視，自然論大致不必透過艱苦的修行即可完成，而一元論與有神論則皆強調必須通過修行的努力，但巫祝論方面，由於其類型過

於複雜，似乎難以判斷其是否需要通過修行的考驗，因而在考量上，便對此分類判準有所跳脫！此三種分類判準彼此交雜的情況，將可能使得類型劃分不夠徹底，或者將可能使得某些類型因未被察覺而有所遺漏。據此因素，王六二先生在其〈神秘主義的類型學課題〉〔註10〕一文中，除了列舉多位著名冥契主義研究者的類型劃分之外，更進一步反省了諸位研究者在區分類型上的分類判準，最終其主張「神秘主義類型應該根據三個方面，即追求的目的、追求的對象和追求的方法來劃分。」〔註11〕並且認為在不同的分類判準之下，便能呈現不同面向的冥契類型，以下將透過圖表來對其要點進行摘錄與整理：〔註12〕

從追求的目的來劃分的類型	1. 與神交通的神秘主義 2. 與神結合的神秘主義 3. 與神合一的神秘主義
從追求的對象來劃分的類型	1. 泛神論的神秘主義 2. 多元內在神論的神秘主義 3. 一元內在神的神秘主義
從追求的方法來劃分的類型	1. 冥想與靜觀的神秘主義 2. 苦修與禁欲的神秘主義 3. 秘術與藥物的神秘主義

很顯然王先生是站在廣義的冥契主義範圍之下，來進行類型區分，因此其在探索對象分類判準的類型劃分中，不僅涉及了絕對至高者，也包含了「多元內在神論」此類非至高者的其他個體；此外，其在追求目的分類判準的類型劃分中，也不僅涉及了「合一」關係一類，也同時涵蓋了二者交流互動的「交通」關係一類，以及二者彼此相合的「結合」關係一類。

　　筆者認為無論王先生的類型區分是否能完全窮盡所有的冥契現象，至少王先生所提出的此三種分類判準，仍十分關鍵！其得以成為研究者在進行冥契主義類型判定時，不可或缺的重要參考。然而筆者傾向將「追求目的」此一判準調，整為「冥契狀態之關係」來予以考量，因為對於冥契者而言，其

〔註10〕王六二：〈神秘主義的類型學課題〉，《宗教哲學》第 8 卷第 2 期（2002 年 10 月），頁 26～35。
〔註11〕引自王六二：〈神秘主義的類型學課題〉，頁 31。
〔註12〕請參考王六二：〈神秘主義的類型學課題〉，頁 31～34。

未必具有某種特定的追求目的，也可能達致所謂的冥契狀態，例如有部分冥契者即認為自己是不期然而進入冥契狀態之中，而並非刻意追求所致，因此以「冥契狀態之關係」的分類判準來檢視，應是更準確的。總之，受到王先生意見的啓發，筆者認為要對於某種冥契主義進行類型判定時，必須通過以下三個面向的檢視：其一，冥契對象的性質；其二，如何進入冥契狀態的方法特性；其三，冥契者與冥契對象在冥契狀態中的關係狀態。

相較於王先生站在廣義的冥契主義範圍下，對於冥契主義進行分類探討，史泰司則試圖在確證何謂眞正冥契體驗的動機下，進而對於「冥契對象的性質」以及「冥契者與冥契對象在冥契狀態中的關係狀態」兩個面向，進行批判考察。其在《冥契主義與哲學》一書的第二章中，進行了如何界定冥契體驗現象的性質與範圍的相關討論，在此章的第二節與第三節當中，其更駁斥了靈視（visions）、幻音（voices）……等現象，以及恍惚（rapture）、入神與狂熾情念……等表現，其認為這些皆不必然屬於冥契體驗的範疇，爾後，其在此章的第六節中，提出了將冥契現象劃分成兩種類型的最終結論。然而無論是「外向型冥契經驗」的「所見一統，萬物為一」或者是「內向型冥契經驗」的「意識一體；為空，為一；純粹意識」，此當中所意指的冥契對象皆指向所謂的至高者，亦即位格性的上帝、絕對本體或者是自然世界的整體，換言之，在史泰司的立場中，其對於冥契對象的範圍界定，僅限於絕對的至高者而排除了只是其他自我之外的某個體。〔註13〕另一方面，其在此書第四章中，探討了泛神論、二元論與一元論三者對於冥契狀態關係的見解差異，簡要言之，其認為泛神論的主張是種悖論，因為泛神論主張世界與上帝同一卻又同時認為世界與上帝是分離而不是同一的，亦即上帝與世界的關係處於差異之中的同一（而冥契者與上帝二者也處於差異中之同一）；而二元論則意指在冥契狀態中，上帝與世界的關係以及冥契者與上帝的關係，皆處在純粹的差異之中而沒有共同之處，亦即他們的關係只是雙方結合而非合而為一；至於一元論則認為在冥契狀態中，上帝與世界的關係以及冥契者與上帝的關係，皆處於純粹的同一之中，亦即他們的關係是眞正的合而為一而不僅是彼此結合而已。關於此三種意見，可以透過下表來顯示：〔註14〕

〔註13〕 以上關於史泰司對於冥契體驗現象之性質與範圍界定的具體意見，請參考史泰司著，楊儒賓譯：《冥契主義與哲學》第二章，頁39～172。

〔註14〕 關於上述史泰司對於泛神論、二元論與一元論的看法以及下方圖表所列之資

泛神論	至高者（上帝）與冥契者以及自然世界的關係：差異而又同一
二元論	至高者（上帝）與冥契者以及自然世界的關係：純粹的差異
一元論	至高者（上帝）與冥契者以及自然世界的關係：純粹的同一

在此之後，史泰司考察了不同時代、地區文化的冥契者陳述，以及透過邏輯論證來檢視，其最終認為二元論與一元論皆不是準確的冥契體驗陳述（或者說他們二者只分別說對了一半），至於泛神論雖然是一種悖論，卻是唯一一種最準確的冥契體驗陳述！理由方面十分複雜，牽涉到許多宗教教義的發展歷史以及哲學理論的觀點立場，簡易言之，二元論違背了冥契主義「萬物一體」或者「意識一統」的冥契體驗核心意涵；而一元論則無法解釋為何冥契者仍認可自然世界中存在著芸芸雜多的萬物！至於泛神論的悖論陳述雖然違反了邏輯律則，卻不折不扣是冥契體驗者最直接而真實的體驗陳述，舉例來說，當泛神論的反對者批評：既然至善的上帝與其所創造的世界萬物有所差異卻又同一，那麼包含人們在內的世界萬物必然分享著上帝的至善，怎麼還會有惡的存在呢？對此問題，史泰司指出冥契者並不認為達致冥契狀態就得以解消「善中為何有惡？」或者「善惡如何同一？」的邏輯詰難，然而冥契者們卻能夠在冥契體驗中喚起一種新的生命態度──一種同時包容善與惡，而善仍是善且惡仍是惡的愉悅與自在。〔註15〕總結來說，史泰司所認定的冥契主義是狹義性的，其所認定的冥契現象除了必須達致合而為一（其主張是差異中之同一）的關係程度，在冥契對象方面，也僅限於所謂的絕對至高者（包含位格性的上帝、絕對本體或者是自然世界的整體）。

承上所述，史泰司是站在狹義的冥契主義範圍，來區分冥契主義的類型，因此從「冥契對象的性質」此一判準來考量分類，則必然無法區別，因為狹義性的範圍立場已將冥契對象鎖定為所謂的至高者。至於從「冥契者與冥契對象在冥契狀態中的關係狀態」此一面向來考察，則可以發現雖然史泰司認為泛神論的「差異中之同一」是最準確的冥契關係陳述，然而其所區分的兩種冥契主義類型，仍對此涉及程度上的階級差異：〔註16〕

料，請參考史泰司著，楊儒賓譯：《冥契主義與哲學》第四章第一節與第二節，頁277～309。

〔註15〕關於上述史泰司對於二元論與一元論的批判以及對於泛神論的證成，請參考史泰司著，楊儒賓譯：《冥契主義與哲學》第四章第三節至第五節，頁310～337。

〔註16〕下方的分類圖表，摘錄整理自史泰司著，楊儒賓譯：《冥契主義與哲學》，頁

外向型冥契經驗的共同特徵	內向型冥契經驗的共同特徵
1. 所見一統，萬物爲一。 2. 太一具體活潑，遍佈萬物，有種內在的主 　體性。	1. 意識一體；爲空，爲一；純粹意識。 2. 無時，無空。
3. 客觀、眞實之感。 4. 安寧、法樂等。 5. 神聖尊崇之感。 6. 悖論。 7. 冥契者宣稱不可言說。（以上第三至第七點特徵爲兩種類型所共有）	

　　史泰司進一步對此兩種類型的具體差異，提出說明：

　　　　內向型冥契主義的第 2 項特徵——無時無空，卻不見於外向型的冥
　　　　契主義。這點差異在空間性格上是相當明顯的，但在時間性格上則
　　　　比較模糊些。……此項因素似乎顯示外向型冥契主義雖然是個明確
　　　　的異類，但它很可能是比內向型低一級的次型，換言之，它代表的
　　　　經驗是不完整的，其圓滿狀態要升到內向型的體驗時才到完成。外
　　　　向型的趨勢是趨向一統，但未盡其全，內向型則充分盡之。在內向
　　　　型的情況中，雜多已徹底泯除，所以必然會導致無時無空，因爲時
　　　　空正是雜多的原則。〔註17〕

在此也許可以稍做推演，在史泰司的類型考量中，外向型冥契主義「所見一
統，萬物爲一」的冥契現象，所顯示的正是泛神論所謂「差異中之同一」的
冥契關係，亦即在此冥合爲一的狀態關係中，仍保留著芸芸萬物的差異性存
在；至於內向型冥契主義，在冥合爲一的程度上，則更加純粹，其所達致「意
識一體；爲空，爲一；純粹意識」的冥契現象，已全然將雜多萬物的差異性，
消融在純一的冥契意識當中，換言之，在內向型的冥契狀態中，所謂的差異
性近乎全然消失，而僅展現出「純粹同一」的境界，也因而引發出「無時無
空」的冥契之感。也許批評者在此會提出質疑：那麼內向型的冥契現象，不
就等同於一元論所宣稱的「純粹同一」！筆者認爲史泰司面對這樣的批評，
似乎難以全面迴避，然而事實上，其所意指的完整想法，應該是：內向型的
冥契者在其冥契狀態中，確實僅感受到毫無差異且無時無空的純粹同一之
感，然而當其離開冥契狀態而轉回到一般經驗狀態時，其並不會因而認定經

160～161。
〔註17〕引自史泰司著，楊儒賓譯：《冥契主義與哲學》，頁 161～162。

驗世界中，芸芸萬物的差異性感受，是種錯誤的認知或感受，但對於一元論者（尤其是無世界論者）而言，他們卻可能認爲自然世界中，芸芸萬物的差異性根本不存在，只有純然同一的至高者才是眞實存在的。〔註18〕總而言之，基於冥契現象中，冥合狀態關係有其純粹程度的高下之別，史泰司據此將它們區分成較低階級的外向型冥契主義，以及較高階級的內向型冥契主義。

透過史泰司的相關論述，得以再細探此兩種冥契主義類型，在體驗感受中的其他差異：〔註19〕

外向型冥契主義	內向型冥契主義
就外向型而言，冥契者視此統一爲普遍的「生命」。	內省的冥契意識則視此爲梵我，爲純粹自我，或爲純粹意識。
外向型只看待世界是生生之流。	內向型則了解此是宇宙意識或宇宙精神。

對於此兩種類型的冥契者而言，這裡所指出的感受差異性，仍源自於冥合狀態關係的純粹程度之高低。外向型冥契者所感受到的到是「差異中之同一」，因此他們所體驗到一切人、事、物，皆冥合展現爲一生機盎然的普遍大生命，史泰司甚至還進一步指出「它被描述爲生命，爲意義，或被視爲『活潑潑的朗現』。這種發現顯示沒有任何事物是『眞正』會死亡的。」〔註20〕至於內向型冥契者所感受到的則是「純粹的同一」，因此他們在冥契體驗當下，僅是純一精神意識的呈現，也因此他們對於宇宙世界的體認，乃是一宇宙意識或者是宇宙精神。

如果從「如何進入冥契狀態的方法特性」這一面向，來考察史泰司此兩種類型的區分，則可以發現其對於冥契狀態契入方法的討論，相當保留，而不願多做評價，卻也因而顯得十分多元尊重。其在第一章「討論的預設」中，即主張「起因無關原則（The Principle of Causal Indifference）」〔註21〕，亦即

〔註18〕史泰司認爲所謂的一元論者還可以區分成無神論者與無世界論者，關於此方面的詳細討論，請參考史泰司著，楊儒賓譯：《冥契主義與哲學》第四章第四節，頁319～323。

〔註19〕下方的圖表說明，摘錄整理自史泰司著，楊儒賓譯：《冥契主義與哲學》，頁162。

〔註20〕引自史泰司著，楊儒賓譯：《冥契主義與哲學》，頁90。

〔註21〕關於史泰司對於「起因無關原則」的詳細討論，請參考史泰司著，楊儒賓譯：《冥契主義與哲學》第一章第四節，頁23～25。此外，杜普瑞（Louis Dupré）

不論冥契者達致冥契狀態的方法過程為何，只要其所達致的境界狀態屬於冥契體驗所屬的現象範圍（狹義的），則皆可視其體驗為冥契現象。其之所以堅持此原則，理由在於過去有學者批評透過藥物所達致的體驗狀態，無法與通過修練而達致的冥契境界相提並論！但史泰司卻認為在這些藥物與其他相關契入方法的研究，尚未明朗之前，研究者實在不宜擅加評論，而應予以某種程度上的包容與尊重。但這樣的立場並不表示史泰司全然對於冥契主義的契入方法毫無觀察，在其閱讀探訪各時代、各地區文化的冥契者陳述後，他大致做了以下評論，卻也一再強調此關於「自發的」與「探得的」的分析對應情況，只是歸納所得，而並非絕對如此：〔註22〕

外向型冥契主義	內向型冥契主義
自發的：突如其來、不假人力的冥契狀態。	探得的：強探力索、下盡工夫、通常還要經年累月努力才能達到的冥契狀態。
有些人曾有短暫的自發性外向型體驗，但其事永不再來。 然而這種絕無僅有的經驗雖然極為短暫，他的生命卻整個兒改變了。	探得的內向型體驗一旦獲得了，在相當長的一段時間內，通常即可隨意引發而得。
外向型是藉著感官，向外觀看。	內向型則是往內看，直入心靈。

史泰司對於冥契狀態契入方法的多元包容態度，也與關永中先生的見解十分相近，關先生認為：「這是我們可以看到人基本上有這樣的潛能，如果你能夠把它加以發揮，你可以變成神秘家。但要看看哪一條路徑比較適合你，你就用哪一條路徑。」〔註23〕然而此處關於外向型「藉著感官，向外觀看」以及內向型「往內看，直入心靈」兩種契入進程的內外向區分，仍十分值得關注！此二者既然並非斷然二分，那麼要如何同時並行？仍有待之後的進一步討論。

　　事實上，學界對於史泰司此兩種類型區分的批評意見並不少，例如黃鼎

在其《人的宗教向度》一書中也提出了類似的立場，請參考杜普瑞著，傅佩榮譯：《人的宗教向度》*The Other Dimension: A Search for the Meaning of Religious Attitudes*（臺北：立緒文化事業有限公司，2006 年 3 月初版），頁 531。其在此處提到：「哲學家與心理學家應該就密契現象做為『現象』來理解與評價，亦即就它們顯示於意識來看，而不必顧及它們的起源。」

〔註22〕下方的圖表說明，摘錄整理自史泰司著，楊儒賓譯：《冥契主義與哲學》，頁65～67。

〔註23〕引自《法光》雜誌編輯室採訪整理：〈每個人都是一個潛能的神秘家——專訪關永中教授〉，《法光》雜誌第 118 期（1999 年 7 月）。

元先生即認爲仍有一些著名的冥契家，同時具有內向型與外向型的冥契體驗，因此這樣的區分並不恰當！〔註24〕然而，史泰司其實並不反對這樣的意見，而且不只一次強調：

> 冥契者認爲內向型經驗中朗顯出來的「一」與外向型經驗中朗顯出來的「一」，兩者同一無別，此乃天經地義之事。「一」即唯一，絕對無偶，冥契者認爲它即是上帝、或遍佈寰宇之梵我。〔註25〕

換言之，對於史泰司來說，其所區分的內外向兩種冥契主義類型，並非斷然二分的兩種冥契現象，而此二者僅是在契合關係的純粹程度上有其階級差距：內向型較純粹因而相對比較高階；外向型同一中仍有差異因而相對比較低階，此二者可以視爲契合關係純粹程度光譜上的概然性區分，在低階到高階的光譜程度中，並沒有一絕對的分界。那麼，在此便可以再稍加推演，當冥契者擁有內向型的體驗時，其學理上也應可能擁有外向型的體驗（當然實際上可能沒有，但並不妨礙此學理上的推論），因爲內向型的契合程度較高，因而在學理上得以涵蓋外向型的感受，此推論也足以說明爲何有許多冥契者得以同時擁有內外兩型的冥契體驗；然而，反過來說，僅擁有外向型體驗的冥契者，其在學理上則無法同時體驗到內向型的冥契感受，因爲其契合程度是相對較爲低階的。

相較於史泰司以合一程度的純粹性，來斷定冥契類型的高下之別，杜普瑞（Louis Dupré）則似乎採取相對的立場，而是以「一」與「多」之間的辯證圓熟度，來判別冥契類型的優劣之分。事實上，身爲宗教哲學家的杜普瑞並不致力於爲所有冥契主義的派別或者類型進行區分，其之所以對於冥契主義進行類型劃分，主要是爲了透過冥契主義來闡釋宗教精神的核心意涵，因此其論述起始於非宗教性與宗教性的冥契主義劃分，並將前者統稱爲「自然密契主義」，並且其認爲「自然密契主義」大約還可以再進一步區分成向外型的「統合景觀的密契主義」以及向內型的「內省的密契主義」兩類，而這樣的區分考量與分類模式，大抵與史泰司的內外型區分十分相近。〔註26〕至於

〔註24〕 關於黃鼎元先生的具體意見，請參考黃鼎元：〈書評：W. T. Stace《冥契主義與哲學》〉，《哲學與文化》第31卷第12期（2004年12月），頁119～120。

〔註25〕 引自史泰司著，楊儒賓譯：《冥契主義與哲學》，頁162～163。此外，史泰司也在頁74提到：「冥契者自己是不會分別內向型之『一』或外向型之『一』的。」

〔註26〕 請參考杜普瑞著，傅佩榮譯：《人的宗教向度》，頁533～535。

針對所謂的「宗教密契主義」，杜普瑞認爲依其展現型態的圓熟發展歷程，由低至高，大致可區分成「一元論的（monist）」、「尊一的（henological）」以及「合一的（unitive）」三種類型：首先，「一元論」極端地肯定絕對者的超越性，進而在肯定的過程中，排除了實在界的多樣性，換言之，此種型態極端地肯定「一」而否定「多」；至於「尊一型」則是前一種型態的修正版，其又稱爲「否性神學」，其全面否定所有對於上帝的限定性陳述，然而其卻也同時承認有限者的多樣性存在，即便它們的存在地位本身十分卑下，那麼相較於前一種類型而言，此種型態採取的是「一」、「多」並存的價值立場；最後，「合一型」又可稱爲「愛的密契主義」，其主張與上帝結合是一種愛的展現，在此之中，有限者的多樣性並不再與絕對者的「一」相互對立，而是處於彼此得以相互涵屬與相互成全的共在關係，進而已直接肯定有限者多樣性的存在價值，換言之，此種型態對比於前兩種類型，更得以彰顯出「一」、「多」關係的辯證圓熟程度，因此，杜普瑞視其爲最高的冥契型態。〔註27〕

　　同樣試圖判定冥契類型的高下優劣，爲何史泰司與杜普瑞的評估原則，近乎彼此衝突？前者依據契合爲一狀態的純粹性；後者則強調差異雜多在「一」中的重要性。究竟何者的評估原則較爲恰當呢？關於這個問題，筆者認爲此二者的基本關懷與根本考量不同，導致他們在評估原則的選擇上有所差別，換言之，筆者認爲此二者所採取的評估原則皆有其適用範圍下的適宜性！具體而言，史泰司所面對的是一切普遍的狹義性冥契現象，而並非針對某個特殊領域的冥契主義來進行研究，因此其所採取的評估原則乃是聚焦於所有冥契主義的核心——冥合爲一的根本性質，而依此原則在理論層面進行評估與分判；至於杜普瑞主要針對的則是宗教領域下的冥契主義，其指出「我們若在從有限自我走向絕對者的活動中找不到任何消極的後撤現象，那麼這個經驗可以被視爲非宗教的。」〔註28〕此外，其更明確主張「宗教經驗始於後撤。」〔註29〕即是認爲在宗教冥契狀態中，人神之間不可能眞正的冥合爲

〔註27〕關於上述三種「宗教密契主義」的詳細説明，請參考杜普瑞著，傅佩榮譯：《人的宗教向度》，頁 537～586。此外，值得一提的是杜普瑞在討論「一元論」時，明確指出「若一元論思想保持完全一貫性，它將不再是宗教的。」（引自，前揭書，頁 549。）以及『一元論密契主義』是一種思潮更甚於一種實物。」（引自，前揭書，頁 550。）事實上，這個看法與其對於宗教本質的界定，緊密相關。關於此點，請詳見下一段關於評估原則的討論。

〔註28〕引自杜普瑞著，傅佩榮譯：《人的宗教向度》，頁 537。

〔註29〕引自杜普瑞著，傅佩榮譯：《人的宗教向度》，頁 537。

一，所以其在進行冥契類型的評估與分判時，自然優先受到宗教教義及其核心精神——肯認至高神絕對存在的根本地位——的引導與限制，據此因素，杜普瑞嚮往得以融通至高神之「一」與有限者之「多」的辯證圓熟狀態，進而以此突顯宗教冥契實踐的體驗本質。總之，相較之下，史泰司的冥契類型評估得以適用於所有狹義性的冥契現象範圍；至於杜普瑞的評估論述則僅適用於宗教性的冥契現象範圍，而其所謂「後撤」的宗教性冥契體驗，卻未必得以觸及狹義性冥契主義所謂「冥合為一」的核心宗旨。〔註30〕

　　總結來說，在本章節所討論的冥契範圍與分類爭議的諸種論述中，關永中先生所區分的四種類型最具傳統分類模式上的典型意義，然而所謂的冥契現象應有廣義性以及狹義性的兩種範圍區分，因此從廣義性的範圍當中，重新探討類型區分判準的研究考察，以王六二先生的研究成果最具代表性，至於史泰司則立足於狹義性的範圍，以試圖探索更準確與更核心的冥契體驗內涵，進而從契合為一純粹程度的關係光譜中，區分出了兩種具有階級從屬關係的冥契類型。而關於判定冥契類型高下優劣的評估原則，雖然杜普瑞強調「雜多」在「一」中的重要性，因而與上述史泰司的意見相左，然而由於杜普瑞的論點僅立基於「後撤」宗教體驗的探討，所以並不適用於所有冥契主義的分類評估研究。因此，除了杜普瑞對於宗教冥契主義的類型評估外，本章節所有對於冥契範圍與分類界定的相關研究，將成為之後考察《莊子》體道工夫思想，應從屬於何種冥契主義類型的判定基礎。

第三節　冥契主義與《莊子》關係研究文獻檢討

　　在本節中，將檢視與彙整多位探討冥契主義與《莊子》關係研究的研究者成果，一方面將藉此呈現《莊子》思想中的冥契主義向度，另一方面也將

〔註30〕關於此點，筆者認為杜普瑞所謂「後撤」概念，對比於先前提及史泰司對於「泛神論」、「二元論」、「一元論」三者的區分而言，是相對模糊的概念，究竟「後撤」所意指的人神關係是泛神論式的差異且又同一的關係狀態，還是二元論式的純粹差異狀態？此似乎難以明確斷定。但如果參照杜普瑞對於「一元論型」、「尊一型」、「合一型」三者的冥契型態界定，基於其否定「一元論型」絕對同一的真實性，然而卻認可「尊一型」之「一」、「多」並存的可能性，也許可以藉此推斷其所謂的「後撤」意涵，大抵較傾向於史泰司所認定的「二元論」關係，換言之，此即是在有神論系統下的廣義性冥契主義論述，因此筆者認為其未必能真正觸及狹義性冥契主義的核心宗旨。

透過此研究成果的彙整，以做為下一節釐清《莊子》應屬於何種冥契主義類型的判定基礎。事實上，過去關於冥契主義與《莊子》關係的相關研究十分眾多，在本節當中，預計僅列舉幾種較全面分析探討此二者學說關係或者理論對應補足情況的研究文獻，許多未全面討論此二者理論關係而只是約略提及者雙方相應之處的研究論述，例如吳經熊先生在其〈莊子的智慧：一個新估價〉一文中即提到：「莊子是一個徹底的神秘者：不但他的天與道的觀念具有高度的神秘性，他的全德的路徑也典型地是神秘的。」〔註31〕此種較片面地的研究意見，在此將暫且略過。

壹、馬丁布伯《莊子的對話與寓言》

馬丁布伯（Martin Buber）是十九世紀與二十世紀之際的著名哲學家，其在二十世紀初期以德文出版了《莊子的對話與寓言》（*Talks and Parables of Chuang Tzu*）〔註32〕一書，在此書中，其一方面對於《莊子》的寓言故事進行選編與整理；另一方面也試著解釋與評論這些寓言故事所蘊涵的寓意。

雖然嚴格來說，本書稱不上是有意識地冥契主義與《莊子》思想的關係研究，但馬丁布伯早期的學術性格，確實深深受到冥契主義所影響，因而其在對於《莊子》寓言的解釋與評論中，明顯透露出關於冥契主義的思維向度。例如見於其對於莊子本人的理解：

> 對於莊子而言，這一切只意味著一件事：被人稱為「知」的其實是無知，在分離中不會有知，只有未分離者能知，只有身處沒有從世界中分離的未分離狀態者，也只有他自身並未被世界所分離者能知。不要身處對立面，要在主客的辯證統合中，只有在所有的同一中才會有認知，此同一即是認知。〔註33〕

〔註31〕引自吳經熊著，項退結譯：〈莊子的智慧：一個新估價〉，《現代學苑》第 4 卷第 3 期（1967 年 3 月），頁 97。

〔註32〕本書的德文原版在 1910 年出版，而其英文譯本有二：其一是 Martin Buber. "Zhuang: Sayings and Parables." *Chinese Tales*. Trans. Alex Page. London: Humanities Press International, 1991.其二則收入於 Jonathan R. Herman. *I and Tao: Martin Buber's Encounter with Chuang Tzu*. New York: State University of New York, 1996.後者為一學術論文，此作者鑒於前一譯本對於《莊子》思想、馬丁布伯的學說以及冥契主義皆不夠熟悉，因而重新進行翻譯工作，並將原著書名譯為 *Talks and Parables of Chuang Tzu*，本論文所引用的文獻資料出於此譯本，並因而以《莊子的對話與寓言》做為原著的中文譯名。

〔註33〕引自 Jonathan R. Herman. *I and Tao: Martin Buber's Encounter with Chuang Tzu*.

很顯然馬丁布伯認為《莊子》的思想宗旨，在於要人身處同一之中才能眞正擁有「知」，這是種身處冥合狀態中的認知活動。而馬丁布伯雖然以「認知」一詞，來說明這種體道活動，但其很明白此種認知並非一種知識的建構，因此其隨後又說：

> 這種認知並非知識，而是種存在。因為它所擁有的全部都在它的同一性之中，它永遠不會與它們對立；而當它細想它們，則體認到它們即出於它們自身，每一件事物都出於自身；並非出於它的表現，而是出於此物的存在本身，出於此物身處於其同一而擁有的同一性中。這種認知是對於每一件事物的體認；而每件事物基於它能體認到其外於表現的存在本身因而得以獲致提昇。〔註34〕

換言之，這種認知並非主客對立的認識活動，而是一種必須身處主客合一之中的體悟之知，也因而其所體悟而認知到的，並非是事物的外在表現，而是事物內在的存在本質。在上述的引文中，得以發現馬丁布伯以契入同一進而得以彰顯同一的內在本質，做為《莊子》思想的核心，而此對於同一（oneness）的追求，亦即是冥契主義的學說宗旨。

事實上，馬丁布伯認為對於同一的追求，正是《莊子》之「道」所蘊涵的教化意義：

> 對於道的教化，我們可以說，冥契者即是創造者；從此教化意涵中可見，對於所有的創造活動而言，無非是意圖喚起世界之道、事物之道，亦即去呈現那生機盎然且又具體明確的潛在之一。〔註35〕

頁89。原文如下：For Chuang Tzu, all this means only one thing: that which by man is called "knowing" is no knowing. In separateness there is no knowing. Only the unseparated man knows, for only the one in whom there is no separation is not separate from the world, and only he who is not separate from the world can know it. Not in the standing opposite, in the dialectic of subject and object, only in the oneness with the all is there cognition. The oneness is the cognition.

〔註34〕 引自 Jonathan R. Herman. *I and Tao: Martin Buber's Encounter with Chuang Tzu.* 頁89～90。原文如下：This cognition is not knowledge, but rather existence. Because it possesses all things in its oneness, it never stands against them；and when it considers them, it considers them out from themselves, each thing out from itself；but not from its manifestation, rather from the being of this thing, from the oneness of this thing that it possesses in its oneness. This cognition is each thing that it considers；and so it elevates each thing that it considers out of manifestation to existence.

〔註35〕 引自 Jonathan R. Herman. *I and Tao: Martin Buber's Encounter with Chuang Tzu.* 頁86。原文如下：We may say that for the Taoteaching, the unified man is the

而此關於「道」的教化意涵，更是圍繞著其《莊子的對話與寓言》一書中，對於《莊子》思想的闡釋，正如同王希佳先生所認爲的「在布伯的評論與注釋部分，他首先闡明了對於東西方精神特質差異性的認識，作爲他本人理解老子和莊子的思想背景。其中尤爲重要的是對『教誨』（the teaching）的界定，他後文中對老、莊思想的闡釋與這一點緊密相關。」〔註 36〕

　　無論馬丁布伯對於《莊子》思想的解讀是否全然恰當，其《莊子的對話與寓言》一書所帶來的重要意義在於：早在二十世紀初期，歐洲便有冥契主義學者關注到《莊子》，並且認定《莊子》思想具有冥契主義的思維向度。

貳、羅浩〈〈齊物論〉中的雙重冥契經驗〉

　　羅浩（Harold D. Roth）於 1981 年，取得加拿大多倫多大學東亞研究哲學博士學位，現職爲美國布朗大學宗教研究與東亞研究領域教授。其關於冥契主義與《莊子》關係的學術論著除了此篇〈〈齊物論〉中的雙重冥契經驗〉〔註 37〕之外，尚有〈內修：早期道家的主要實踐〉〔註 38〕一文，前者聚焦於《莊子・齊物論》中的冥契經驗探討；後者則廣泛探討早期道家實踐思想中的冥契特質。以下的說明將圍繞著羅浩此兩篇學術論著的研究成果。〔註 39〕

　　羅浩在此篇〈〈齊物論〉中的雙重冥契經驗〉中，認爲《莊子・齊物論》內含兩種獨特的意識模式，亦即「爲是」與「因是」兩種意識運作狀態，而此區分源自於〈齊物論〉中關於「朝三暮四」的一段論述：

---

creating man; for all creating, seen from this teaching, intends nothing other than to evoke the Tao of the world, the Tao of things, to make living and manifest the dormant oneness.

〔註 36〕引自王希佳：〈馬丁布伯對老莊思想的宗教性理解——以《莊子的對話與寓言》一書爲依據〉，第七屆兩岸宗教學術論壇會議論文（輔仁大學，2013 年 5 月 6 ～7 日），第八場次論文，頁 2。

〔註 37〕Harold D. Roth. "Bimodal Mystical Experience in the 'Qiwulun'." *Hiding the World in the World.* Eds. Scott Cook. New York: State University of New York, 2003. pp.15～32.在此將此文篇名中譯爲〈〈齊物論〉中的雙重冥契經驗〉。

〔註 38〕羅浩：〈內修：早期道家的主要實踐〉，收錄於陳鼓應主編，《道家文化研究》第十四輯（北京：生活・讀書・新知三聯書店，1998 年 7 月初版），頁 89～99。

〔註 39〕在此需要補充說明，羅浩還有另一專書論文同樣涉及早期道家與冥契主義的關係研究，但由於其主要關注於《內業》文獻的思想詮釋，以及此書在早期道家思想發展脈絡中的定位，因此本論文將略過此部分的研究成果。請參考羅浩：《原道：《內業》與道家神秘主義的基礎》（北京：學苑出版社，2009 年 1 月初版）。

可乎可，不可乎不可。道行之而成，物謂之而然。惡乎然？然於然。惡乎不然？不然於不然。物固有所然，物固有所可。無物不然，無物不可。故（爲是）舉莛與楹，厲與西施，恢恑憰怪，道通爲一。其分也，成也。其成也，毀也。凡物無成與毀，復通爲一。唯達者知通爲一，爲是不用而寓諸庸。庸也者，用也；用也者，通也；通也者，得也。適得而幾矣。因是已。已而不知其然謂之道。勞神明爲一，而不知其同也。謂之朝三。何謂朝三？狙公賦芧，曰：「朝三而莫四。」眾狙皆怒。曰：「然則朝四而莫三。」眾狙皆悅。名實未虧，而喜、怒爲用，亦因是也。是以聖人和之以是非，而休乎天鈞，是之謂兩行。〔註40〕

在此之中，蘊含了「爲是舉莛與楹」與「爲是不用而寓諸庸」的「爲是」脈絡，以及兩次涉及「因是」的狀態內涵。羅浩認爲此兩種意識模式，有其根本上的差異：

> 有鑑於此，莊子把在文本中寫作爲是（被視爲的「是」，或者人爲設計的「是」）與因是（因循情況而變的「是」，或者自適其適的「是」）二詞所標示的那兩種依附觀點之模式區分開來。在前一種模式中，人們在任何情況都必須牢固地使用某個預先建立的觀看世界之道來確立自我；在後一種模式中，人們則讓此情況的獨特情勢決定此人的理解與做法。前者涉及自身和自我理智承諾的牢固性連結；後者則涉及擺脫這些連結的一個完全的自由，一個以自主行爲做爲形勢要求的自由。〔註41〕

〔註40〕引自王叔岷：《莊子校詮》，頁61。其中「故（爲是）舉莛與楹」一句，「爲是」二字在《莊子校詮》中已被刪除，故此處以括弧表示，然而在《莊子纂箋》與《莊子集釋》中則皆予以保留，請參考錢穆：《莊子纂箋》，頁14。以及〔清〕郭慶藩輯，王孝魚整理：《莊子集釋》，頁69。此處「爲是」二字，並不影響段落文意的解讀，又爲羅浩詮釋的立基關鍵，故在此予以保留。

〔註41〕引自羅浩：〈《齊物論》中的雙重冥契經驗〉，頁22。原文如下：In this light, Zhuangzi differentiates between two modes of adherence to such viewpoints that are symbolized in the text as weishi 爲是 (the "that's it" which deems, or the contrived "that's it") and yinshi 因是 (the "that's it" which goes by circumstance, or the adaptive "that's it"). In the former mode one rigidly applies a pre-established way of looking at the world to every situation in which one finds oneself; in the latter mode one lets the unique circumstances of the situation determine one's understanding and approach to it. the former involves a rigid attachment to oneself and one's intellectual commitments; the latter involves a complete freedom from such an attachment, a freedom to act spontaneously as the situation demands.

簡易言之，「爲是」的意識模式運作於某種基於人爲造作而有其既定成見的
觀點之中；「因是」的意識模式則運作於因循其勢而得以自適其適的自由觀
點之中。也就是說，在「爲是」狀態下，己與物皆被既定的理智成見所束縛；
然而在「因是」狀態下，己與物則皆得以自由地適性發展。對應於上述「朝
三暮四」的論述，羅浩指出「正常的『爲是』意識模式會明確地區別事物，
例如莖和支柱，女鬼和美女，並同時基於這些感知的差異性而產生其偏好。」
〔註42〕此即是在既定成見下所產生的差異性判斷，然而這樣的價值偏好卻總
是矛盾相依而終非究竟，因此「唯達者知通爲一」，對此通達於一的實踐活
動，羅浩提出如下見解：

> 此即是被那些可以通達（「達」）一般「爲是」模式的人們，看作是
> 種「因是」意識模式下的「偉大」或者「覺醒」之知的根本特質。
> 在此文本段落中，莊子明確指出這類人擁有完全相同的能力，亦即
> 得以「遍及滲透且融合」所有事物（知通爲一）的能力。〔註43〕

換言之，羅浩認爲所謂的「達者」，即是得以通達解構「爲是」模式中的既定
成見，進而轉化意識運作而達致自由適性的「因是」狀態，此亦即是種意識
覺醒與轉俗成聖的智慧展現，而此中得以化解一切衝突對立，進而融通萬物
的合一能力，正是「達者」在「因是」意識模式下的自然展現。

　　在羅浩的理解脈絡下，「達者」之所以能夠體現「道通爲一」之境，即是
出自於其冥契意識下的實踐活動，然而細探此冥契意識的內涵，則具有兩種
相異的冥契體驗，有待釐清。羅浩之所以有此詮釋，乃源自於史泰司所區分
的兩種冥契類型，亦即內向型（內傾的）與外向型（外傾的）兩種冥契類型
的界定，羅浩對此，提出他的理解：

> 內傾即向內注視，是一種合一的體驗，……《奧義書》提到的與梵
> 合一、上座部佛教的「滅盡定」是這類神祕體驗的例子。外傾即以

〔註42〕引自羅浩：〈《齊物論》中的雙重冥契經驗〉，頁25。原文如下：The normal mode of weishi consciousness clearly differentiates things such as a stalk and a pillar, a hag and a beauty, and simultaneously makes preferences based on these perceptual distinctions.

〔註43〕引自羅浩：〈《齊物論》中的雙重冥契經驗〉，頁25。原文如下：It is just this kind of seeing that is the essential defining characteristic of the "great" or "awakened" knowing of the yinshi mode of consciousness that is developed by those rate people who can penetrate through (da 達) the common weishi mode. In this passage Zhuangzi clearly states that such people possess the exact same ability that the Way has to "pervade and unify" (tong wei yi 通爲一) all things.

感官向外注視，去尋找個人與世界的本質統一。在這種類型的體驗中，「一」與「多」、「合」與「分」是同時被知覺到的。禪宗的「見性」是這類神祕體驗的例子。〔註44〕

在這樣的類型界定中，「達者」的「知通爲一」，亦即感知一切事物合而爲一的冥契體驗，應當屬於一多相即的外向型冥契主義，然而羅浩卻進一步主張：

> 如此一來，「知通爲一」的外向型神祕體驗必須建立在與道契合的內向型神祕體驗之上。或者說，在此雙重冥契體驗的兩種模式之間，有一種層遞性的關係。也就是說，一旦某人突然失去我執而契入道境，然後再返回日常二元世界時，此人就不再從屬於原來的自我，而且其「因是」的意識狀態就接著升起了。〔註45〕

類似的見解也出現在其另一篇文章中，雖然此處的討論對象已擴大爲早期道家的思想整體，然其立論的觀點與詮釋，仍是相通而一致的：

> 我認爲，上述這些說法都涉及到了外傾神祕體驗所具有的認識功能。這種類型的經驗祇有在內傾合一達到之後，修行者重返紛繁的人世時纔會發生。在這類經驗中，修行者對前一階段內傾合一時所感受到的統一力量保持着強烈的感覺與知覺，這使他能超脫自我、超脫思慮，使心智活動的各個方面變得極其敏銳。〔註46〕

回到「因是」與「爲是」的脈絡，總結而言，羅浩認爲「因是」意識模式所處於的冥契狀態，雖然屬於一多相即的外向型體驗，然而其體驗的完成，卻是立基於「達者」通達轉化「爲是」意識模式，進而契道爲一的內向型冥契體驗之上。更進一步來說，此「達者」事實上早已體悟「道通爲一」的內向型冥契之境，而在此之所以會展現出外向型一多相即的「因是」意識模式，則是起因於此「達者」重返日常二元世界之後，其知覺感受能力仍受到先前內向型合一力量的引導與啓發，所以在合一力量的自然引導下，「達者」才得

〔註44〕引自羅浩：〈內修：早期道家的主要實踐〉，頁91。

〔註45〕引自羅浩：〈《齊物論》中的雙重冥契經驗〉，頁 25。原文如下：Thus the extrovertive mystical experience of "pervading and unifying things" must depend on the introvertive mystical experience of merging with the Way. Or, rather, there is a recursive relationship between the two modes of this bimodal mystical experience. In other words, once one loses the self temporarily by merging with the Way and then returns to the everyday dualistic world, one is on longer attached to oneself and then the yinshi consciousness arises.

〔註46〕引自羅浩：〈內修：早期道家的主要實踐〉，頁95～96。

以展現出此全然自由且又自適其適的「因是」意識狀態。

羅浩在其〈《齊物論》中的雙重冥契經驗〉一文中，提供了一個重要的觀點，亦即《莊子·齊物論》中蘊含內向型與外向型的雙重冥契模式。除此之外，其更對於此雙重冥契體驗的關係做出說明，其主張外向型一多相即的冥契體驗通常是建立在內向型契道為一的冥契體驗之上（或者說之後）。這兩個觀點十分重要！尤其是後者，更與《莊子》體道工夫的動態實踐歷程緊密相關。

最後，附帶一提，羅浩在其〈內修：早期道家的主要實踐〉一文中，提出了一個極其突出的論斷，其認為包含《莊子》在內的大部分早期道家文獻，在對於冥契實踐活動的記載陳述，有一共同的基本結構，其內含「序言」、「推論」以及「結尾」三個部分，而將此陳述結構對應於冥契主義的理論類型，則有如下的對應情況：

> 序言部分對應於神祕主義的神祕方術概念，推論部分相當於內傾神祕體驗，結尾部分則相當於外傾神祕體驗。〔註47〕

這裡的論斷，事實上與上述「外向型的冥契體驗通常建立在內向型冥契體驗之上」的論點息息相關，或可進一步相互資借以彼此補充說明，也就是說：內向型的冥契模式通常屬於體道工夫實踐過程的核心環節；至於外向型的冥契模式則通常展現為體道工夫的實踐成果。此研究觀點對於《莊子》體道工夫研究來說，極具啟發性的意義！

參、關永中專論三篇

關永中先生是宗教哲學領域的專家，其除了長期關注於冥契主義的相關研究之外，更在公元兩千年前後，出版了三篇具有系統性的《莊子》冥契主義研究專論，此三篇專論彼此相關，而依發表的先後次序具有一學理脈絡：最早的〈上與造物者遊——與莊子對談神秘主義〉〔註48〕旨在解析《莊子》思想中的冥契主義內涵，也同時試圖判定《莊子》所歸屬的冥契主義類型；稍晚的〈「獨與天地精神往來」——與莊子對談神祕經驗知識論〉〔註49〕則

〔註47〕引文部分，引自羅浩：〈內修：早期道家的主要實踐〉，頁93。至於羅浩對於此結構對應關係的完整討論與說明，請參考此文，頁93～97。

〔註48〕關永中：〈上與造物者遊——與莊子對談神秘主義〉，《臺大哲學論評》第22期（1999年1月），頁137～172。

〔註49〕關永中：〈「獨與天地精神往來」——與莊子對談神祕經驗知識論〉，《第三個

是關注於《莊子》思維中，對於如何獲取冥契知識的方法檢視，此乃關於工夫論層面的探討；最晚的〈不敖倪於萬物、不譴是非——與莊子懇談見道及其所引致的平齊物議〉〔註50〕則企圖說明在獲取冥契知識之後，《莊子》所體認與彰顯的齊物狀態之內涵，此乃關乎境界論層面的討論。此三篇專論起於《莊子》思想中對應於冥契主義的證成與梳理，推導出關於冥契知識的工夫實踐理論，最後則彰顯出工夫實踐所能展現的冥契齊物境界。關先生此三篇專論在冥契主義與《莊子》關係研究的完整度上，大概無人能出其右！以下將分別呈現此三篇專論的研究成果，以及其綜合性的學術意義。

一、〈上與造物者遊——與莊子對談神秘主義〉

關先生接受「視《莊子·天下》為《莊子》整體思想的核心導論」的詮釋立場，進而透過〈天下〉中，兩則對於《莊子》思想的關鍵陳述：「獨與天地精神往來，而不敖倪於萬物，不譴是非，以與世俗處。」以及「上與造物者遊，而下與外死生、无終始者為友。」〔註51〕來論斷並闡釋《莊子》思想所具有的冥契主義內涵，其中尤以「上與造物者遊」一句以及其中的「遊」字最為關鍵！

關先生試圖透過《莊子·逍遙遊》的文本脈絡，來掌握「遊」的內涵，進而認為「遊」具有消極與積極兩層意義：〔註52〕

「遊」的消極義	（對應的文本內容）
1. 超越事功	「故夫知效一官，行比一鄉，德合一君，而徵一國者，其自視也亦若此矣。而宋榮子猶然笑之。」
2. 超越名譽	「且舉世而譽之而不加勸，舉世而非之而不加沮，定乎內外之分，辯乎榮辱之竟斯已矣。」
3. 超越自我	「夫列子御風而行，泠然善也，旬又五日而後反。彼於致福者，未數數然也。此雖免乎行，猶有所待者也。」

千禧年哲學的展望——基督宗教與中華文化交談——會議論文集》（臺北縣新莊市：輔仁大學出版社，2002 年 10 月初版），頁 105～156。

〔註50〕關永中：〈不敖倪於萬物、不譴是非——與莊子懇談見道及其所引致的平齊物議〉，《臺灣大學哲學論評》第 32 期（2006 年 10 月），頁 45～74。

〔註51〕以上兩句引文皆引自王叔岷：《莊子校詮》，頁 1342。

〔註52〕以下兩個表格內容，皆摘錄整理自關永中：〈上與造物者遊——與莊子對談神秘主義〉，頁 145～151。

「遊」的積極義	（對應的文本解析）
1.「乘天地之正」	a）順自然之規律 b）與道同體
2.「御六氣之辯」	「御」字有其消極義與積極義，其消極義是不被六氣變化所控制；其積極義乃控制六氣而超乎變化之外，以與道同體，即與那作爲宇宙變化之根基的道合一。
3.「以遊無窮」	此處所言之「遊於無窮」，並不是入於虛無，而是「上與造物者遊」，遊於「絕對的有」，也就是〈田子方〉所謂「遊心於萬物之初」〔註53〕，即遊心於萬物的最原初與最終極的根源。
4.「彼且惡乎待哉」	此語所表現的語氣是：你還有什麼依待的呢！你既然超出了型器界的障礙，做到了「無功」、「無名」、「無己」，而與天道合一，駕御並超出宇宙型器變化之外，你已不再有待於任何事物，甚至不再執著自我，此時的你，簡直是逍遙無待，獲得絕對的自由，而與造物者享受著圓滿的融通與團圓，那實在沒有比這一事更幸福快樂的了！

通過《莊子》「遊」之精神的內涵解析，關先生因而據此提出其主要論點：

> 如果我們信任〈天下〉篇的提示，以〈逍遙遊〉作反省綱領，則我
> 們不難把握到莊子思想的核心——一份與造物者「冥合」的嚮往與
> 致力。如此說來，如果我們承認神祕主義的核心義在於與一超越境
> 界「冥合」的話，那麼，我們也須承認莊子學說是一套神祕主義，
> 有著神祕主義的層層超越，以及對絕對境界的投奔與禽合，也有著
> 神祕語調所常見的「謬悠之說、荒唐之言、無端崖之辭」。〔註54〕

在確認《莊子》思想具有冥契主義的思維向度之後，關先生所關心的問題是
《莊子》學說應屬於何種類型的冥契主義？關先生認爲要解答此問題，必須
從其所嚮往與之冥合的對象內容來判定。

　　從「上與造物者遊」一句來看，《莊子》所嚮往的冥契對象即爲「造物者」，
然而諸家學者對於《莊子》「造物者」一詞的理解，卻並非一致，依據關先生
的整理，其認爲至少可以歸納出四種不同的詮釋意見：

〔註53〕「遊心於萬物之初」一句，在《莊子校詮》中去除「心」字而爲「遊於物之
初」，請參考王叔岷：《莊子校詮》，頁777。《莊子纂箋》中則保留「心」字而
爲「游心於物之初」，請參考《莊子纂箋》，頁169。《莊子集釋》中亦保留「心」
字而爲「遊心於物之初」，請參考〔清〕郭慶藩輯，王孝魚整理：《莊子集釋》，
頁712。
〔註54〕引自關永中：〈上與造物者遊——與莊子對談神祕主義〉，頁152。

1. 造物者是大自然整體的一個象徵説法
2. 造物者是那既超越又內在的道體
3. 造物者是那位有靈性位格之至高上主
4. 造物者是楚巫所信奉的東皇太一〔註55〕

關先生認爲此四種詮釋意見，事實上，並非絕對對立，而具有相互融通之處，理由在於：

> 首先，有關第二種詮釋（i.e.,「道爲造物」）與第三種詮釋（i.e.,「造物者爲上帝」）之對比，則此二説在內涵上彼此重疊，但並不互相等同；那就是説，此二説都把握到一個既超越，又內在，既造物，又作根基的絕對本體，所不同的只是前者缺乏體認到後者所肯定的靈性面、位格面而已。至於第一種詮釋（i.e.,「造物者無主而物各自造」），如上所説，它既然可以在更深的層面上融入第二種詮釋之內，也自然可以與第三種詮釋融貫而呈現更大的和諧。那就是説，莊子學説一方面可以讓我們從縱貫面上溯至一個造物的天道，（不論我們能體會其靈性面與否），另一方面又可以容許我們停留在橫攝面上去體會一個氣化的宇宙（而不理會作形上的追根溯源）。〔註56〕

在詮釋開放的立場下，詮釋者心中所擁有的前理解差異，雖然造就了詮釋結果的歧異，然而在其呈顯同一詮釋對象的不同面向的詮釋過程中，事實上也得以相互補足彼此對於同一詮釋對象的片面理解，進而能夠在融通彼此詮釋意見的整合下，更加趨近此一詮釋對象的完整內涵。據此詮釋學立場，關先生因而認爲這裡對於「造物者」的前三種詮釋意見得以相互融通而無礙。至於針對於第四種詮釋意見與其他三種詮釋意見的關聯性，關先生則指出：

> 巫祝（薩滿）論者之多神論，與有神論者之一神論，在義理推演上並不必然彼此背反；多神論者也會承認一位至高的神明，而一神論者在肯定一至高神明之同時，也不排斥在祂之下有其他較低的鬼神或靈體。爲此，如果莊子以楚巫之薩滿精神作溫床，以「東皇太一」作藍本，而引申出「造物者」之概念，從中演繹有關道體的哲理，這誠然是義理上的一個自然的進展。〔註57〕

〔註55〕以上四點引自關永中：〈上與造物者遊——與莊子對談神祕主義〉，頁153。
〔註56〕引自關永中：〈上與造物者遊——與莊子對談神祕主義〉，頁154。
〔註57〕引自關永中：〈上與造物者遊——與莊子對談神祕主義〉，頁168。

換言之，關先生認爲《莊子》思想的發源與楚巫薩滿文化極其相關，因此在《莊子》文本中仍保留許多具有薩滿主義色彩的神話論述，爾後才在其思想義理的發展過程中，逐漸引申出「造物者」與「道體」的哲學概念。準此，此四種對於「造物者」的詮釋意見，便得以在《莊子》思想體系中各自存在，且又得以相互補足與融通。

基於此四種對於《莊子》「造物者」的詮釋意見，皆得以成立且又彼此融通無礙，再加上此四種詮釋意見皆得以一一對應於冥契主義的四大類型〔註58〕，亦即此第一至第四種的詮釋意見分別可依序對應自然論、一元論、有神論與巫祝論此四種冥契類型的劃分，關先生據此判定：《莊子》所從屬的冥契主義類型，即爲融合此四大冥契類型的綜合型態。對此，其指出：

> 莊子明顯地凸顯了有一造物之道體，（例如：〈大宗師〉之「夫道有情有信，……生天生地」），只是他婉約地暗示了造物者的位格心靈面而不詳加闡釋其內涵而已，其對造物者的凸顯並不排斥其對氣化宇宙說的接納；再者，其境界型態又有巫祝（薩滿）之痕跡而又超越了巫祝論的踐行；換言之，巫祝之背景已在莊子的哲理與體證中被淨化與超越化，莊子不停滯在一般巫師的修行與所委身的較低神明，而要上與至高的太一、至尊貴之造物者漫遊。正因爲他暗示了道體的位格面，以至他在神秘主義的型態上至少可以說是一個隱然的有神論者的型態，只不過這又與形上一元論之說相融合、而又圓融地接納了自然論與巫祝論的意境而引申一更大的整合而已。〔註59〕

依據關先生的結論，《莊子》所從屬的冥契主義類型，已打破所謂四大冥契主義類型的劃分，而展現爲一綜合融通性的模式。

關先生此篇論文的重要貢獻在於透過《莊子》「上與造物者遊」的「遊」之精神意涵的梳理，以確認《莊子》思想具有冥契主義的思維向度，進而透過其之「造物者」意涵的詮釋解析，而判定《莊子》爲一同時兼備自然論、一元論、有神論與巫祝論等四種冥契類型的整合式冥契主義。

〔註58〕關於關先生對於冥契主義所劃分的四大類型之內涵，請參考本章第二節「當代冥契主義研究的範圍與分類爭議」。

〔註59〕引自關永中：〈上與造物者遊——與莊子對談神秘主義〉，頁171。

二、〈「獨與天地精神往來」——與莊子對談神祕經驗知識論〉

承接上一篇論文的討論，關先生此篇論文則關注於《莊子·天下》「獨與天地精神往來」一語，所隱含的冥契知識論議題。此篇論文的論述策略起於「獨與天地精神往來」一語的關鍵概念解析，例如針對「獨」之意涵，關先生指出：〔註60〕

分解地言	第一重義：獨爲獨自 第二重義：獨爲獨志 第三重義：獨爲獨一 第四重義：獨爲見道 第五重義：獨爲獨行
綜合地言	總之，「獨」之五重意義組合地共同蘊含著人的修行歷程整體，尤以第四重意義——「見獨」即「見道」——爲其中的核心，從中向我們提示神祕冥合的要旨，也向我們表示：人與道的合一，誠然包括了人在認知上的參透：即人展現了其空靈明覺之心性，能明心見性地體道，成就了神祕家所欲求的「光照」（Illumination）、「見道」（Enlightenment）、或「智的直覺」（Intellectual Intuition）。

又例如針對於「精神」一詞，關先生試圖從「人」與「道」兩個面向，來說明其意涵，並認爲其中蘊含道至於人的「下灌」力量，以及人至於道的「返本」作用，對此雙向回返的精神運作，關先生嘗試透過下圖來表示：〔註61〕

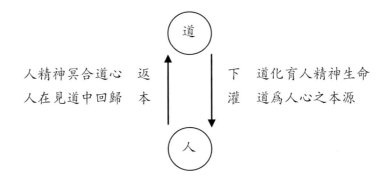

隨後，關先生企圖統合「人」、「道」雙方，而指出：

〔註60〕以下表格內容摘錄整理自關永中：〈「獨與天地精神往來」——與莊子對談神祕經驗知識論〉，頁109～111。

〔註61〕下圖引自關永中：〈「獨與天地精神往來」——與莊子對談神祕經驗知識論〉，頁117。

　　總之，人藉著精神之靈力而聯繫道心。道是精神，人須以精神來
遙契天道，而不能以物質感性的管道來與道溝通。莊子之「精神」
一辭，同時凸顯人與道的靈智面，也寓意著人與道間之精神契合。
〔註62〕

透過「獨」、「精神」、「天地精神」、「精神往來」等關鍵概念的解析，關先生
認為「獨與天地精神往來」一語的完整意涵為「『見道地』與『天地精神』
作『精神上的往來』。」〔註63〕此中隱含關於冥契知識的工夫向度以及其境
界內涵，並引領著讀者得以通過冥契知識論的面向，來重新解讀《莊子》全
書。

　　在解析「獨與天地精神往來」一語的冥契知識論內涵之後，關先生接著
重新檢視《莊子》文本中，幾個最具代表性的冥契體驗觀念或者論述，包括
〈人間世〉的「心齋」、〈大宗師〉的「坐忘」、「朝徹」、「見獨」、〈庚桑楚〉
的「達道之塞」，以及〈知北遊〉的「齧缺問道乎被衣」。〔註64〕最後，關先
生企圖藉此檢視來重新建構《莊子》學說的冥契知識體系，其分別透過五個
項目來呈現此理論體系的完整內涵：〔註65〕

A. 普通經驗的能知與所知
概括地說，普通經驗之知，從能知心智上言，人是處在「坐馳」的散亂中，受是非紛爭所干擾；從所知境界上言，「物」「論」是處於相對不齊的狀態，叫人身心無從提升。在日常的經驗層面上，人庸庸碌碌地作其凡夫俗子。然而，得道者告訴我們：人生目標不在乎隨波逐流，而在乎與天地精神往來；為此，莊子才向我們提出了轉識成智之途。

B. 轉識成智的實踐工夫	
要從普通經驗中的日常意識狀態、提升至神祕經驗中的明心見性境界，人須履行一番實踐工夫。按莊子的提示，叫人轉識成智的修行方法，可分為三個主要項目：	1.「正見」之求取 2.「正行」之踐履 3.「持守」之修習

〔註62〕引自關永中：〈「獨與天地精神往來」——與莊子對談神祕經驗知識論〉，頁117。

〔註63〕引自關永中：〈「獨與天地精神往來」——與莊子對談神祕經驗知識論〉，頁120。

〔註64〕關永中先生對於以上幾個具代表性的冥契體驗論述的詳細解析，請參考關永中：〈「獨與天地精神往來」——與莊子對談神祕經驗知識論〉，頁120～141。

〔註65〕以下五個表格內容皆摘錄整理自關永中：〈「獨與天地精神往來」——與莊子對談神祕經驗知識論〉，頁141～153。

C. 神祕知識的能知與所知	
神祕經驗，在知識論與心理學立場上言，就是意識的轉變（Altered State of Consciousness）；在其中，人的意識從普通經驗之知，轉換為神祕經驗之知。而能知意識的轉變，也寓意著所知境界的轉移。	
1.能知心識 　a).消極義：普通功能的靜止 　　i/ 感性功能之引退 　　ii/ 心智的普通功能之沉寂 　b).積極義：超越功能的冒出 2.所知境界 　a).〈齊物論〉之「天地與我併(並)生，萬物與我為一」 　　→「自然論者」所體證的境界 　b).〈大宗師〉之「安排而去化，乃入於寥天一」 　　→「一元論者」所體證的境界 　c).〈逍遙遊〉之「乘雲氣、御飛龍，而遊乎四海之外」 　　→「薩滿論者」所體證的境界 　d).〈天下〉篇之「上與造物者遊」、「獨與天地精神往來」 　　→「有神論者」所體證的境界	上述的境界，儘管內涵可以重疊，但境界卻不絕對等同。於此，我們不必追究哪一個境界比哪一個境界高，我們可以預設的是：較高道行的見道者，可以有更大的自由進出不同的層面，也可以有更大的餘地接觸道體更多更豐富的面向。

D. 見道剎那的情狀	
1. 形體方面的現象	〈知北遊〉「睡寐」 〈齊物論〉「形固可使如槁木，而心固可使如死灰」
2. 心境方面的現象	消極面：〈齊物論〉「吾喪我」、〈大宗師〉「去知」 積極面：〈人間世〉「瞻彼闋者，虛室生白，吉祥止止(矣)」
3. 所體證的境界	〈大宗師〉「同於大通」
4. 冥合中之共鳴	〈齊物論〉「天籟」：得道者個人的本德本性，在頻率上相應了天道之本德本性，以至在兩情相悅的狀態下，引生共鳴，在精神上天人契合，呈現諧協的翕和。

E. 見道所產生的效果	
1. 心境上	人一旦「朝徹」而「見獨」，心靈便獲得全然的釋放與解脫。
2. 行為上	人一旦見道，他的心境既然改變了，行為也一併改變了，此時，他不再受物慾所昏蔽，他可以隨心所欲而不踰矩。
3. 言語上	得道者既然接觸到凡人所無從接觸的境界，以至他的語言也非俗人所能領會；為世人而言，他的言語乃是「謬悠之說、荒唐之言、無端崖之辭、時恣縱而不儻、不以觭見之也」。

　　關先生此篇論文的貢獻在於藉由《莊子‧天下》「獨與天地精神往來」一語的解析，以重新檢視《莊子》文本中所具有的冥契工夫思維，進而證成也引領研究者得以通過冥契知識論向度來重新解讀《莊子》。此外，在關先生所重構的《莊子》冥契知識論體系中，更點出了許多關於具體實踐《莊子》體道工夫的轉化歷程之內涵，例如關先生指出體道工夫的進行，即是一種意識昇華轉變的過程，同時能知意識的轉化，也將推動所知境界的移轉，而這些境界的狀態內涵，也呼應於上一篇論文所證成的整合式冥契主義型態，亦即此境界得以同時兼備自然論者、一元論者、巫祝論者與有神論者所能體證的境界狀態。再者，關先生也試圖對於「體道境界是否有其高下之別？」的關鍵議題，提出個人見解，其認為程度越高的體道者，越能夠擁有更大的自由穿越不同的境界型態。這些研究成果，都將為《莊子》「體道」工夫研究帶來重要的助力！

三、〈不敖倪於萬物、不譴是非——與莊子懇談見道及其所引致的平齊物議〉

　　關先生此篇論文仍持續關注《莊子‧天下》「獨與天地精神往來，而不敖倪於萬物，不譴是非，以與世俗處。」〔註66〕一語，所具有的全書引論價值，尤其針對「不敖倪於萬物」以及「不譴是非」二辭，關先生認為「此等語意謂人見道後不鄙視萬物，不問是非，和世俗相處。此意誠然相應《莊子‧齊物論》的『平齊物議』之宗旨。」〔註67〕關先生因而指出研究者得以合理地從冥契見道的角度，來重新解析〈齊物論〉之「平齊物議」的體道境界內涵。所謂的「平齊物議」，亦即是指對於萬物與議論的齊一體現。關先生也因而將論文的研究焦點，轉向〈齊物論〉的探討。

　　檢視〈齊物論〉的文本脈絡，「天籟」與「真宰」觀念，當是其義理核心，關先生此篇論文的論述脈絡，也依序圍繞著這兩個關鍵概念。針對於「天籟」觀念的意義，關先生提出：

> 假如我們願意承認莊子是以南郭子綦之故事來作為神秘見道之典型，也願意承認此故事是〈齊物論〉一文之不可或缺的出發點，則不難接受「天籟」一辭在寓意著「見道」經驗之高潮，也不難體認

〔註66〕引自王叔岷：《莊子校詮》，頁1342。
〔註67〕引自關永中：〈不敖倪於萬物、不譴是非——與莊子懇談見道及其所引致的平齊物議〉，頁48。

「天籟」一辭所蘊含著的神秘冥合之向度，寓意著天心與人心在頻
率上之翕合和鳴與共振。〔註68〕

換言之，「天籟」意涵彰顯著體道冥契境界的狀態內涵。據此，關先生嘗試
解析「天籟」觀念「夫吹萬不同，而使其自已也。咸其自取，怒者其誰邪？」
〔註69〕所指陳的境界內涵：〔註70〕

i. 道體面	「怒者其誰」一語，寓意著一個發聲的終極根源，即「造物者」（道心）靈能之振盪，可被「神秘家」（得道者）所感應。
ii. 主體面	α）消極義：「使其自已」一句意謂著「心齋」、「離形」、「去智」等事象，即消極地意指日常生活之感性與思辯功能的沉寂。 β）積極義：「咸其自取」一句則意謂著超越的心智直覺之冒出，即空靈明覺之覺醒，上應天道之和諧。
iii. 翕合面	上述三語聯合起來，共同繪劃出人心與道心之頻率相應，引生和鳴，共振出悅耳之綸音。
iv. 團體面	以上述三語作背景，則「夫吹萬不同」一句話便象徵著眾多得道者之心聲相繫，而形成為一個有道之士的團體，如同一個交響樂團地，一起與道心共振，共同引伸出交響節奏的多重格律。

在關先生的詮釋中，「使其自已」之「使」，意謂著求道者能知意識趨向昇華
轉化的體道實踐，以至於達致「咸其自取」之境時，便得以彰顯出天人雙方
意識融合，進而頻率共振的道境之美。

上述「怒者其誰」的詰問，也引發了《莊子》對於「真宰」觀念的探討。
關先生指出「真宰」意涵在歷來的解釋中，共具有四種面向：

（1）「真宰」只是自然本身的假名而已

（2）真宰即身的主宰

（3）真宰為不含意志之道體

（4）真宰為有靈智性之絕對精神〔註71〕

在此四種意見中，以郭象做為代表的第一種意見，最被關先生所反對，理由

〔註68〕引自關永中：〈不教倪於萬物、不譴是非──與莊子懇談見道及其所引致的平
齊物議〉，頁58。

〔註69〕引自王叔岷：《莊子校詮》，頁48。

〔註70〕以下表格內容摘錄整理自關永中：〈不教倪於萬物、不譴是非──與莊子懇談
見道及其所引致的平齊物議〉，頁57～58。

〔註71〕以上四點，引自關永中：〈不教倪於萬物、不譴是非──與莊子懇談見道及其
所引致的平齊物議〉，頁59～63。

在於其認爲郭象之所以否定「眞宰」存在而強調一切變化皆是物之自然的詮釋意見，其實並不符合《莊子》文本的脈絡意涵，而僅是郭象觀念先導而先入爲主的詮釋結果。至於第二種與第三種意見，前者將「眞宰」解讀爲主宰人之「百骸九竅」的「眞君」概念〔註72〕，而後者則將其理解爲絕對至上的本體概念，關先生認爲此二者相較之下，以後者的「道體」概念，較貼切符合文意的上下脈絡，而前者關於「眞君」的意涵，則仍應保留在人之形骸的討論範疇中。最後，針對於第四種意見，關先生則同樣予以肯定，其認爲將「眞宰」理解爲具有靈智性的絕對精神才能符合《莊子》文本中，眾多關於「造物者」、「造化者」、「天地精神」的義理論述。〔註73〕

　　統合上述兩段而言，關先生主張將「天籟」論述中「咸其自取，怒者其誰邪？」的「怒者」，理解爲一具有心靈位格性的精神道體，而當求道者的能知意識能與道體心靈的精神意識相契合時，所知境界便得以自然昇華展現爲一天人共振的「天籟」道境。

　　在把握「天籟」與「眞宰」兩個關鍵的〈齊物論〉觀念後，關先生試圖總結〈齊物論〉所欲追求「平齊物議」的體道境界之內涵：〔註74〕

1、能知心識上的破執與提昇	
（1）莊子并非純粹爲反對知識而反對知識	
（2）我們不要執著普通知識之相對性	i.　不作不必要之爭辯，否則勞形傷神 ii.　保持「常心」，去除「損心」
（3）化解是非，莫若以明	i.　公分站在普通經驗層面上言：「莫若以明」一辭指採用平正心態來讓理性的本然之明呈現，以把握客觀眞理，藉此化解一切是非曲直。 ii.　站在神秘經驗層面上言：只有在見道的前提下，人把握了天道天鈞，才能以包容之心去「因是」，而不再參與任何爭辯。

〔註72〕請參考王叔岷：《莊子校詮》，頁52～53。此中關於「非彼無我，非我無所取」的一段論述。

〔註73〕以上關於關先生對此四點的具體評論，請參考關永中：〈不敎倪於萬物、不譴是非——與莊子懇談見道及其所引致的平齊物議〉，頁63～64。

〔註74〕以下兩個表格內容，皆摘錄整理自關永中：〈不敎倪於萬物、不譴是非——與莊子懇談見道及其所引致的平齊物議〉，頁65～72。

2、所知境界上的破執與齊一	
（1）「論」上的破執	i. 去除名相、概念上的執著 ii. 去除數字、斗量、先後上的執迷
（2）「物」上的破執	i. 去美醜——「厲與西施，恢恑憰怪，道通爲一」。 ii. 棄成毀——「凡物無成與毀，復通爲一」。 iii. 破大小——「天下莫大於秋毫之末，而泰山爲小」。 iv. 除壽夭——「莫壽於殤子，而彭祖爲夭」。 v. 超生死——「予惡乎知悅生之非惑邪？予惡乎知惡死之非弱喪而不知歸者邪？」
（3）萬物齊一	人一旦見道，則在整體中瞭悟到齊一的和諧，在其中再沒有事物間的對立，因爲一切事物都在道體的懷抱內冥合爲一，看不出彼此間的封界。以道體的眼光看事物，則小而不寡、大而不多、物無貴賤、復通爲一。

綜論全篇論文，通過《莊子・天下》「獨與天地精神往來，而不敖倪於萬物，不譴是非，以與世俗處。」〔註75〕一語的解析，關先生指出「不敖倪於萬物」與「不譴是非」即是〈齊物論〉之要旨，因而若要達致〈齊物論〉「平齊物議」的體道境界，則必須經歷「獨與天地精神往來」的冥契體道實踐，如此方能在天人雙方意識融合而共臻道境的狀態下，超越且化除人我彼此所執著的相對性封界，進而在包容差異的大化心靈中，成就齊一而和諧的「天籟」合奏。

四、此三篇專論的綜合性意義

透過《莊子・天下》的引導，關先生此三篇專論完整地進行了《莊子》思想對應於冥契主義的關係研究，在此當中，關先生完成了以下六項研究工作以供後學資鑒：其一，藉由〈天下〉對於《莊子》思想陳述語句的解析以證成《莊子》學說具有冥契主義的思維向度；其二，爬梳並整理《莊子》文本中相關的冥契論述以重構《莊子》冥契主義的理論體系；其三，通過冥契主義的詮釋向度進而指出《莊子》體道工夫即是伴隨所知境界轉移的能知意識昇華活動；其四，透過《莊子》「造物者」意涵的掌握以判定《莊子》爲一同時兼備自然論、一元論、有神論與巫祝論等四種冥契類型的整合式冥契主義；其五，從《莊子》文本的相關脈絡中印證其工夫實踐所趨向的體道境界亦同時涉及自然論、一元論、有神論與巫祝論此四種冥契境界；其六，參照

〔註75〕引自王叔岷：《莊子校詮》，頁1342。

相關的冥契主義學說進而主張程度越高的體道者越能擁有穿越不同冥契境界的能力。

在上述六項研究成果中，前三項是基礎而踏實的理論對應研究，亦爲本論文所致力的承啓之處。至於後三項則較顯見於關先生個人的學術立場，例如在第四項與第五項成果中，顯示關先生傾向於藉由自然論、一元論、有神論與巫祝論，此傳統的冥契主義分類架構，來檢視《莊子》學說所從屬的冥契主義類型，以至於其並未考量史泰司所提出的內向型與外向型的冥契主義分類模式，換言之，關先生對於《莊子》學說所進行的冥契主義歸類研究，大抵僅涉及「冥契對象的性質」此單一分類判準，亦即是從造物者、道體以及冥契境界的內涵性質，來判定其所從屬的冥契主義類型，然而此中或許尚可加入「如何進入冥契狀態的方法特性」以及「冥契者與冥契對象在冥契狀態中的關係狀態」兩個分類判準來共同考量。〔註76〕無論如何，這些研究成果，對於《莊子》與冥契主義關係研究議題，都將得以引起更多且更重要的延伸性研究。

最後，附帶一提汪淑麗先生《《莊子》的神祕主義向度》〔註77〕一書的研究成果，汪先生對於《莊子》冥契主義的解讀，大抵承繼於其師關先生在上述三篇論文中的論述基礎與詮釋架構，比較特別的是其在全書結論的議題展望中，提出關於「《莊子》的神祕語調」方面的闡述：

> 莊子將得道者語調分爲得道語、間奏語、勸化語三種型態：得道語爲「以謬悠之說，荒唐之言，無端崖之辭，時恣縱而不儻，不以觭見之也。」「謬悠」、「荒唐」、「無端崖」等辭所指的義蘊應是得道者因體道而在話語中表現出其博大精深的一面；間奏語是「以天下爲沈濁，不可與莊語。」此暗示一份間奏語，介於得道語和勸化語中間，因爲尚有一部份人士一方面尚未得道，而另一方面卻也有心向道的初學者，他們可以接受「莊語」，「莊語」意謂莊正嚴肅之語，有別於一般勸化世人之用語；勸化語爲「以巵言爲曼衍，以重言爲眞，以寓言爲廣。」莊子以「巵言」、「重言」、「寓言」來勸化一般世俗人，多半是象徵語，但爲道家型人物而言，道家在勸化中較不

〔註76〕關於冥契主義分類判準的相關討論，請參考本論文第二章第二節。

〔註77〕汪淑麗：《《莊子》的神祕主義向度》（新北：花木蘭文化出版社，2012 年 9 月初版）。

採用莊正的言論，而較側重變化不定之「巵言」，或引用權威人物之「重言」，或用故事說理方式的「寓言」。〔註78〕

簡而言之，「得道語」爲體道者在經歷體道冥契狀態後的境界陳述語彙；「間奏語」則爲引導有心向道的求道者如何實際進行體道實踐的一種直接且又明確的指導性陳述；至於「勸化語」則大多藉由象徵、隱喻或者故事陳述的方式來企圖轉化並開啓世人願意致力於求道的心靈嚮往。無論汪先生在此對於《莊子》冥契語言的三種分類型態是否太過簡化或者較爲模糊，然而其之嘗試，也可提供研究者在分析《莊子》冥契語言時，得以嘗試採取更多元也更精緻的思考向度，而此議題亦即是本論文稍後所要進行的研究重點之一。

肆、賴錫三《當代新道家——多音複調與視域融合》

在呈現賴錫三先生的研究成果之前，不得不先提到其師楊儒賓先生，楊先生在冥契主義方面的研究，貢獻良多，其對於史泰司《冥契主義與哲學》〔註79〕一書的翻譯，間接引起冥契主義在華人文哲研究領域中的重大交流與回響。比較可惜的是楊先生對於冥契主義的研究，大抵集中運用於儒家思想層面，因而若要檢視其對於冥契主義與《莊子》思想的關係研究，似乎僅可大致見於其早年著作《莊周風貌》之中，例如在此書第三章「莊子的工夫論」裡，楊先生對於《莊子·大宗師》「問道乎女偊」〔註80〕一段論述，提出了以下的見解：

> 莊子假女偊之口，所傳達出來的，不折不扣，正是一種「冥契的經驗」（mystical experience）「冥契的經驗」往往強調經過不斷遮撥的過程，人最後可以和終極實體（上帝、梵天、道、太一、阿拉、太

〔註78〕引自汪淑麗：《《莊子》的神祕主義向度》，頁143。

〔註79〕關於《冥契主義與哲學》一書的出版資訊，請參考前一章註30。

〔註80〕關於「問道乎女偊」一段的論述如下：「南伯子葵問乎女偊曰：『子之年長矣，而色若孺（孺）子，何也？』曰：『吾聞道矣。』南伯子葵曰：『道可得學邪？』曰：『惡！惡可！子非其人也。夫卜梁倚有聖人之才，而无聖人之道。我有聖人之道，而无聖人之才，吾欲以教之，庶幾其果爲聖人乎！不然，以聖人之道告聖人之才，亦易矣，吾猶守而告之。參日而後能外天下；已外天下矣，吾又守之，七日而後能外物；已外物矣，吾又守之，九日而後能外生；已外生矣，而後能朝徹；朝徹，而後能見獨；見獨，而後能无古今；无古今，而後能入於不死不生。殺生者不死，生生者不生。其爲物，无不將也，无不迎也；无不毀也，无不成也。其名爲攖寧。攖寧也者，攖而後成者也。』」引自王叔岷：《莊子校詮》，頁235。

極等等）合一。女偊此處的敘述，即包含層層遮撥的工夫，以及最
終完全的冥契境界。〔註81〕

換言之，楊先生認爲《莊子》藉由女偊之口所揭示的體道工夫與境界，正符
合冥契主義所宣稱的冥契體驗及其境界內涵。此外，在本書第二章「莊子的
道論」裡，更可察見其細緻的闡述：

> 我們可以看出莊子所著重的「境界型態」之道，並不是泛泛的指向
> 一般人的意識所呈現的，而是要經歷過一段「主體轉換」的工夫以
> 後，才可以呈現的「冥契」境界，否則，「天地與我並生，萬物與我
> 爲一」這種語句是無法理解的。〔註82〕

> 當學者體驗了道以後，他破除了時間相、空間相，沒有大小長短的
> 分別，整個人融進了合一的冥契狀態。但他應不應該對這種冥契合
> 一的狀態加以說明呢？莊子認爲不可以的。因爲當人眞正的冥契合
> 一時，他的精神（或者該說：他的氣）即散入全宇宙，他根本無從
> 獲得「對象」，也沒有辦法「反省」，簡言之，根本無從下任何的判
> 斷。當我們可以下判斷，說某境界爲「一」、爲「道」時，我們已經
> 和那個境界脫離了。〔註83〕

在此兩段論述中，再次顯示楊先生認爲《莊子》體道工夫所趨向的體道境界，
即是冥契主義所宣稱的冥契境界，並且在此冥契合一的體道狀態中，其人已
與一切事物合而爲一，因此其人之意識無法獲取主客對立關係下的對象，來
對於境界內涵進行指涉性的說明。總之，將《莊子》體道工夫視爲追求冥契
體驗的修行活動，乃是楊先生所認同的研究進路，而這樣的研究進路也在其
高弟賴錫三先生身上，有更進一步的發展。

　　賴先生《當代新道家——多音複調與視域融合》一書，集結了其近年來
對於老莊道家思想的研究成果，在其多元複合的研究進路中，此書第四章〈道
家的自然體驗與冥契主義〉與第五章〈老莊的肉身之道與隱喻之道〉〔註84〕

〔註81〕引自楊儒賓：《莊周風貌》（臺北：黎明文化事業股份有限公司，1991年初版），
　　　　頁96～97。
〔註82〕引自楊儒賓：《莊周風貌》，頁44～45。
〔註83〕引自楊儒賓：《莊周風貌》，頁45。
〔註84〕賴錫三：《當代新道家——多音複調與視域融合》（臺北：臺大出版中心，2012
　　　　年3月初版二刷），第四章〈道家的自然體驗與冥契主義——神秘・悖論・自
　　　　然・倫理〉，頁225～288。第五章〈老莊的肉身之道與隱喻之道——神話・變

最涉及到《莊子》學說與冥契主義的關係研究。前者關注的是雙方思想內涵的對應與參照研究，也試圖爲道家冥契主義的類型予以判定；後者則透過道家冥契主義內涵的把握，以釐清道家言說方式的語言策略。以下所要呈現的，即是賴先生在此兩篇文章中所完成的研究工作，以及其綜合性的學術意義。

一、〈道家的自然體驗與冥契主義──神秘・悖論・自然・倫理〉

「道家體道境界的內涵爲何？」是賴先生此篇文章所要探討的核心問題，其指出：「超越主客、能所玄泯的無待經驗，到底對人屬何意義？它是偏於美學藝術精神、還是宗教神秘體驗？這個接續而來的問題，才是本文所要探究的起點。」〔註85〕換言之，賴先生企圖檢視道家體道境界，究竟屬於美學領域的藝術精神？還是屬於宗教領域的冥契體驗？

在冥契主義的理解層面，賴先生藉由威廉・詹姆斯《宗教經驗之種種》〔註86〕以及史泰司《冥契主義與哲學》的研究成果，來確定冥契主義的理論內涵，然而賴先生對於史泰司將冥契主義區分成內向與外向兩型，且主張內向型的成熟純一層次高於外向型的說法，提出批判的意見：

> 筆者對史泰司判教的疑慮在於，其可能導致極端化和狹隘化。就狹隘化言，否定感官與雜多的傾向若過分被強調，將導致冥契意識的光譜限縮，使得詹姆斯和馬斯洛所提到的若干重要經驗全被排除在外；雖然就這一點言，它還不是史泰司判教立場眞正危機所在，因爲冥契體驗的界義到底採嚴或採鬆，本來就容許爭論並留有彈性。然而，如果感官意象一律極端地被視爲否定物，那麼終將導致唯有內向型才是眞正唯一的冥契，而肯定雜多的外向型也終要昇華而被揚棄，順此不返，冥契主義的討論將導向極端狹隘化的一端走。
>
> 更重要的是，若將外向、內向視爲從低級到高級的單線（唯一）發展徼向，而一旦到達便只有停住此純粹意識方爲究竟圓滿；這種單行道式的發展圖式，會不會將冥契類型的種類過於簡單二分？也將

　　形・冥契・隱喻〉，頁289～336。

〔註85〕引自賴錫三：〈道家的自然體驗與冥契主義──神秘・悖論・自然・倫理〉，頁227～228。

〔註86〕請參考威廉・詹姆斯著，蔡怡佳、劉宏信譯：《宗教經驗之種種》，第十六章與第十七章「密契主義」，頁455～519。其主要內容爲作者威廉・詹姆斯對於冥契主義的觀察與理解。

內向和外向間的可能辯證關係看的過於簡化？筆者的意思是，可不
可能有一種類型是可以統合內向與外向——既從外向昇華爲內向、
又從內向再度融貫回外向；亦即，可不可能存在這種類型：它雖肯
定了感官和雜多卻不能簡單地被視爲純粹外向型冥契體驗，因爲它
同時也對內向型所謂的純一體味甚深，只是它並不停住佔有此境，
甚至要將此境融入眼前一切處；對於這種體驗過內向型的狀態後，
再回歸並肯定生活世界，結果統一了「無分別」與「分別」的內、
外交融一貫型，我們並未看到史泰司曾關注此種圓境的可能，而它
卻可能是東方冥契主義案例的普遍圓教模式。〔註87〕

在賴先生的理解下，其指出史泰司傾向主張內向型才是眞正值得體驗與持守
的冥契狀態，而透過感官知覺以達致萬物一體的外向型冥契體驗，則終將必
須予以否定與超越。然而賴先生對此內外雙向冥契型態的區分以及僅肯定內
向型才是至高冥契體驗的研究論斷，提出質疑！其認爲應有一種得以同時向
內體驗純粹意識而又得以向外肯定知覺與萬物雜多的冥契型態，即是一種得
以融貫內外雙向冥契體驗的圓教式冥契主義，並且指出包含《莊子》在內的
眾多東方冥契主義，皆應從屬此圓教式的冥契類型。因爲對於賴先生而言，
若僅肯定與持守內向型的冥契體驗，最終將導向偏執於純粹意識，因而選擇
拋棄現實世界的出世情懷，而此絕對崇尚出世修行的人生取向，絕非《莊子》
「獨與天地精神往來，而不敖倪於萬物，不譴是非，以與世俗處。」〔註88〕
所展現的精神價值，其所蘊含的是一種超越方內與方外之分的圓融一體觀。

　　在確認冥契主義的種種核心特質之後，賴先生接著轉向考察《老》《莊》
文本對應於冥契主義的相關論述，在此之中，賴先生特別關注《莊子·齊物
論》，其指出「從冥契主義看〈齊物論〉，正好可將其視爲冥契經驗的記錄和
冥契哲學的反思。」〔註89〕尤其針對〈齊物論〉中關於「一與言爲二，二與
一爲三」〔註90〕的相關論述，賴先生提出如下的解析：

〔註87〕以上兩段論述皆引自賴錫三：〈道家的自然體驗與冥契主義——神秘·悖論·
　　　　自然·倫理〉，頁246～247。
〔註88〕引自王叔岷：《莊子校詮》，頁1342。
〔註89〕引自賴錫三：〈道家的自然體驗與冥契主義——神秘·悖論·自然·倫理〉，
　　　　頁260。
〔註90〕請參照王叔岷：《莊子校詮》，頁70。其原文如下：天地與我並生，萬物與我
　　　　爲一。既已爲一矣，且得有言乎？既已謂之一矣，且得無言乎？一與言爲二，

〈齊物論〉自覺並清楚區分了冥契經驗（合一）和冥契表達（説一）
的差異，所以強調了「一（冥契無言合一的體驗）與言（對冥契合
一的語言表達）為二（以上兩個意識狀態和境地，有基本差異。）」
一旦無法洞識上述的差異，那麼人們便可能落入以「説一」取代「合
一」的危險，亦即將語言的唯名方便視為語言的唯實論，並且將冥
契表達的隱喻性給實體化的執定過程中，掉入由語言命題延伸語言
命題的是非循環中。這種困窘正是上述所謂「二與一為三，自此以
往，巧曆不能得，而況其凡乎！」至於〈齊物論〉所謂的「三」以
及「三」以後的境地，大抵就是語言成見所導致「朝三暮四」與「朝
四暮三」互為心鬥的支離破碎！〔註91〕

依據上述的解析，可以顯示《莊子》文本不單單承載著關於冥契主義的
思想論述，更有意識地反省在表達冥契境界時，將會遭遇的語言困境，進而
指出藉由語言來討論或者呈現冥契內涵的效度有限性。

在考察《老》《莊》文本中的冥契論述之後，賴先生持續關注於道家冥契
主義的類型判定問題。可以確定的是《老》《莊》冥契論述，皆蘊含嚮往彰顯
「純粹意識」的內向型特質，〔註92〕因此可以斷定道家冥契主義具有內向型
的型態，但賴先生極力否定道家冥契主義僅是純粹的內向型，也不認同道家
冥契主義是以內向型冥契境界，做為至高的精神展現，其根本理由二：

一則我們看到道家（尤其《莊子》）除了純一「無物」的體驗描述外，
仍然保留為數可觀的「一多相即」之冥契描述；其次，道家（尤其
《莊子》的圓教模式）並未因為體驗過深度的純粹意識之冥契境界，
從此便走向出世態度而過著抽離的生活。〔註93〕

亦即是說，賴先生認為「一多相即」的外向型冥契特質，似乎更為道家（尤
其《莊子》）所欲展現的冥契境界，此外，內向型所傾向的出世態度，亦非道
家精神的最終嚮往，因此道家（尤其《莊子》）冥契主義是一統合內外雙向，

二與一為三。自此以往，巧曆不能得，而況其凡乎！故自無適有，以至於三，
而況自有適有乎？無適焉，因是已。

〔註91〕 引自賴錫三：〈道家的自然體驗與冥契主義——神秘・悖論・自然・倫理〉，
頁264。

〔註92〕 請參考賴錫三：〈道家的自然體驗與冥契主義——神秘・悖論・自然・倫理〉，
頁276～277。

〔註93〕 引自賴錫三：〈道家的自然體驗與冥契主義——神秘・悖論・自然・倫理〉，
頁277。

且不以內向型做爲至高終境的獨特冥契型態：

> 筆者認爲「夫物芸芸」的「物化」境界才是老、莊最後選擇歸依的
> 冥契立場，而它並不能簡單地歸爲外向型或內向型，而是近於內外
> 的融合圓境。這種一多相即、分別與無分別統合的冥契狀態，筆者
> 認爲就是道家將美學經驗和冥契體驗統合融貫的特殊性。它不但沒
> 有取消自然萬物，反而是在自然萬有的豐盈中見出一體莊嚴之美。
> 總之，老、莊的冥契境界終是要從道回歸物、從無回歸有，也就是
> 「回歸自然」。如此一來，或可暫時將道家的冥契類型劃分爲自然美
> 學的冥契主義類型。〔註94〕

此「一多相即」的「物化」概念，亦即是道家（尤其《莊子》）氣化美學的精
神展現。因此賴先生認爲道家冥契主義不單單是宗教性的冥契修爲，而是一
同時兼備美學領域之藝術精神以及宗教領域之冥契體驗，且又得以統合內向
型與外向型冥契境界的圓教型冥契主義。

　　最後，賴先生認爲此圓教型冥契主義，得以推導出獨特的道家式倫理學：

> 道家這一套倫理學超越了善／惡對立的二元倫理觀，……讓一切生命
> 在共同體的柔懷中有了親密的連結（「通天下一氣耳」），換言之，它
> 將帶給人間「一體」「無分」的高峰經驗，創造出親密的氣氛。看來，
> 這種道家式的冥契倫理學，一種無爲式的包容倫理學（少了激情，多
> 了恬淡），生命在被接納的普遍潤澤之氣氛中回歸了自身。〔註95〕

換言之，賴先生指出道家式的冥契體道者，將得以在冥契狀態中，體驗到一
切人事物的親密共在感，進而自然引發對於萬物的包容式倫理學，而此亦爲
道家體道工夫所嚮往歸趨的具體實踐精神。

二、〈老莊的肉身之道與隱喻之道——神話・變形・冥契・隱喻〉

　　在確定道家冥契類型的特質之後，此文所關注的是道家的冥契語言問
題，賴先生認爲「語言否定論傾向，常常出現在宗教傳統中。但是本章懷疑
這是道家的終極主張。」更進一步細論，賴先生從語言型態中，區分了概念
語言與隱喻語言的不同：

〔註94〕引自賴錫三：〈道家的自然體驗與冥契主義——神秘・悖論・自然・倫理〉，
　　　　頁280～281。
〔註95〕引自賴錫三：〈道家的自然體驗與冥契主義——神秘・悖論・自然・倫理〉，
　　　　頁287。

當我們說道家對語言採取批判否定的立場時，此時主要是指概念語言（成心成見而來的二元結構下的單義確定）；而當我們說道家重新和語言和解並運用高度有活力的語言時，此時主要是指隱喻語言（真人真知而來的卮言遊戲）。〔註96〕

賴先生企圖指出「隱喻大開」的語言遊戲，才是道家真正嚮往的冥契語言觀，也因此得以據此開啟道家式的文化批判、治療與再創造。

賴先生在此文中持續強調道家所體現的冥契境界為「一多相即」的物化世界，其指出「道家所嚮往的一體感並非沒有物質內容的意識空靈、抽象整體，而是將身心融入那由萬物所共融而成的一個重複差異的『物化』運動。」〔註97〕而此持續「物化運動」的世界，亦即是卡西勒（Ernst Cassirer）所宣稱原初「基本隱喻」盛行的神話世界：

因為道肉身化為萬物，而物物之間又自化、互化而共成大化流行的「遊乎一氣」運動，使得萬物（部分）成為了道（整體）的具體性隱喻，而萬物之間（部分與部分之間）也因為不斷進行著跨類的互滲交換，由此構成了卡西勒（Ernst Cassirer）稱之為比一般修辭隱喻更為原初的「基本隱喻」（radical metaphor）現象。〔註98〕

針對於「修辭隱喻」與「基本隱喻」的根本差異，賴先生有如下的闡述：

修辭隱喻和基本隱喻的重要區別在於背後的不同世界觀預設：前者因為站在主體表象與客體對象的心物二元世界觀來看待隱喻，因此隱喻的替代轉移現象只能被看成是修辭的語言遊戲，不具有真正的知識效力，甚至因為破壞能所關係、跨越範疇分類的混融特質，而被貶抑出客觀的書寫殿堂之外。卡西勒所提出的基本隱喻乃是為了找回真正造成隱喻起源的根源世界觀，這個世界便是所謂神話的魔法世界和情感思維。〔註99〕

〔註96〕引自賴錫三：〈老莊的肉身之道與隱喻之道——神話·變形·冥契·隱喻〉，頁292。

〔註97〕引自賴錫三：〈老莊的肉身之道與隱喻之道——神話·變形·冥契·隱喻〉，頁296。

〔註98〕引自賴錫三：〈老莊的肉身之道與隱喻之道——神話·變形·冥契·隱喻〉，頁297。除此之外，賴先生亦指出《莊子》文本中所隱含的渾沌創世神話，突顯了變形神話思維背後的世界一體觀，而此一體世界中的種種物化運動，同樣也揭示出「基本隱喻」的根本活力所在。請參考前揭文，頁315～328。

〔註99〕引自賴錫三：〈老莊的肉身之道與隱喻之道——神話·變形·冥契·隱喻〉，

> 卡西勒將修辭隱喻帶回基本隱喻，正因爲基本隱喻就是神話世界觀
> 的存有朗現方式，名言物類間所以能夠不斷跨域交換，並非單純是
> 語言符號的替代所能片面完成，事實上隱喻動能源自存有遊戲的流
> 動本身；而物與物之間由於敞開流動而共成一存有的連續整體，所
> 以物與物本來就相即相入地碰撞融合，而這個力量運動的歷程便展
> 現爲基本隱喻的認同現象。部分和部分之間可以變形結合，因爲部
> 分從來不曾與整體相隔，所以並非部分代替了整體，而是部分直接
> 參與並認同於整體。〔註100〕

換言之，修辭隱喻作用於我們已習以爲常的主客對立世界；而基本隱喻則運
作於原始素樸未分的神話世界。在主客對立的世界中，隱喻僅是一種文學修
辭，喻體與喻依之間並不具有實質性的轉化意義；然而在原初渾沌未分的神
話世界中，隱喻本身則已超越文學修辭的屬性，而得以彰顯出一切修辭隱喻
的原初根本狀態，亦即是指萬物彼此，得以實質自由交互轉化的基本隱喻活
動。

　　通過此基本隱喻的觀念，賴先生進一步指出所謂的道言（冥契語言），亦
即是道的肉身化歷程：

> 道的說出吟唱之天籟交響，呈現爲氣化流行的物化運動，亦即道的
> 說出、唱出便是物化的朗現，「物化」這一道的內身化過程便是道的
> 原始話語活動，道不斷地說唱自身而氣化爲萬物的芸芸差異，而萬
> 物既自使自取又互相敞開爲大化流行的天籟共響。……如此一來，
> 乃可將萬物意象視爲道的肉身化隱喻……。而所有看似差異的分殊
> 萬象，實乃在氣化流行的交融中感通爲一，因此萬物的差異之多（部
> 分）便又成爲道通爲一（整體）的具體隱喻。從這個道肉身化爲萬
> 物的運動歷程，我們看到了一個即物即道、即部分即整體的原始隱
> 喻、宏大隱喻之展開。〔註101〕

也就是說，道之物化活動所創化而出的種種萬物，不僅僅是道的具體肉身化，
也同時是在基本隱喻作用下，對於部分與整體、差異與同一的融合以及跨越，

　　頁300。
〔註100〕引自賴錫三：〈老莊的肉身之道與隱喻之道——神話・變形・冥契・隱喻〉，
　　　　　頁303。
〔註101〕引自賴錫三：〈老莊的肉身之道與隱喻之道——神話・變形・冥契・隱喻〉，
　　　　　頁309。

因此這樣的原初隱喻活動便得以被視為道的原始語言。再者，順此理解脈絡，既然道之物化亦即道的原始語言，那麼體道之真人必然也必須順此物化活動才能言說所謂的道言（冥契語言）：

> 道是流變的自我說唱，因此道的說出便是流變的遊戲，而真人真知的真言或道言，必得模仿或契合於流變，因此若有所謂道言，它必得呈現出流變的精神，或者說它的表現形式必忠於流變。……總言之，世界流變（氣化）所以思想（神遊）和語言（卮言）不得不隨之流變，只有在語言流變的活動形式中，才具有道言的可能。而這種流變式的道言正是基本隱喻的跨域融合之遊戲本質。〔註102〕

賴先生在此強調體道者所言說的道言（冥契語言），即是契合或者模仿道之物化流動的流變式語言，換個角度來說，體道者的道言（冥契語言）之所以得以順隨萬物流變轉化，也正是立基於基本隱喻活動所具有的跨界融合妙用。

至此，賴先生再次肯定道家並非語言的否定論者，而是嚮往回歸基本隱喻的語言遊戲家：

> 道家的拯救之道並非退回渾沌之一而取消物化之多，也不是退回不知無言而取消語言妙用，道家真正擁抱的是一多相即的物化世界、不斷流動交換的語言狀態。這種不斷流動交換的語言妙用狀態便是基本隱喻。基本隱喻的語言魔力雖使萬物得以站出，但物物之間並未因語言的呼喚站出而限隔封閉，隱喻這種模糊多義的敞開式語言，一方面使物類之間得以保留跨域交融的空隙，另一方面也讓萬物在穩定與流變之間保持雙向溝通狀態。〔註103〕

> 道肉身化為萬物的聖顯世界，使得萬物成為道之具體隱喻，即萬物之豐盈成為道肉身化的隱喻而大開世界。從這裏，便從道不可說轉化為（終日言而盡道）的隱喻之說，這種透過萬物的具體化隱喻促使道能處處現身，同時隱喻的詩性語言便成為了開顯道行的絕妙好辭。〔註104〕

〔註102〕引自賴錫三：〈老莊的肉身之道與隱喻之道——神話・變形・冥契・隱喻〉，頁311。

〔註103〕引自賴錫三：〈老莊的肉身之道與隱喻之道——神話・變形・冥契・隱喻〉，頁326。

〔註104〕引自賴錫三：〈老莊的肉身之道與隱喻之道——神話・變形・冥契・隱喻〉，頁327。

整合而言，道言（冥契語言）的基本隱喻性，使得被言說出的萬物得以保留再次流變轉化的潛能，也因此體道之眞人便得以透過隱喻大開的語言遊戲，進而展開「終日言而盡道」的言說活動，所以賴先生肯認「道家的物化世界觀便是一個隱喻大開、交換、融合的世界觀。」〔註105〕從這個角度來論，道之意義或者是世界之意義，都將得以透過人的參與而不斷被發顯以及言說出來，換言之，體道者不單單僅是道的冥契者，也應當是透過冥契語言而得以彰顯道之意義的冥契言說者。

三、此兩篇專論的綜合性意義

依據賴先生的理解立場，其大抵將史泰司所謂的內向型冥契體驗視爲宗教性的神秘體驗，而將所謂的外向型冥契體驗視爲美學性的藝術精神，進而其主張《莊子》所屬的冥契主義類型，既非純粹的內向型，也非純粹的外向型，而爲一統合內外雙向，因而既屬宗教體驗亦屬藝術精神的圓教式冥契主義。據此，賴先生對於史泰司內外雙向的冥契類型區分，以及主張內向型方爲至境的價值分判，提出異議，事實上，楊儒賓先生對此也提出了類似的批評：

> 譯者不贊成史泰司對內向型冥契主義與外向型冥契主義境界所下的價值判斷。史泰司以「意識的發展」作爲檢證境界高低的標準，其說有據。然而，「冥契主義」是「人」的冥契主義。「人」不管有怎樣的無限性，它總是在「人」的括弧底下呈現出來的精神境界。……能體驗冥契境界的「人」的最大悖論，乃是他「既無限又有限」，他是「精神化的身體」也是「身體化的精神」。即使我們以史泰司論「泛神論」的價值爲準，我們認爲他說的內外向型境界之高低，亦未嘗不可另有所說：因爲世界之需要上帝，不就像上帝之需要世界一樣嗎？如果存在就是「神」，或者只是「神」，就不需要『泛』神」一詞了。「世界與上帝不一亦不異」與「內向型冥契主義是最高境界之意識」，這兩個命題是很難同時成立的。〔註106〕

然而筆者認爲此方面的批評，雖然道出了冥契者充滿悖論且又複雜的體驗狀態，卻未必眞正衝擊到史泰司的論斷，理由在於筆者認爲其對於內外向型的

〔註105〕引自賴錫三：〈老莊的肉身之道與隱喻之道──神話・變形・冥契・隱喻〉，頁332。

〔註106〕引自史泰司著，楊儒賓譯：《冥契主義與哲學》，譯序頁12～13。

區分，並非意指此兩種類型在事實上是斷然區別的，而僅是針對冥契感受的契合程度光譜中的高低兩端，給予學術認定上的理論性分判，所以其一再強調內向型冥契者所體驗的「一」以及外向型冥契者所體驗的「一」，必定是同樣的「一」，絕無二致。更深入地說，史泰司對於內外向型的分判，乃是針對冥契者陳述其冥契體驗當下的內容性質所做的區分，所以此區分僅說明了在所有冥契體驗現象中存在著偏向於內向型以及外向型──此兩種極端相異的冥契類型現象，因而得以據此觀察而在理論層面劃分出此兩種具有階級差異的冥契型態，至於在實際情況中，究竟「能否」以及「如何」基於一位冥契者的冥契意識型態而將其完全劃歸為內向型冥契者抑或是外向型冥契者，則全然不是史泰司「所能」以及「所要」討論的重點！換言之，基於研究考量所進行的理論性分解，未必會割裂真實情況的整體性內涵。因此，上述所謂「世界與上帝不一亦不異」的泛神論論述，乃是針對於整體冥契事實的狀態陳述，至於「內向型冥契主義是最高境界之意識」則僅是基於冥契感受類型研究所進行的理論性分判，二者並非難以同時成立。另一方面，即使接受史泰司這樣的類型評估與分判僅是立基於理論層面的研究論斷，賴先生仍在其〈道家的自然體驗與冥契主義──神秘‧悖論‧自然‧倫理〉一文的文末指出：

> 本文不同意只將其視為一般冥契者那種無能分辨內、外的雜錯重合現象，因為筆者認為《莊子》對冥契體驗和語言表達之間的關係非常自覺，換言之，它們既是冥契記錄也同時是對冥契經驗的反省和哲學立場的表達。本文認為將《莊子》的冥契文獻詮釋為內外統合的圓教型，將可以說明它為何積極強調物化差異、回歸人間世等重要哲學立場。〔註107〕

事實上，無論冥契者能否自行分辨其之冥契意識僅屬於內向或者外向，還是同時兼具內外雙向，皆不妨礙其在冥契實踐上的成就！至於有意識而能夠自覺地分辨者，則得以同時肯定其相當具有後設反省思維能力的哲學造詣。因此，也許無須反對史泰司對於內外向型的評估與分判，因為在其理解脈絡下，並不會反對將《莊子》視為一具後設反思意識且兼具內外雙向型的冥契主義者，除此之外，《莊子》所重視的「物化差異」，同樣也並不違背史泰司主張

〔註107〕引自賴錫三：〈道家的自然體驗與冥契主義──神秘‧悖論‧自然‧倫理〉，頁 288（注 112）。

泛神論「同一且又差異」的事實陳述。總之，筆者認為上述這一連串的批評，
未必確實與史泰司的理解相互衝突。

　　至於，真正可能動搖史泰司論斷的，則可能是楊儒賓先生所提出的另一
種批評：

　　　　史泰司此書主張「冥契主義」是普遍的，冥契境界所以有差別，其
　　　　實並非「體驗」有別，而是「詮釋」不同所致。〔註108〕

　　　　至於冥契主義的敘述是否真可以劃清「經驗」與「詮釋」，這尤其是
　　　　的擾人的議題。如果我們接受史泰司的論點，那麼，是否我們要接
　　　　受有種獨立於語言之外，或獨立於詮釋之外的真實？〔註109〕

換言之，楊先生認為所謂的真實，大抵仍無法脫離人的理解以及伴隨理解而
來的語言詮釋，因為我們無法證明有一種全然在人的理解意識之外的真實，
這確實是一個相當強而有力的質疑！然而，雖然我們無法斷言榮格所提出的
「集體潛意識」（亦有人稱之「集體無意識」）確實為真，但我們仍可試著透
過此理論來回應這個質疑，就如同王六二先生對此方面的見解：

　　　　集體無意識中的「原型」是經驗的世代積累，而神話就是原型的語
　　　　言，表達了生活的真理。榮格認為上帝就是一個原型，所以神秘體
　　　　驗是正常人格的一部分，是一種心理實在，上帝就在我們心中，否
　　　　認這一點就歪曲了我們的生活。〔註110〕

也就是說，如果「集體潛意識」的理論為真，那麼便確實存在一種我們個人
意識通常察覺不到，但又真實存在於我們集體潛意識之中的「心理實在」。那
麼這個「心理實在」的「真實」，似乎可以說是存在於我們的意識理解之外，
因為我們通常的心靈意識狀態確實無法察覺到它；然而另一方面，似乎也仍
可以說是存在於我們的意識理解之內，因為它確實存在於我們的集體潛意識
中，而且當它被意識到時，卻也仍必須透過我們的語言詮釋……等活動，才
得以被揭示出來。因此，究竟能否有一種獨立於語言詮釋之外的真實？或許
又有更多值得商榷討論之處，關於此方面的進一步討論，待到本論文後面的
相應章節，會有更具體的闡述。

　　另一方面，賴先生指出《莊子》所嚮往的人生觀與處世態度，蘊含某種

〔註108〕引自史泰司著，楊儒賓譯：《冥契主義與哲學》，譯序頁6。
〔註109〕引自史泰司著，楊儒賓譯：《冥契主義與哲學》，譯序頁7。
〔註110〕引自王六二：〈宗教神秘主義的性質〉，頁6。

包容式的倫理學，而此價值情感的產生，極可能源自於人們在體道冥契狀態中，對於萬物所自然流露出的親密共在感，而此論點也已被許多冥契主義研究者所提出，當爲本論文探討《莊子》體道工夫的重大線索之一。

最後，順著對於《莊子》統合內外雙向冥契類型的確認，賴先生進一步藉由卡西勒「基本隱喻」的觀念，以指出《莊子》所體現一多相即的物化式冥契世界觀，事實上正顯示出基本隱喻活動中，萬物得以自由交互轉化的原初隱喻狀態。據此，賴先生認爲《莊子》所揭示的道之物化活動，除了正是原初基本隱喻的運作模式之外，更可解讀爲道之創化歷程的原始語言活動。也因此，賴先生進而主張所謂的道言（冥契語言），應當是指體道者順隨契合以至於模仿道之物化開展的流變式語言，所以賴先生一再強調《莊子》是嚮往回歸基本隱喻活動的語言遊戲家，而非極端的語言否定論者，那麼順此脈絡，也可以說所謂的體道者不當僅是靜默的冥契者，而當亦是得以透過冥契體驗以彰顯道之意義的冥契言說家。〔註111〕此論點，在本論文探討《莊子》文本語言的形成因素以及其內涵性質上，將有助於開展更深入與多元的切入視角，例如得以探討所謂的冥契之道是否具有某種意識存在的意義？否則此種不由個人意識所主宰，而直接由冥契之道所貫通與引導的冥契言說，究竟是如何發動於體道者身上呢？而這樣的冥契言說又具備怎麼樣的獨特語言性質？這些相關議題，都值得筆者後續進一步討論與發展。

伍、包兆會〈《莊子》中的神秘主義〉

包兆會先生是現任南京大學中文系副教授，其所出版的博士學位論文《莊子生存論美學研究》中，有一篇附錄專文，名爲〈《莊子》中的神秘主義〉〔註112〕，此文主要在探討《莊子》冥契主義的類型向度問題，而其所

〔註111〕關於此點，蘇何誠先生透過尼采（Nietzsche）所強調的酒神概念，亦提出了類似的論點：「在這樣與道密契的『神遇』的情境下，『存有者』所流露出的一種『存有』本身所流露的語言。『厄言』即是是一種以人爲主的本體的精神活動，透過宗教祭典的神秘氛圍籠罩下，受到酒精的迷幻效果來形成催化，使『存有者』（人）進入一種被『存有』之大力量籠罩的神秘境界之中。」引自蘇何誠：〈莊子厄言論：密契體驗之酒醉境界語言〉，《文明探索》第58卷（2009年7月），頁58。換言之，其認爲《莊子》的厄言即是存有者在冥契狀態下所展現出的存有言說（冥契言說）。

〔註112〕包兆會：〈《莊子》中的神秘主義〉，《莊子生存論美學研究》（南京：南京大學出版社，2004年4月），頁282～297。

主張的論點又與上述關永中先生與賴錫三先生的意見有所不同。以下將僅呈現其主要的研究成果。

包先生從齊那（R.C. Zaehner）對於冥契主義的三種分類架構〔註113〕入手，並進一步劃分其自然論類型屬於審美性的冥契主義；一元論類型屬於哲學性的冥契主義；有神論類型則屬於宗教性的冥契主義：

> 審美的神秘主義強調的是人與自然宇宙的合一，它在反思過程中朝向外，指向自然宇宙，體驗的是物我不分的神秘境界；哲學的神秘主義側重的是對純粹自我的本質直觀，它在反思過程中朝向內，指向自身和先驗自我，體驗的是純粹自我未分化爲經驗我和經驗對象之前的那個單純的「一」；宗教神秘主義強調在神秘體驗過程中人格神的參與和啓示，它還包括了對人格神、溝通人神橋梁的超常能力的信仰，如上帝、巫術、宇宙原始的創生能力等等。〔註114〕

據此分析，包先生進而分別考察《莊子》文本中，對應於此三種冥契主義類型的論述脈絡。

首先，針對於哲學性的冥契主義，包先生試圖從《莊子》文本中，關於「心」的論述，著手檢視，以探索其中是否蘊含對於先驗自我的追求與嚮往。然而在全面考察文本之後，包先生指出僅在《莊子·齊物論》中的「眞君」與「眞宰」概念具有此意涵，至於《莊子》文本中，其餘關於「心」的論述，則大抵與先驗自我的反思與描寫無關，以至於包先生最終認爲「哲學神秘主義在《莊子》中幾乎不存在，它可以忽略不計。」〔註115〕

接著，針對於宗教性的冥契主義，包先生參考前人的相關研究，因而選擇透過神仙思想與創世神話兩個進路，來試圖解析《莊子》冥契主義的宗教性內涵。然而從神仙思想這個切入面來檢視《莊子》，包先生認爲「我們不難發現，莊子對他們的論述筆調是比喻性和誇張的，莊子本人並不相信這些神人眞的在六合之外存在，他在這裡的眞正寓意不過是表明人在超越生死、得失之後心靈所達到的一種境界。」〔註116〕因此，包先生認爲無論是透過神

〔註113〕關於齊那將冥契主義區分成三種類型的具體架構內涵，請參考本論文第二章第二節，在此將不再重複。

〔註114〕引自包兆會：〈《莊子》中的神秘主義〉，頁284～285。

〔註115〕引自包兆會：〈《莊子》中的神秘主義〉，頁287。關於此論點的詳細推論過程，請參考前揭文，頁285～287。

〔註116〕引自包兆會：〈《莊子》中的神秘主義〉，頁 289～290。關於此論點的詳細推

仙思想或者是與其相關的原始宗教論述，來證明《莊子》具有宗教性的冥契主義內涵，仍是有所不足的，相較之下，包先生傾向透過創世神話以及與其相關的渾沌世界觀來揭示《莊子》的宗教性冥契主義內涵，以至於其在考察《莊子》中的相關論述後，進一步指出「上述種種現象表明，莊子學派信奉渾沌理論並相信人通過『聽之以氣』的直覺方式可以覺曉到萬物未分化、主客未對立前的混冥狀態。」〔註117〕換言之，包先生認為《莊子》的渾沌神話是立基於氣論思想體系之上的一種原始陳述，因而得以從中確立渾沌神話所隱含的思想內涵，也得以從中證成《莊子》的宗教性冥契主義內涵。

其三，針對審美性的冥契主義，包先生認為「《莊子》中單獨描述審美神秘主義的很少，即使有描述審美神秘主義的，往往把它跟道與聖人聯繫在一起。」〔註118〕在包先生的考察中，其以「自然之天」這個對象為例，進而歸結出：

> 由於自然之天在莊子學派那裡還完全沒有成為獨立的審美對象，它主要說明道的無為無不為以及回到道原的可能性。自然，《莊子》書裡直接描述審美神秘主義的很少，即使有描述的，其直覺對象往往已不是純自然之天，而是囊括了一切事物，……這些無非都是為了說明道的「無所不在」（《知北游》）。由於道的無所不在，純自然之天僅是聖人們直覺對象的一種，而「天地有大美而不言」也只不過是神秘的道的一種顯現的方式，僅僅是一種方式而已。〔註119〕

換言之，包先生認為在《莊子》冥契主義的內涵中，幾乎沒有純粹的審美性意涵，因為當其涉及審美性冥契主義的論述時，往往已經與上述宗教性的冥契主義交融在一起，而不具有獨立的思想論述地位。

最後，對於《莊子》所應歸屬的冥契主義類型及其具體性質，包先生提出如下總結：

> 當莊子學派把目光朝向道原並加以神話化、仙話化時，宗教神秘主義產生了，《莊子》中對渾沌的崇拜以及大量創世神話的描寫足以佐

論過程，請參考前揭文，頁 287～291。

〔註117〕引自包兆會：〈《莊子》中的神秘主義〉，頁 294。關於此論點的詳細推論過程，請參考前揭文，頁 292～294。

〔註118〕引自包兆會：〈《莊子》中的神秘主義〉，頁 296。

〔註119〕引自包兆會：〈《莊子》中的神秘主義〉，頁 296。關於此論點的詳細推論過程，請參考前揭文，頁 294～296。

　　證這一點；而當莊子學派把目光朝向道理並以純自然之天作爲直覺
　　的對象時，審美神秘主義也成了一種事實，雖然《莊子》書中對它
　　描述的很少，而且它還沒完全獨立；莊子學派也曾關注過心理活動
　　背後的那個支配者——先驗自我，但僅僅是不經意的一瞥，對它目
　　光投射量最少也最不重視。〔註120〕

依據包先生的研究論斷，《莊子》所應歸屬的冥契主義類型，主要傾向於宗教性意涵，並且其在宗教傾向中，夾雜部分的審美性意涵。

　　包先生的研究架構十分明確，論證也相當審慎，有待討論的是其在論證前提對於冥契主義類型所確立的審美性、哲學性以及宗教性三種類型的性質界定問題：一方面，此冥契類型的分類架構仍是建立在傳統冥契主義的分類模式之上，亦即主要是依據「冥契對象的性質」此一分類判準來進行歸類；然而另一方面，其對於此三種冥契類型的進一步詮解，卻也同時涉及到「如何進入冥契狀態的方法特性」以及「冥契者與冥契對象在冥契狀態中的關係狀態」的其他兩個分類判準。而依據本論文上述第二章第二節對於冥契主義分類判準的相關討論，當此三種分類判準交錯一起來進行類型劃分時，所區別出的冥契類型可能不只有包先生在此所確立出的這三種類型，而更當至少複雜化爲三重判準兩兩交錯下（二的三次方）的八種類型（在實際分類中更可能超出八種類型），換言之，同時考量此三種分類判準來進行冥契類型的分類工作，相較於傳統冥契主義的分類研究，確實是一種更細緻的學術進展，然而當試圖同時運作此三種分類判準來進行分類考量時，似乎就該打破傳統以「冥契對象的性質」爲主要依據的三種分類結構，否則將無法避免此三種冥契類型內部涉及到其他兩種分類判準的衝突情況，更進一步來說，這樣的分類架構多半具有部分性質上的重疊或者衝突，因而不完全適用於《莊子》冥契類型的歸類論述。

第四節　《莊子》所屬冥契主義類型界定

　　《莊子》體道思想是否可被視爲一種冥契主義？這個一個相當基礎的關鍵問題，而上述多位學者的研究，已清楚而謹慎地證明了此點，尤其是關永中先生（也包含其所指導的汪淑麗先生）在此層面的貢獻，最爲細緻與全面。

〔註120〕引自包兆會：《莊子》中的神秘主義〉，頁297。

本節所欲致力探討的，並非試圖重新證成這個基礎論點，而是企圖承接前人對此的研究成果，進一步將《莊子》冥契主義所應歸屬的類型，及其類型特質的爭議論題，予以更細緻的釐清與整合。

事實上，嚴格而論，針對《莊子》冥契主義進行歸類研究，確實可能扭曲了《莊子》思想原本的複雜性，然而本節的主要目標並不在於將《莊子》體道思想歸入某種既定的冥契主義類型區分中，而是旨在釐清當前學界對於《莊子》冥契思想的認定分歧，進而一方面重新檢視與調整當代冥契主義的分類架構；另一方面也試圖藉由冥契類型的性質劃分，以說明《莊子》冥契主義所具備的思想特質。換言之，本節企圖在一種動態調整的研究立場中，進行《莊子》冥契主義的歸類研究，以藉此保持歸類本身的開放性。

在當前的學術研究中，《莊子》具有冥契主義的思想向度，已是大致共識，然而《莊子》究竟屬於何種類型的冥契主義？或者說《莊子》冥契主義具有怎麼樣的獨特性質？則仍為當前具有爭議的研究議題，因此本節旨在承接此學術任務，企圖為《莊子》的冥契類型，予以更進一步的界定。

首先，要指出的是前人對於《莊子》冥契類型的歸類爭議情況。簡易而言，前人在進行《莊子》冥契類型的歸類研究時，不外乎是在此兩種冥契主義分類架構中，擇一來進行類型參照與歸類判定工作：其一是齊那（R.C. Zaehner）三種類型的傳統冥契主義區分路線；其二則是史泰司（Walter Terence Stace）內外雙向型的狹義性冥契主義區分路線。主要依循齊那傳統區分路線的，有關永中先生與包兆會先生：關先生為了補足傳統三種區分架構的不足，因此另闢出第四種巫祝論的型態（在此一併將之視為傳統區分架構），而後透過考察《莊子》「造物者」一詞的概念內涵，進而認定《莊子》冥契類型為一跨越自然論、一元論、有神論、巫祝論的整合式冥契主義；包先生則將傳統區分架構中的自然論歸為審美性、一元論歸為哲學性、有神論歸為宗教性，接著依據《莊子》中關於創世神話的記載與論述，進而主張《莊子》冥契主義主要為宗教傾向。至於採取另一種進路，主要依循史泰司內外雙向型區分路線的，則有羅浩與賴錫三先生：羅浩透過《莊子・齊物論》的考察，進而主張《莊子》冥契主義同時具有內向型與外向型的特質，並且認為外向型冥契意識的產生，源自於體道者從內向型冥契意識重返一般經驗狀態時，因為仍受到內向型之純一意識的引導，因此才產生此一多相即的外向型冥契意識；賴錫三先生則進一步將內向型歸為宗教體驗並且將外向型歸為藝術精

神，進而在考察《莊子》文本後，指出《莊子》冥契類型為一兼具宗教性與藝術性，而得以統合內外向型的圓教式冥契主義。

至此，整合本論文前兩節的研究成果，可以進一步指出：正因為冥契主義研究者們使用多寡不一的區分判準來進行分類考量，因而提出了不同分類模式下的冥契類型區分架構，也因此造成當代學界對於《莊子》冥契主義性質歸類的研究歧異。因此，在研究策略上，若要試圖更取得共識也更準確地判斷《莊子》冥契主義的類型性質，研究者不得不同時考量以下三個複雜的冥契主義區分判準：〔註121〕其一是冥契對象的性質；其二是冥契者進入冥契狀態的方法特性；其三則是冥契者與冥契對象在冥契狀態中的冥合關係程度，並以此三種判準來交叉檢視上述兩種冥契類型分類架構，如此方能在更細緻也更全面的區分架構中，重新檢討《莊子》冥契主義所應歸屬的類型性質。以下將透過圖表來呈現此複雜的對應情況：

傳統的區分架構	自然論	一元論	有神論	巫祝論
冥契對象的性質	一切物（至高者即一切物）	至高者	至高位格神	多元位格神（未必至高者）
冥契方法的特性	向外、突發	向內、修行	修行（仰賴神）	多元且複雜
冥契關係的程度	合一	合一	結合、合一	結合、溝通
狹義性區分架構	外向型	內向型		（狹義排除此類）
廣義性冥契主義的範圍				

事實上，本表的交叉檢視僅可視為概略性的對照，而非絕對性的對應，尤其有神論與內向型的關係，更是充滿爭議！關鍵在於如果有神論冥契者主張其與至高神的契合狀態，僅是一種結合關係而並非合而為一，那麼依照內外向型的區分定義，其應當不可被歸為狹義性界定下的內向型！〔註122〕這種情況在耶教徒的信仰文化中特別明顯，然而史泰司的研究卻指出：

> 從本書搜集到的各種証據來看，主客的區分消失不見，這是內向型冥契經驗的核心因素之一，這是很清楚的。但耶教徒一旦用理智解釋他們的經驗時，他們不會把統體意識的概念帶到邏輯的結論上來。他們自己的冥契經驗驅使他們宣稱主客同一，神人同一。世界

〔註121〕關於此三個冥契主義類型區分判準的相關討論，請參考本論文第二章第二節。
〔註122〕冥契體驗現象在定義上的廣狹之分，請參考本論文第二章第二節。

上各文化各宗教裏的冥契者都有很強的衝動，想要這麼宣稱，這是很明顯的。艾克哈特是耶教冥契者當中最偉大、最有原創性、膽量也最大的知識份子，他公開表達他的觀點，衝勁十足——從世俗的謹慎觀點來看是如此。有些蘇菲派學者也是如此。但事情一旦到了關鍵地步，絕大多數的人都不會讓經驗與邏輯聯手起來引他前進，他終究不敢踏出最後一步。他們不敢宣稱他們自己心中所想的爲何。他們無法敞開全幅的統體概念之內涵，反而後退到二元論上去了。爲什麼這樣？

部分的原因可能是他們眞正受困於哲學的難題。他們不了解泛神論的悖論，不了解差異之同一的概念。他們本能上感到純粹同一既然不可靠，所以最好遠離它，趕快擁抱純粹之差異。然而，哲學的問題是否發揮過這麼大的力量，此事不無可疑。畢竟說來，他們通常不是哲學家，因此，不會去煩惱邏輯的問題。我們認爲影響他最大的應當是文化與歷史強大的壓力所致。神學家通常就是知識蛋頭，沒有冥契經驗。有神論宗教有些因素很容易引發神學家抨擊傾向一元論或泛神論之異端。冥契者絕大多數很虔誠，他們一般會服從養成他們的宗教組織之權威，他們會將他們的結論完全交由教會當局或任何宗教的組織權威去裁判。他們會盡量削減他們的泛神論傾向，百般服從上級的號令。〔註123〕

如果史泰司的論斷大致無誤，亦即是說有神論冥契者在其冥契狀態中，事實上仍得以與至高者達致合而爲一的程度（如僅達致結合程度者則大抵應被歸入巫祝論一類），據此因素，有神論的冥契性質，似乎相當接近所謂的一元論與內向型，雙方的差異僅在於至高者位格性的有無。而關於至高者究竟有無位格性的問題，史泰司認爲「眞空實有」的至高者，其所引發的種種悖論，將是無法避免的事實陳述：

眞空實有的悖論有三個面相，只要冥契主義插足在內的任何宗教或哲學，我們或多或少都可以找到它們的蹤跡。這些面相並不互斥，底下我們即可明瞭：第一項事實上包含了其餘兩項。職是之故，或許我們稱呼它們爲三種表現的模式比較恰當，它們各有所偏，但不

〔註123〕以上兩段文字皆引自史泰司著，楊儒賓譯：《冥契主義與哲學》，頁314～316。

是三種清楚分開的面相，三種面相如下表所示：〔註124〕

正極面（實有）	負極面（真空）
梵我有質性	無質性
它是人格性的	非人格性的
它是健剛活動，創生不已的。	它截然不動，寂靜凝止。

史泰司考察處於不同時代與不同文化的冥契者陳述，進而發現所謂的「至高者」，在各家冥契者的境界陳述中，同時具有兩組背反的性質：他們一方面採取正面積極的語氣來肯定至高者的「實有」（蘊含肯定其具有位格性）；另一方面又透過負面消極的否定語氣來彰顯至高者的「真空」（蘊含否定其具有位格性）。史泰司認為此悖論，本質上無法依賴理智思辨或者邏輯推論來獲得消解，然而事實上也不需要消解，因為史泰司認為此悖論陳述，正是冥契者在冥契狀態下的真實感受。據此，史泰司一再強調「冥契主義必然會導致一種悖論，此悖論主張上帝與世界既是同一，且又分別。由此義一轉，此悖論自然也會主張上帝既是人格的，又是非人格的。」〔註125〕如此說來，有神論類型，又與內向型（一元論）的性質，更加接近了！

　　嚴格而論，有神論得以獨立自成為一類，主要依據的是其冥契對象的位格神性，然而當位格性的有無，乃是一悖論式的並存狀態時，則此冥契類型得以自成一類的基礎，便大幅減弱。如果訴諸於其做為某種宗教信仰的教義與儀式來界定，或許得以歸納出某些性質共相，但是無法否認，各種宗教信仰的教義與儀式，其實相當複雜並且充滿歧異，也因此歷來學者對於有神論的理解往往並不一致，也並不明確，正如同包兆會先生所提到的：

> 宗教神秘主義最難給予一個明確的定義和界限，因為作為人類救贖的一種形式——宗教，狹義地說，主要是對彼岸世界「神」的崇拜，側重的是人心靈的拯救，廣義的宗教表現形式則多樣，有關神話儀式、宇宙創生、神秘主義理論、神學教義、神仙鬼怪、自然的超常能力等都是它的一部分或與它有著千絲萬縷的關係，因此對它的身份認同往往很難。本文在廣義的宗教定義下對《莊子》中的宗教神

〔註124〕此段文字與其下之表格，皆引自史泰司著，楊儒賓譯：《冥契主義與哲學》，頁209～210。

〔註125〕引自史泰司著，楊儒賓譯：《冥契主義與哲學》，頁332。

　　秘主義傾向作一辨析。〔註126〕

據此因素,也可以發現包先生所認定的宗教神秘主義(亦即有神論冥契主義)之性質,十分廣泛,甚至有許多部份的性質描述,似乎更接近關永中先生所謂的巫祝論類型。因此在冥契主義的類型劃分上,有必要針對有神論類型,予以更細緻的分析與認定,甚至得以進一步依循其內部屬性而直接將其歸入其他三種類型:具體而言,當其宗教教義與儀式認定上帝即世界(同時世界亦即上帝),因而強調透過對外的感官知覺作用來達致冥契體驗者,則此類當歸入自然論與外向型冥契主義;而當其宗教教義與儀式主張上帝爲一至高者的存在,並且強調透過對內的心靈修行而達致冥契體驗者,則此類當歸入一元論與內向型冥契主義;此外,當其教義與儀式主張人神之間,有一無法跨越的鴻溝,因此冥契者僅能透過各種多元且又複雜的儀式,來與神結合或者與神溝通,則此類當歸入廣義冥契主義範圍下的巫祝論類型。〔註127〕

　　承上所論,那麼屬於狹義性冥契主義的,便只有外向型的自然論以及內向型的一元論,此兩種類型,而若把範圍放寬至廣義性的冥契主義時,那麼其內涵,則應再加上最爲複雜的巫祝論一類。〔註128〕而將此三種冥契類型,對應於本文前一節所論及諸家對於《莊子》冥契主義的研究成果,則可以發現學者們大抵認爲《莊子》冥契主義同時涉及此三種類型,而爲一整合式的冥契型態。當然在此之中,宜進一步區分:有些學者是站在狹義的冥契主義

〔註126〕引自包兆會:〈《莊子》中的神秘主義〉,頁287。

〔註127〕這裡試圖將有神論冥契主義重新劃分爲其他三種類型的論述,也許過於簡化,但筆者認爲傳統對於有神論冥契主義的界定確實過於模糊,除非我們能重新給予其更審慎的界定,否則將此類型取消,也許更有助於冥契主義的類型劃分工作。

〔註128〕筆者在此對於傳統冥契主義四種區分架構的重新歸類,與謝君讚先生的研究意見,不完全一致。謝先生同樣認爲一元論得以與內向型相通;而自然論則與外向型相通。意見歧異處在於謝先生主張將有神論歸入外向型,並且取消巫祝論一類。請參考謝君讚:〈未始出吾宗:論莊子之冥契主義的類型問題〉,《中正漢學研究》2013年第1期(2013年6月),頁69〜75。本文亦收入謝君讚:《先秦儒、道義理的當代詮釋與反思——以典範轉移、冥契主義與樂園思想爲核心》(國立中央大學中國文學所博士論文,2014年1月),頁110〜132。然而筆者認爲如果依據史泰司的研究,有神論基於其歷史文化種種因素,事實上其內涵十分複雜而難以明確界定,因此將其全然劃歸入外向型並不準確!此外,基於對於冥契主義研究者專業領域的尊重與認同,筆者認爲直接取消巫祝論一類又似乎過於武斷,若將之視爲廣義性的冥契主義,或許更爲恰當!

範圍，因而主張《莊子》同時具有內向型（包含一元論）與外向型（包含自然論）的冥契性質，例如羅浩與賴錫三先生都是持這樣的論點；另外，有一些學者則是站在廣義的冥契主義範圍，因而認為《莊子》除了具有內外雙向型的冥契性質之外，也同時具有巫祝論的冥契特質，例如關永中先生及其高弟汪淑麗先生，則皆秉持這樣的論點。

　　關於冥契現象認定的廣狹區分，在先前本章第二節中，已有所討論與說明。本論文現階段所遭遇的研究問題在於：究竟研究者在判斷《莊子》冥契型態的具體性質時，應該採取狹義還是廣義的冥契範圍界定立場？可以確定的是無論採取狹義或者廣義的範圍界定立場，依據前人對於冥契主義的分類研究以及《莊子》冥契主義的相關研究，可以得知此兩種出自不同立場下的《莊子》冥契型態性質論述，皆有其健全的立論基礎與脈絡，所以此兩種論述雖然彼此歧異，卻不能斷言當中有其優劣之分！

　　那麼從方法論的面向反省，在此情況下若仍有所立場抉擇，乃是基於研究設準與策略擬定的緣故。具體而言，本論文是以生命意義感的探求做為主要研究動機，期望透過冥契主義的協助以揭示《莊子》體道工夫的具體實踐意義，關於此點，先前在本論文第一章第二節「研究動機與目的」中已提過，而雖然以文化使命感做為根本關懷所開啟的文本解讀研究，並不絕對與自我生命意義感的探索工作相互衝突，甚至後者（生命意義感的探求）還經常成為研究者內在隱性的根本研究動機，然而不可忽視的是絕大部分當代《莊子》體道工夫研究者，在具體外顯的研究策略擬定上，仍傾向以客觀外在的文本解讀為主而探索自我內在生命意義為輔來擬訂研究策略，換言之，受制於當代學術研究規範的要求，此種「外主內輔」的策略，仍為學術研究的主流。

　　然而，筆者意圖翻轉這樣的研究策略思維，在本論文中，筆者企圖強化以探索自我生命意義感做為研究主調的學術合法性，因此這樣的根本關懷、研究動機以至於研究策略與進路，相對於以文化使命感為主調的文本解讀研究而言，大抵是偏向於主體性與當代性的，所以筆者必須自覺地指出：本論文的根本關懷並非在於呈現客觀原始的《莊子》文本內涵，而在於探討人們應如何具體實踐《莊子》體道工夫，以轉化真實在場的自我生命之意義，因此在研究策略的擬定上必須立基於當代學術視域與個人生命省思的交會中，進而針對《莊子》體道工夫的思想內涵，予以重新的詮釋與建構。

　　換言之，本論文對於《莊子》體道工夫思想的研究策略並非以歷史溯源為主，而是採取以生命探索為主調的當代理論重構進路。那麼回到本論文究竟應採取狹義還是廣義的冥契範圍界定立場，來判斷《莊子》冥契型態內涵的問題，筆者認為從先前相關的研究成果來看，當研究者認定《莊子》具有廣義範圍下的巫祝論性質時，大抵是站在歷史溯源立場下所提出的論斷，關永中先生對於《莊子》冥契境界的見解，即是一例：

> 其境界型態又有巫祝（薩滿）之痕跡而又超越了巫祝論的踐行；換
> 言之，巫祝之背景已在莊子的哲理與體證中被淨化與超越化，莊子
> 不停滯在一般巫師的修行與所委身的較低神明，而要上與至高的太
> 一、至尊貴之造物者漫遊。〔註129〕

亦即是說，關先生認為《莊子》文本中，保留了較為素樸與原始的巫祝論色彩，然而從其思想整體來看，《莊子》的冥契型態，卻已大抵超越了巫祝論的性質，而晉升為有神論的模式（根據上述討論也得以被劃入內向型一元論的範疇）。至於當研究者排除《莊子》的巫祝論性質，而採取狹義性的冥契範圍界定立場時，則大抵是源自當代嚴格的系統性思維所進行的理論重構研究，例如賴錫三先生即試圖透過威廉・詹姆斯與史泰司對於冥契主義的理解系統，進而以此重構《莊子》冥契主義兼有內外雙向型的理論特質。那麼很顯然的，基於筆者的根本關懷所致，本論文所採取的冥契範圍界定立場，將傾向於狹義性。

　　總而言之，雖然研究者在進行文本探究時，採取歷史溯源的客觀解讀進路，或者以生命探索為主調的當代理論重構進路，此二者之間未必具有明確的衝突或者界線，然而當研究者是以生命意義感的探求做為主導的研究動機時，過去以文化使命感做為根本動機的溯源性文本解讀工作，便必須遭受研究地位的扭轉，而成為次要的研究目的，取而代之的研究主調，則為致力於探討具體轉化人們真實生命意義的當代理論重構進路。

　　討論至此，可以發現根本關懷與動機的差異，容易延伸不同的研究設準與策略，導致冥契範圍界定立場的選擇上，有廣義與狹義的區別，此三者之間的對應關係如下：

〔註129〕引自關永中：〈上與造物者遊——與莊子對談神秘主義〉，頁171。

根本的研究關懷與動機	對於文化使命感的傳承	對於生命意義感的探求
對於《莊子》文本的研究設準與策略	以歷史溯源為主調的客觀文本解讀研究	以生命探索為主調的當代理論重構研究
所選擇的冥契範圍界定立場	採取廣義的範圍界定立場（涵蓋巫祝論的範疇）	採取狹義的範圍界定立場（排除巫祝論的範疇）
立場選擇的理由（冥契範圍的界定是否涵蓋巫祝論的考量）	《莊子》文本的思想原貌具有巫祝論的色彩，基於歷史溯源的研究考量，理應擴大冥契現象的界定範圍，以追溯《莊子》體道思想的完整原始型態。	首先，巫祝論並未深入契合為一的冥契主義核心；再者，巫祝論的具體內涵過於龐雜混亂。為了使《莊子》冥契體道思想得以具體轉化人們真實的生命意義，捨棄巫祝論而選擇狹義界定範圍的當代理論重構研究，將得以強化研究的可行性與有效性。

據此研究向度的分歧，並且基於筆者根本關懷與研究動機的特殊傾向，因此本論文對於《莊子》冥契主義的判定，將採取狹義性的冥契範圍界定立場。換言之，本論文在研究策略上，排除了有關巫祝論的探討，而直接以狹義性的《莊子》冥契思想做為研究對象，故依此突顯《莊子》冥契主義，為一同時兼備一元論內向型以及自然論外向型的整合式冥契型態。

上述的討論，也足以說明為何當代研究者對於《莊子》冥契主義的歸類判定，有所分歧，而本論文最終的歸類認定，雖然與賴錫三先生的研究意見十分相近，然而本論文卻無須全然否定史泰司對於內外向型的區分意見，反倒認為此內外向型的區分模式，在整合前人相關研究之後，得以協助研究者進一步釐清《莊子》冥契型態的具體特質。底下將再次透過「冥契對象的性質」、「冥契方法的特性」以及「冥契關係的程度」——此探討冥契型態的三維向度，來重新檢視《莊子》兼備內外向型冥契型態的具體內涵：

	內向型（一元論）冥契主義	外向型（自然論）冥契主義
冥契對象的性質	無論內向型或者外向型，其冥契對象乃一泛神論式的悖論性存在，亦即至高者與世界（一切物）之間有所差異卻又得以彼此同一。此外，此冥契對象本質上還具有三重彼此相關的悖論性質：其一是真空卻又實有；其二是同時具有位格性與非位格性；其三是其剛健創化不已同時又寂然靜止不動。	

冥契方法的特性	冥契者通常必須透過嚴格且長時間的心靈內在探索工夫方能達成，也因此這類冥契者大抵能藉由其工夫實踐來自主出入冥契意識的境界狀態。	冥契者通常不須借助嚴格的工夫，而僅須透過外在感官知覺便能突如其來地進入冥契意識，然而這類冥契者大多無法自主地再次重新契入冥契狀態。
冥契關係的程度	冥契者與冥契對象（蘊含世界一切物）純粹地合而為一，進而展現為一無時無空的純粹意識，亦可稱之為宇宙精神。	冥契者與冥契對象（蘊含世界一切物）彼此同一且又有所差異，進而體悟世界整體本身為一生生不已且具有內在主體性的大化生命。

最後，仍有必要再次探討：內外向型冥契主義究竟如何統合彼此差異，而得以被歸屬為同一種型態？這是界說《莊子》冥契型態之性質，不可迴避的研究議題。透過上表的分析，可以得知此問題在「冥契方法的特性」以及「冥契關係的程度」兩個向度中，皆迫使研究者必須有所回應，否則研究者便難以宣稱《莊子》冥契主義，為一得以統合內外向型的整合式冥契型態。

首先，關於「冥契關係的程度」這個面向，先前在本章第二節與第三節中，已進行過相關的討論，簡要而言，內外向型在此面向中的差異，並非事實性的斷然區分，而是依據契合為一的純粹程度高低，所給予的理論性區分，亦即是針對內向型「純粹同一」以至於外向型「差異且又同一」（更體現出泛神論式的悖論性存在）的契合程度光譜中，取其高低兩端所進行的理論性詮釋，換言之，在事實情況中，未必可以找到得以明確劃分此兩種契合關係狀態的實際切割點，所以這裡的論述，僅是就理論層次，表明內向型的契合純粹程度優於外向型，也因此可以推論內向型冥契體驗者，理論上也可以擁有外向型的冥契體驗感受，然而僅單純擁有外向型冥契體驗者，卻未必能深入體驗內向型的純粹意識之感。比較特別的是先前本章第三節已提過的羅浩之觀點，卻似乎對此持不同的看法，其反而認為外向型冥契體驗通常建立於內向型冥契體驗之上（或者說之後），換言之，其雖然同樣肯定內向型體驗較為核心，而得以做為外向型體驗的根基，然而其卻也指出外向型體驗通常無法自行存在，反而有賴於先前已達致的內向型意識來進一步誘發！〔註130〕

〔註130〕 在此仍須強調史泰司與羅浩二人針對冥契方式的論斷皆十分保留，研究者未必要視其二者絕對衝突。而其中關鍵分歧在於：是否真的存在只有外向型冥契體驗的冥契者？史泰司大致肯定此點，至於羅浩則似乎反對這種可能！但事實上，冥契者對於自身冥契體驗的型態，通常未必有清楚地自覺，因此所謂的外向型冥契者也可能皆曾不自覺地經歷過內向型的體驗！然而這並不意味史泰司的論斷有誤，因為其真正關注的是冥契現象的型態差異，而非冥契

　　事實上，這個爭議與接下來最爲棘手的「冥契方法的特性」這個面向的分歧，十分密切，因爲冥契主義研究者大多對於契入冥契狀態的方法過程，十分多元尊重，而不敢妄自評論，因此究竟契入外向型冥契狀態的方法是否僅需要外在感官知覺而無須透過內在工夫的協助？還是如同羅浩的見解，認爲其仍有賴於內向型體驗的支持與引導？或者換個角度來問，究竟內向型冥契體驗是否必然需要內在工夫的力行實踐方可達致？還是仍有可能如同外向型一樣，僅須藉助外在感官知覺即可忽然達成？這些問題暫且無解！無論如何，除非研究者得以找到一種既須向內力行工夫又須向外知覺感受的契入模式，否則這些關於「冥契方法的特性」的種種疑問，似乎使研究者難以說明內外向型冥契主義爲何得以被統合爲一種整合型態！

　　然而，筆者認爲先前本章第三節所提及榮格的「集體潛意識」理論，或許得以爲此開啓新的討論向度。關於此點，首先必須指出的是榮格本人也主張集體潛意識，極可能是人們得以獲取冥契體驗的根本源頭：

> 純一的異常感覺是所有「冥契主義」共同的經驗，它很可能是由心象之混淆錯綜所產生的，隨著意識之模糊不清，它仍逐漸增強。夢境中意象常交叉重疊，精神失常者所見者尤其強烈，這些都可證實是源自無意識。意識裡的形式都是疆界儼然，分別清楚；無意識中的心象則模糊不清到了極點，什麼樣的交叉混合都有可能，兩者成了強烈的對照。假如我們能理解一切意象皆含糊不分的心境，我們當然可以感覺到萬物爲一的境界。由此可知，一體的特殊體驗可能是從撲朔迷離的無意識中，升華而得的，這並非不可能。〔註131〕

另一方面，榮格在探討東西文化思維差異時，恰巧運用內向型與外向型，來顯示二者的不同：

> 東方乃奠基於精神的實體上，換言之，也就是奠基在把精神視爲存在主要且惟一的條件上面。東方這種認識，如此看來，仿若是心理學或氣質的事實，而不是哲學推理的結果，這是種典型的內向型觀

　　者的類型差異，亦即是說其對於能否將冥契者絕對劃分成內向型或者外向型，仍持非常保留的態度。至於羅浩此處的見解，則非常有助於研究者開拓冥契工夫細部轉化歷程的相關探討。

〔註131〕引自榮格著，楊儒賓譯：《東洋冥想的心理學——從易經到禪》，頁 113。文中所提及的「無意識」，在其語意脈絡中，亦可指向受到「原型」所引導的「集體潛意識」。

點，相形之下，西方人的觀點則是典型的外向型的。……我無意對
內外向的衝突加以調解，但我必須指出此一問題的宗教涵義。西方
基督教認爲人必須完全仰賴上帝的恩寵，至少也要仰賴教會。因爲
教會是這個世界上人要求救贖時惟一可靠的、而且是神聖化的工
具。東方卻堅持道：人要超拔，自己是惟一可靠的因素，因爲他們
相信「自我的解脱」。〔註132〕

其認爲東方屬於內向型的思維模式，因而在企及集體潛意識以契入冥契境界的方
式上，傾向自我心靈內部探索的自求解脫進路；西方則屬於外向型的思維模式，
因而在解脫進路上，強調向外尋求上帝的恩寵與教會的救贖。簡而言之，東方的
冥契方法爲內向式的自我探索，而西方則爲外向式的尋求引導，此區別與內外向
型冥契主義在冥契方法特性上的差異，極爲相似。〔註133〕無論這樣的東西方對
應關係，是否全然準確，榮格主張人們在企及集體潛意識的方法進程上，必然同
時需要上述兩種方法進路──向內自我探索以及向外尋求引導──的共同合作：

透過超越的功能，我們不但能進入「惟一眞心」，而且可以理解爲何
東方篤信自求解脫。當經由反省，無意識的彌補作用得在意識明朗
化時顯現，此際的心境既能轉化，並解決痛苦的衝突，他們當然可
理直氣壯地宣稱人可「自求解脫」。但我以前已稍有暗示，如此自豪
地宣示自求解脫，也不是沒有問題。因爲人不能隨心所欲地導引出
無意識之彌補作用，他必須仰賴它們「也許」可被導，這只是一種
可能性，同時他也不可能更改彌補作用之特質，「它就是它自己，否
則什麼都不是」。很奇怪地，東方哲學幾乎從來沒有想到如此重要的
問題。此一事實在心理學上頗有意義，它可支持西方人的觀點是有
道理的。西方的心靈似乎有種極爲深邃的洞見，看出人類必然得仰
賴某些幽暗的力量，所以假如一切要搞好的話，勢必要與之合作。
〔註134〕

〔註132〕引自榮格著，楊儒賓譯：《東洋冥想的心理學──從易經到禪》，頁100～101。
〔註133〕此處雙方的對應關係僅爲相似而非等同，因爲西方式的冥契型態並非完全等
同於外向型冥契主義。若以西方主流的有神論冥契主義來看，如同本論文先
前所論，得依其細部性質差異而重新劃歸爲外向型自然論、內向型一元論或
者廣義性的巫祝論，因此這裡的對應關係僅是就榮格對於東西方思維模式的
理解，進而申論其對於冥契方法的內外向探討。
〔註134〕引自榮格著，楊儒賓譯：《東洋冥想的心理學──從易經到禪》，頁114。

換言之，集體潛意識並非僅須人們向內自力探索即可企及，而是仍須同時仰賴其主動對於人們的引導作用，方能有效呈現，因此當企及集體潛意識爲達到冥契體驗的核心歷程，那麼此種必須統合向內探索與向外感受的冥契方法模式，便得以確立，也因此得以爲《莊子》統合內外雙向的冥契型態，找到詮釋與解析的立足點，當然此中仍涉及許多細部的體道工夫進程問題，有待其後的相關章節再進一步探討，但可以先行指出的是榮格心理分析式的冥契主義研究進路，確實得以爲《莊子》體道工夫研究，開啓有意義的新興向度。

第三章　建構《莊子》體道工夫研究的新方法

第一節　從建構《莊子》體道工夫研究方法的後設角度談起

　　所謂研究方法是指研究者爲了完成特定研究目的，進而設計出的研究方式、進路、策略以及步驟，而制訂這些研究方式、進路、策略以及步驟的背後，通常皆依循著一組共同的核心原則。研究者在進行研究時，未必會對其自身的核心原則有清楚的意識，然而無論是隱或顯，此組核心原則皆主導著研究進行的方向與過程，也間接影響著研究成果所具備的意義與價值。

　　具體而言，所謂的核心原則必然是與最基本的研究目的緊密相關，亦即爲研究者內心所有研究動機與根本關懷的彙整，在此之中所呈現的將是研究者進行研究的某種特定態度與立場，換句話說，當研究者們的研究動機與關懷有所歧異，即使他們的研究目的彼此一致，其各自所採取的研究方法仍可能具有或多或少的不同，甚至可能存在著南轅北轍的多元差異。如此論述也就可以說明爲何歷來眾多《莊子》體道工夫研究，仍存在著並未一致而且多元的研究進路；除此之外，此論述也可以說明除非我們能確認研究者們的研究動機與基本關懷完全相同，否則我們將失去得以論斷哪一種《莊子》體道工夫研究方法最爲完善的比較基點。

　　在此之所以要突顯核心原則的重要性，乃是因爲本章的主要任務即在於

試圖透過冥契主義的協助，來重新建構《莊子》體道工夫的研究方法，因此重新彙整筆者自身的研究動機與根本關懷，將十分關鍵，據此彙整所呈顯出的一組核心原則，將成爲本章新研究方法之建構的根本依據。

先前在本論文第一章第二節以及第二章第四節中，皆對於本論文的研究動機進行了說明與討論，簡要來說，本論文是以生命意義感的探求爲主要研究動機，因此本論文的根本關懷，並非在於呈現客觀原始的《莊子》文本內涵，而在於實際地探索人們應如何具體實踐《莊子》體道工夫，以轉化眞實在場的自我生命之意義，據此因素，本論文所採取的研究主調是以生命轉化爲核心的當代理論重構進路，其中又得以進一步開展爲四項核心原則，以下將針對各點分別進行闡述，並在最後予以總結：

壹、從領域認同走向學術分工——透過冥契主義與集體潛意識理論而從當謂與創謂的層次進行研究。〔註1〕

關於此點，已在本論文第一章第四節中有所提及，在此仍要深入討論的是透過特定理論或者假說來解讀經典文本的合理性及其價值問題。現今學界大多認爲從特定理論解讀經典文本，容易流於過度詮釋的曲解與誤讀，這樣的研究態度出於謹愼之用心，理應無須遭受任何質疑與批判，然而筆者認爲在此，宜進一步區分研究層次的不同。具體來說，當研究者所進行的研究，大抵屬於實謂與意謂的層次，亦即以文化使命感爲主要動機的文本客觀解讀研究，則此種「以經解經」（或爲「以此解此」）的謹愼態度，自然當爲研究者所必須遵循的核心原則；然而當研究者所進行的研究已觸及蘊謂以後的層次，此時的詮釋研究如果採取了特定的理論視角（尤其常見於當謂與創謂的研究層次），則此種「以彼解此」的研究策略，似乎亦爲一種自然而合理的研究模式，因爲當謂與創謂的研究層次已涉及對於文本內涵的後設探討工作，而恰當的理論視角，將得以針對原典思想展開當代重述、批判以及補足的學術任務。

事實上，對於全然接受傅偉勳先生「創造的詮釋學」的學者而言，其可能認爲從「以此解此」以至於「以彼解此」，乃是一循序漸進而從實謂通向創

〔註1〕關於當謂與創謂的意涵，出自於「創造的詮釋學」，請詳見傅偉勳：《學問的生命與生命的學問》，頁228～240。傅先生認爲文本詮釋可以分成實謂、意謂、蘊謂、當謂、創謂五個層次。

謂的一貫研究歷程，此中並不存在著研究立場的分歧與衝突。〔註2〕然而考察
當前學界的實際狀況，致力於客觀文意解讀的學術領域以及致力於當代理論
重構的學術領域，似乎仍存在著壁壘分明的學術歧見狀態！深入而論，筆者
所採取的「以彼解此」，其實已涉及中國哲學研究方法論題中的兩項爭議：一
方面是「存有論詮釋學」與「方法論詮釋學」之間的詮釋理論分歧；另一方
面則是「以中釋中」與「以西釋中」之間的研究立場衝突。〔註3〕

　　從「存有論詮釋學」與「方法論詮釋學」之間的理論分歧來看，大致而
言，前者認為「六經注我」是詮釋者解讀文本的最高境界，此論點預設著人
是存有意義的開顯者，因此對於體道的詮釋者來說，真正的「六經」內涵就
是「道」本身；而後者則認為「我注六經」才是恰當的文本解讀進路，此觀
點旨在追求客觀普遍的「六經」原義，因此其主張詮釋者的主觀因素應盡可
能排除在文本解讀之外。換言之，前者接受前理解對於文本詮釋的影響，亦
即接納「以彼解此」的研究進路，因而在詮釋結果上，展現地較為主觀而多
元；至於後者則反對前理解在文本詮釋中的合理性，進而強調「以此解此」
的嚴格態度，以至於在詮釋結果層面，相對表現為客觀與一致。

　　然而，筆者認為此二者之衝突，在「道」──此一超主客的視域下，仍
具有融合的可能。對於本論文所欲探究的《莊子》體道工夫來說，既然《莊
子》文本的原義即是「道」，那麼無論採取「我注六經」（以此解此）或是「六
經注我」（以彼解此）的進路，其詮釋結果理應都是「道」的展現！我們可以
設想，當某詮釋者謹守「以此解此」的嚴格態度來解讀《莊子》文本，事實
上，此一詮解過程亦即是其對於體道工夫的具體實踐，如此一來，其最終所
獲致的《莊子》原義，其實與透過「以彼解此」進路下的體道詮釋，未必衝
突，而同為「道」之呈現。

　　另一方面，檢視「以中釋中」與「以西釋中」之間的立場衝突，一般而
言，前者認為中西文化之間，在思維模式層面，具有根本歧異，因此反對以
西方哲學概念來詮釋中國哲學思想；至於後者則認為中西不同哲學思想概念
之間，在當代仍然處於動態交流的發展狀態，因此贊同以跨文化形式，來進

〔註2〕請參考傅偉勳：《學問的生命與生命的學問》，頁240～245。「承先啟後的創造
　　　詮釋學」此一小節中的闡述。
〔註3〕針對此兩項爭議，劉笑敢先生已進行了相當全面的考察，請參考劉笑敢：《詮
　　　釋與定向──中國哲學研究方法之探究》（北京：商務印書館，2009年3月初
　　　版），頁1～128。

行概念詮釋研究。那麼對應於本論文的「以彼解此」──以「集體潛意識理論」與「冥契主義」來詮釋「《莊子》文本」，似乎傾向於「以西釋中」的研究模式？

然而，筆者認為除非我們否定前人對於集體潛意識與冥契主義的相關研究，否則我們必須承認集體潛意識與冥契體驗是跨越地域與文化的！亦即是說雖然「集體潛意識」與「冥契主義」二詞，語出西方學者，然其所欲探究的具體對象卻是超越文化差異因素的全體人類，因此本論文的「以彼解此」，或許並不全然屬於「以西釋中」的研究進路──劉笑敢先生所謂的「反向格義」〔註4〕或者林安梧先生所謂的「逆格義」〔註5〕，而是一種以問題為其導向的當代詮釋研究。

事實上，本研究議題已涉及了從實謂以至創謂的幾個不同階段的研究工作，同時更跨越了幾個不同學門之間的研究領域，然而本論文所具體承接的研究任務也僅是其中的某些環節。具體而言，本論文試圖融入宗教與心理分析領域的相關研究，而在當謂與創謂的階段，進行「以彼解此」式的《莊子》研究。換言之，本論文之研究，大抵已超越實謂與意謂階段的《莊子》文本解讀工作，並在前人相關研究成果的基礎上，整合了《莊子》冥契主義思想的蘊謂內涵，而後再從問題導向出發，試圖探討《莊子》體道工夫對於當代人們生命的具體實踐意義。

據此因素，筆者傾向應盡可能尊重與包容不同學術領域以及同一學術領域中各種階段的研究成果，並且嘗試接受與採納這些相關學術成果於自身的研究之中，如此方能在當代學術分工的現實框架下，開展更全面與深入的研究場域。此外，這樣的努力，亦有機會以轉化「以此解此」與「以彼解此」之間的複雜張力，而使之成為學術研究歷程中的有效動力。

貳、基於當代處境姿態的自我檢視，「分析研究」亦將成為東方傳統堅信「直觀體悟」之外的一種深入形上體驗的恰當進路。

筆者認為要尋找或者建構一條適當的研究進路，不單單需要考慮研究對

〔註4〕請參考劉笑敢：《詮釋與定向──中國哲學研究方法之探究》，頁102。
〔註5〕請參考林安梧：〈中西哲學會通之「格義」與「逆格義」方法論的探討──以牟宗三先生的康德學與中國哲學研究為例〉，《淡江中文學報》第15期（2006年12月），頁96～99。

象的特質，也該同時考量研究者自身的處境姿態〔註6〕，如此方能爲研究者自
身的獨特起點，打造一條通往其研究目的地的恰當道路。引起此觀點的動機
源自於榮格的研究態度，具體而言，其一心企圖引導歐洲人向東方思想（例
如瑜珈工夫）學習，然而卻不斷提醒他們自己所身處的思維處境，並不利於
直接全盤吸取東方智慧的養分：

> 東洋的經典此處所觸及的心靈意象，歐洲人如要理解，極端困難。
> 在歐洲人看來，外界的表象一旦廢除，與外界事物關聯的心靈一旦
> 成爲眞空，那麼，他立即會陷入主觀的幻想狀態中。……總而言之，
> 原則上我反對歐洲人毫無批判地採用瑜珈的修行方法，因爲我非常
> 了解：歐洲人有逃避他們黑暗的一隅之傾向。由此出發，當然一切
> 都會變得毫無意義、毫無價值。〔註7〕

如同本論文前一章最後一節所提到的，榮格認爲他們西方所身處的思維模式
屬於外向型，因而與東方內向型的思維模式根本不同，例如針對「心靈」這
個觀念，榮格指出「東方所用的『心靈』這個語彙，帶有形上學的涵義，而
我們西方從中世紀以來，心靈的概念早已失去此種內涵，它目前只指涉一種
『心理的功能』。」〔註8〕面對此困境，榮格並不主張應該立即改變他們自身
的思維模式以貼合東方的內向型，因爲據集體潛意識的理論而言，人們所積
累的思維模式已深深烙印在同一文化族群的集體潛意識當中，因此西方人是
無法直接跳過外向型思維的潛意識引導而立即轉入內向型，在這樣的處境姿
態下，榮格寧可希望西方人暫且放下對於東方瑜珈工夫的一昧學習，轉而嘗
試透過他們歐洲獨特觀點下所發展出的精神醫療心理學——以探索人類集體
潛意識爲目標的心理學研究〔註9〕，藉此來學習東方思想的智慧。

　　換言之，榮格即使深知西方科學思維已帶來種種阻礙，卻仍舊放棄東方
傳統的形上學思路，而堅持採取他們的科學性視角，關於此點可見於其對於
「悟」體驗的禪學研究：

〔註6〕 筆者認爲研究者的「前理解」，是促使其自身在研究進行中，採取某種特定詮
　　　　釋向度與力度的主要因素，此即構成所謂的「處境姿態」。換言之，「處境姿
　　　　態」既是研究者進行詮釋研究的一種實然限制，也同時是一種得以憑藉而立
　　　　論的詮釋優勢。
〔註7〕 引自榮格著，楊儒賓譯：《東洋冥想的心理學——從易經到禪》，頁195～196。
〔註8〕 引自榮格著，楊儒賓譯：《東洋冥想的心理學——從易經到禪》，頁93。
〔註9〕 關於精神醫療心理學的相關說明，請參考榮格著，楊儒賓譯：《東洋冥想的心
　　　　理學——從易經到禪》，頁166～167；頁197。

由於科學的陳述需小心謹慎，因此我並不想採取形而上學的途徑，而只想處理可經驗到的意識轉變之事實。首先，我將悟視為心理學的問題。任何人如不能同意此一觀點的話，所有的「解釋」勢必含糊空洞，了不可解。結果，他也就無法在這些抽象的敘述，與所陳述的事實間，搭起一座橋樑，換言之，他也就無從了解為什麼盛開的月桂花香、或搔捻鼻子，居然會促使意識激烈轉變。〔註10〕

基於處境姿態的考量，榮格將「悟」視為一種意識轉變歷程的心靈事實，並將其至於嚴格的科學範圍中來理解與研究，這對於身處西方集體潛意識引導下的歐洲人而言，大抵是一條向東方智慧取經的理想進路。

那麼，對照於身處當代東方思維模式的我們，又該如何從自身的處境姿態出發呢？也許筆者不該武斷地界定臺灣當代《莊子》體道工夫研究者的普遍思維處境，然若僅從筆者個人的處境姿態來檢視，卻又不得不承認有一群與筆者情況相似的研究者，我們身處的處境姿態可說十分弔詭！具體而言，我們的生活、信仰與文化仍深受內向型思維模式所引導，坦白地說，便是我們仍深信天人合一的真實性，此亦即東方傳統形上學思路的集體潛意識展現，然而另一方面，我們從小到大的思維訓練卻又深受西方外向型的思路所主導，所以此種強調理性探究的認知性思維亦同時存在於我們這個世代的潛意識當中，然而認知性的探究思維使我們開始善於審慎地提出懷疑與分析，據此因素，我們的處境姿態一直深陷於此種既內向又外向的尷尬張力中，亦即我們既深信天人合一的真實卻又必須懷疑與分析這個整全的實在！更進一步來說，我們不再像傳統的東方哲人善於體知天地，因而得以單純透過形上學的直觀思路與境界語彙便能企及與傳達《莊子》的「道」，我們的當代處境迫使研究者必須對於「道」，有更多認知性的懷疑與分析。

儘管如此，筆者並不認為這是一種阻礙或者退步，反倒肯認這是當代臺灣學者探究《莊子》思想（甚至是其他同樣強調天人合一的東方思想）的絕佳優勢！因為我們既不像上述榮格所觀察的西方學者一般，如此缺乏對於天人合一的潛意識慧根，且又吸取了西方認知性思維的長處而得以更細緻地認識大道與論述真理，就如同榮格所言：「知識論是最近才從人類的兒童期——也就是從心靈所創造的人物遍布於形上的天堂與地獄間的世界——踏出的一步。」〔註11〕亦即是說，假如沒有發展認知性的科學思維，人們雖然能繼續

〔註10〕引自榮格著，楊儒賓譯：《東洋冥想的心理學——從易經到禪》，頁155。

〔註11〕引自榮格著，楊儒賓譯：《東洋冥想的心理學——從易經到禪》，頁95。

存活於混沌未分的大道樂園，卻也只能永遠停滯於兒童期的純眞與愚昧狀態。〔註12〕

　　因此，筆者認爲立身於我們當代的特殊處境姿態，研究者有利於促使《莊子》研究走出傳統純形上語彙的探討，進而在科際整合與多元領域的共同合作下，嘗試爲《莊子》體道工夫開創一種具體可行的實踐理論。從另一個側面來說，當代已有許多不同領域的研究者們不斷地嘗試證明與探究冥契體驗的眞實性內涵，而身爲人文領域研究者的我們，如果仍對於他們的研究不置一顧或者敬而遠之，這不僅十分可惜，甚至可說是荒唐與愚昧的！因爲據其研究成果，體道者的冥契體驗已不再僅是一種形上學的預設或者宗教性的言說，它就是一種存在事實，以榮格的話語來說，它就是一種意識昇華轉化的心靈事實，值得我們重新投入懷疑與分析的眼光去予以檢視。因此本論文嘗試透過榮格集體潛意識的研究視角，用以重新探索《莊子》冥契主義的思想內涵，並藉此提出一種具體可行的《莊子》體道工夫實踐方法。

參、在「是什麼」與「有什麼」的探究之上，進一步透過「爲什麼」與「如何」的追問以深入創作者的冥契心靈及其所隱含的實踐原理。

　　關於此點，大抵也在本論文第一章第四節中有過討論，具體來說，本論文不再僅是探討「《莊子》對於語言策略的主張是什麼？」的問題，而是試圖進一步探究「《莊子》爲什麼要採取這樣的語言策略？」的動機考察問題；除此之外，本論文也不僅想探討「《莊子》體道工夫的實踐原則及其方法進程爲何？」以及「所達致的境界內涵是什麼？」的問題，更進一步想追問的是關於「《莊子》體道工夫如何又爲什麼得以達致其理想境界？」以及「《莊子》爲什麼要闡述這樣的體道工夫？」此層面的問題探究。從林安梧先生的「人

〔註12〕也許有人會主張認知性的懷疑與分析，將會阻礙我們對於「道」之整全性的體認，此亦即「主客對立」與「主客合一」在方法進路中的根本衝突！然而筆者認爲人的心靈活動狀態卻並非如此簡單而純粹，而是同時交錯運行著此兩種模式，舉例來說，雖然懷疑與分析的研究行爲是一種主客對立式的心靈活動，然而藉由研究所獲得的各種成果，也讓我們掌握了關於「道」的知識內涵，而愈加深入與全面地認識「道」，事實上也就愈加強化了體認整全之「道」的能量與契機。換言之，此兩種心靈模式非但並不衝突，反倒具有相輔相成的可能。

文詮釋學」來說，此之研究策略，亦即是從「言」、「構」，返溯「象」、「意」、「道」的一種努力。〔註13〕

　　本小節的任務旨在探討「『為什麼』與『如何』的追問」在研究方法上的價值與意義，同時也將進一步縮合「客觀研究性視角」與「主體生命的探求」之間的表面衝突。為了突顯此議題的核心，在此也許得以透過榮格對於《觀無量壽經》的研究模式來說明，《觀無量壽經》是佛教淨土宗的核心經典之一，其中記載了由淺入深的十六種觀想念佛的實踐方式，包含初階對於日落與流水的觀想以至終境對於西方聖佛接引眾生的觀想，如果藉用榮格的話來說，此套觀想所要傳達的即是一種藉由冥想活動以達成意識昇華轉化的訓練模式，值得關注的是榮格不僅嘗試分析各個冥想階段的內涵意義，其更進一步探討經文作者為何要制定此十六種觀想內容的背後用意，以及依序完成此十六種觀想為何真的能夠成功轉化自我意識的理論依據。

　　舉例而言，針對觀想內容的前三項，依序為太陽、流水、冰三者，榮格即提出如下見解：

> 這種冥想是對太陽的形狀、性質以及意義的一種反照，一種「清明顯現」，甚至可以說是一種「活生生的再現」。〔註14〕

> 下一步的觀想是水觀，水觀並非建立在感官印象上，而是藉著能動性之想像方法，冥想出反光的水之意象。然而，依據經驗，我們知道水面很容易完全反射陽光。因此，不得不將水觀想成「閃耀而透明」的冰。經過這套程序，太陽意象中非物質性的亮光一變而為水之物質形象，再變而為固體之冰之形狀。此種訓練的目的，明顯的是要使幻象具體化，讓它有血有肉，得以成形。讓它在我們熟稔的物質世界中，也可以佔據一席之地。換言之，我們可以從心靈之素材中，創造出另外的一種實在。〔註15〕

榮格認為從太陽的觀想轉為流水的觀想，乃是為了使觀想者的意識，從現實感官經驗所給予的再現當中，轉為探索自我潛意識意象的一種主動性想像，換言之，太陽西落是真實具體的感官印象；而水之流動則是由潛意識中所升

〔註13〕 關於林先生對於「道」、「意」、「象」、「構」、「言」的詮釋理論建構，請參考林安梧：《中國人文詮釋學》（臺北：臺灣學生書局，2009年10月初版）第六章，頁133～161。

〔註14〕 引自榮格著，楊儒賓譯：《東洋冥想的心理學──從易經到禪》，頁187。

〔註15〕 引自榮格著，楊儒賓譯：《東洋冥想的心理學──從易經到禪》，頁187～188。

起的想像之意象。至此，當觀想者的潛意識被引導而升起，那麼由流水的觀想轉為固態之冰的觀想，其目的則在於使觀想者潛意識中的意象，得以更加具體化與真實化，進而藉此引領觀想者構築其潛意識心靈中的實在世界。通過上述的討論，即可發覺榮格考察經文作者創作意圖之用心，雖然此考察未必真的能完全切中作者的真實意圖，不可隱諱的，甚至還可能造成過度主觀的理解與詮釋，然而此研究進路卻有別於純粹對於冥想內容的解析，進而展現出一種嘗試與作者心靈主動溝通的研究取向。

　　至於，有關意識轉化的理論詮釋，榮格則試圖透過集體潛意識理論，來進行說明：

> 冥想太陽與水，一定要和心理觀念上的相關意義連接起來，冥想者因此得從眼前可見的現象，轉向現象背後的精神邁進，亦即冥想者逐漸轉移到內在的心靈領域上來。此時，太陽與水的物質性、對象性已被剝奪掉，它們所象徵的，反而是心靈的內容，亦即象徵每個人靈魂之中的生之源泉。我們的意識其實並不是我們自家的產物，而是從連我們都不知的深處湧現上來的。意識從孩童開始，即逐漸覺醒，而且終其一生，每朝都從無意識狀態的深眠中生起。意識如同孩兒，它從無意識的原始母胎中，日益成長。我們如果嚴密考察意識的過程的話，可以發現它不僅受到無意識的影響，而且還以無可計量的、自生自發的觀念，以及靈光乍閃的思緒，從無意識中不斷生起。冥思陽光與水的意義，就如同深深潛入靈魂的源頭，亦即潛入無意識本身。〔註16〕

簡要而言，其認為此十六個歷程階段的冥想訓練，旨在引導冥想者超越習以為常的外在感官世界，進而轉向對於自我內在心靈世界的深層探索，並且必須力行不斷直至集體潛意識由心靈深處一躍而出，至此當下的冥想者，方能體驗到自身即是佛陀——亦即至高無上的唯一存在意識，據此體現，關於客體現象世界的諸種思慮與煩惱已被泯除，同時自我意識終將契入和諧交融的一體意識中而獲致昇華轉化。總之，榮格主張集體潛意識的存在及其體現，即是冥想者自我意識得以昇華轉化的理論依據。對照於上述關於經文作者創作意圖的考察，此處藉由集體潛意識所開展的後設理論詮釋，同樣十分具有過度詮釋的研究風險，然而榮格這樣的研究進路，卻能讓人們不單單認識此

〔註16〕引自榮格著，楊儒賓譯：《東洋冥想的心理學——從易經到禪》，頁193～194。

冥想訓練的內容，更能進一步理解此訓練之所以能夠達成目標的根本理據及其轉化歷程，如此方能為學習者開啟更多得以具體投入實踐的可行性。

　　整合而言，無論是對於經文作者創作意圖的考察，抑或是針對冥想工夫的後設理論詮釋，榮格此處採取「為什麼」與「如何」的探究模式都透顯出一種積極的研究企圖，亦即試圖從自身的心靈出發而去主動體認創作者的心靈內涵，進而嘗試指出創作者未曾直接具體言明的種種後設理論向度。因此，其在研究方法層面所透顯出的價值與意義，即在於研究者與研究對象之間展開了直接交流彼此心靈的研究契機！如果說由集體潛意識所升起的冥契體驗即是一種對於宇宙心靈的體認，那麼無論是上述榮格所探討的《觀無量壽經》冥想工夫，還是本論文所欲探究的《莊子》體道工夫，事實上，它們的創作者同樣皆企圖透過其書寫創作而將自身對於宇宙心靈的體驗傳達給閱讀者們，據此因素，如果研究者僅一昧探討其書寫內容說了什麼？（僅探問結果）而非進一步嘗試探究其為什麼如此說？（探問動機）且又如何能如此說？（探問過程）那麼大致僅能獲得有關工夫實踐的客體知識，而難以獲取創作者所欲分享的那份主體心靈！換言之，筆者認為唯有透過「為什麼」與「如何」的進一步追問，研究者方能真正有效地深入與揭發冥契經典文本當中所隱含的那份冥契心靈。此外，從另一個角度來說，「如何」與「為什麼」的追問，也並非僅是為了探究體道實踐如何得以功成的各種方法進程及其為何能夠功成的各種原因，而是企圖進一步後設分析檢視其中所蘊含的總體實踐原理。

　　然而有趣的是前一個原則提到要以理性而客觀的認知性視角來進行研究，在此又卻主張透過「『為什麼』與『如何』的追問」來感受創作者主觀的心靈體驗。乍看之下，既強調主觀感受又要求客觀理性，此二者似乎相當衝突且弔詭！但此中有兩個關鍵點需要釐清：首先，據史泰司的研究，冥契體驗乃是既非純粹主觀亦非純粹客觀的「超主觀」經驗，因為每一位冥契者所體驗到的「一」之統體，都是相同的實在，換言之，它既是冥契者的主觀體驗，同時也是所有冥契者共同體驗的客觀存在。〔註17〕再者，「『為什麼』與『如何』的追問」雖然是為了感受創作者主觀心靈而採取的一種研究策略，然而就「為什麼」與「如何」的提問本身，其本質上亦是出自於客觀理性探究的思維模式。總而言之，筆者認為要探究《莊子》體道工夫這樣的冥契思

〔註17〕關於此點，請參考史泰司著，楊儒賓譯：《冥契主義與哲學》，頁 173～276。此為第四章〈客觀指涉的問題〉，其中即以此議題為主要探討對象。

想，「主觀感受」與「客觀理性」二者皆缺一不可，而且當研究者開啓「『爲什麼』與『如何』的追問」，此提問方式也正是透過「客觀理性」而試圖主動感受創作者「超主觀的冥契心靈」的一種融合進路。更進一步來說，本論文以探索主體生命意義感爲主要研究動機，因而在強調心靈感受的前提下，將同時採取認知理性的思維模式來進行研究，筆者認爲此融合式的研究進路非但並不衝突，反倒是一種更加合理而恰當的研究途徑！

肆、既然傳遞冥契心靈是傳統東方哲人的創作企圖之一，那麼研究者個人對於工夫實踐的體驗感受也當值得直接展現在其學術成果當中。

暫且借用榮格分析東西方思維差異的學術用語，在還沒有西方外向性思維介入的早期東方，許多偉大的工夫思想著作，其偉大之處往往與其傳承了冥契體驗的體道智慧有關，儘管其書寫表達方式以當代受到外向型思維影響，因而強調客觀性與系統性的學術型態來看，其大抵既不客觀也不具系統，然而我們卻大多能在其充滿文學性的話語當中，感受到創作者對於道的心靈體驗。

換言之，對比於當代學術研究所要求的表達模式，早期東方哲人採取以傳達自身體驗爲主的書寫模式，反而更有利於讀者學習體道智慧！先前在本論文第一章第二節中，也已指出當代學術研究所要求的表達方式，極可能會忽略或者壓抑了研究者個人對於體道實踐的眞實感受，亦即是說研究者個人的主觀體驗，必須先歷經知識化與理論化的轉換，如此方能在研究成果中，顯現其客觀性與系統性，然而這樣強調客觀系統性的表達模式，卻容易使得原本充滿情感渲染力的體道感受，完全轉變爲注重理性與冷靜的客觀知識！

儘管如此，筆者認爲將關於體道實踐的工夫體驗予以理論化與知識化仍極爲重要，因爲其確實能對於學習體道者提供知識性的協助，但關鍵之處在於當體道感受全然被客觀知識化，其原本所富含的情感渲染力將因客觀知識的對象化作用而消失殆盡！那麼原本可貴的體道感受，將因此無法有效地傳達給研究成果的閱讀者。

在前一個原則中，提到冥契經典的創作者們，大多期望透過其書寫創作而將自身的冥契體驗傳達給閱讀者，因此身爲冥契經典的研究者，理應承接此傳承體驗的核心任務，一方面應勇於嘗試體驗感受那份冥契心靈，另一方

面則應同時藉著自身體驗感受的情感渲染力而試圖將此心靈內涵傳達給研究成果的閱讀者，如此方能符合研究冥契經典的根本初衷。

那麼據此考量，無論研究者自身工夫體驗的深刻與否，其個人對於工夫實踐的體驗感受，理應都值得直接展現在其學術成果當中，就如同冀劍制先生在考察論證與體證的差異與互補之餘，所指出的：

> 我認為針對儒、道、佛哲學的發展來說，也必須加強體證的部分，把實踐過程以及所體會的部分當作是學術論文的一個重要部分。無論是成功與失敗的實踐過程都是有參考價值的，就當作像是各種心理學的實驗一般。這是當今西化後的學術發展較疏忽的一個部分。〔註18〕

筆者認為對於當代研究東方冥契思想的人文領域學者而言，這個觀點十分具有指標性意義，它標誌著人文學者在研究方法上的一種反省與自覺——亦即我們期望在當代要求客觀系統性的研究原則中，喚回傳統東方哲人企圖傳遞冥契心靈的那種表達智慧。

更具體地說，當代人文學者並無須徹底放棄客觀系統性的研究思維與表達方式，因為它仍為冥契知識的精緻度，帶來不可抹滅的學術貢獻，有待調整的僅是研究者應當在其研究成果的呈現中，大膽而直接地融入個人具體實踐工夫的真實體驗，如此方能重新釋放冥契經典創作者、冥契經典研究者以至於研究成果閱讀者三者內心中，本應流動無礙的冥契心靈感受。

伍、針對上述四項核心原則進行總結。

統整而言，第一個原則旨在肯認藉由特定理論（冥契主義與集體潛意識理論）視角進行工夫思想研究的價值與意義；第二個原則則論證了透過認知理性思維來探討冥契心靈事實的必要性；第三個原則則進一步指出「『為什麼』與『如何』的追問」正是透過認知理性而試圖感受冥契心靈的一種研究進路；第四個原則則更具體地主張研究者個人實踐工夫的體驗感受理應直接呈現於研究成果當中。以上四項核心原則，大致是從較外圍的研究關懷與考量，論及到較具體的研究立場與策略，當中有許多觀點的提出，皆來自於冥契主義研究方法態度的啓發，其所呈顯的內涵，亦即是一種對於體道工夫研

〔註18〕引自冀劍制：〈體證與論證的混淆：一個儒、道、佛哲學的難題〉，《鵝湖月刊》第38卷第3期（2012年9月），頁15。

究方法的後設批判與反省。本章稍後所試圖重新建構的《莊子》體道工夫研究方法，亦將以此四項核心原則做爲根本依據，由此所重構出的新研究方法，將蘊含筆者個人對於《莊子》體道工夫研究的深層動機與關懷。

第二節　針對冥契語言的研究策略與冥契現象的理論詮釋

本節的任務旨在探討冥契主義研究者面對冥契語言所採取的研究策略，以及針對冥契體驗本身所提出的理論詮釋。在此之前，宜先對於幾個探討對象進行更準確地範圍界定：首先，關於冥契語言，其原本是指冥契者對其冥契經驗的相關陳述，然而對於研究冥契文獻的研究者而言，並沒有一個活生生的冥契者與其對話而供其研究，如同本論文所欲探究的《莊子》體道工夫亦是如此，所以在此情況下，冥契語言將被擴大解釋爲冥契文獻中所有相關的語言文字，據此因素，本節所指涉的冥契語言，將在此較廣義的界定下進行討論。

再者，關於冥契理論，其意指冥契主義研究者對於冥契體驗之昇華轉化現象所提出的理論解釋，用以說明人之意識如何得以昇華轉化的原理依據與方法進程，然而在本論文第二章第一節已提及當代冥契主義研究領域的多元發展，其跨學門的科際整合研究已非筆者個人的專業領域得以完全掌握，因此本節所欲探討的冥契理論，大抵將延續先前已不斷提及而同時也是當代心靈研究學會所極度重視的榮格心理學爲主，此外，也將涉及史泰司、威廉‧詹姆斯以及杜普瑞等人的相關研究，以藉此呈顯冥契主義研究者對於冥契體驗的理論詮釋。

最後，針對前者，再予以補充，雖然當代冥契主義研究，早已超越人文領域的範疇，然而要邁向跨領域的科際整合研究，仍不得不倚賴於上述所謂「從領域認同走向學術分工」的研究態度，因此筆者期望本論文能從哲學與心理學的研究領域出發，進而尋求與其他領域的冥契主義研究者，開啓對話與合作的契機！更精確地說，榮格代表分析心理學的學術領域、史泰司則擅長邏輯推論與分析哲學的研究進路、威廉‧詹姆斯則屬於實用主義心理學家、杜普瑞則身爲宗教現象學著名學者，以上四位雖然大抵仍被劃歸爲哲學家或心理學家，然而他們的研究本身，卻具有超越傳統人文領域而迎向科際整合的學術潛力，頗富當代冥契主義在人文領域研究中的啓發意義。

　　事實上，冥契者言說冥契語言的動機、策略與方式，將主導冥契主義研究者面對冥契語言的研究方法，而冥契主義研究者研究冥契語言的方式與策略，也將間接影響其對於冥契理論的詮釋與建構。筆者認為本節對於冥契主義研究者如何探究冥契語言的相關討論，將有助於《莊子》體道工夫研究者重新調整面對《莊子》文本語言時的研究策略；至於冥契主義研究者對於冥契理論的詮釋與建構，則有助於《莊子》研究者針對其體道工夫思想進行理論的補足與重構。以下將針對此二者展開討論：

壹、冥契主義研究者面對冥契語言的研究策略

　　在談論這個議題之前，可以先提及賴錫三先生針對《老》、《莊》語言型態的一篇研究論文〈從《老子》的道體隱喻到《莊子》的體道敘事——由本雅明的說書人詮釋莊周的寓言藝術〉〔註 19〕，賴先生在此篇文章中指出《莊子》對於《老子》的文本語言特質多有承啓，進而開展出以下四種不同的語言運用型態：

> 整體看來，《莊子》同時包含多重向度的語言運用，其中至少有四個層面：（一）超越語言的絕對沈默之強調，（二）詩性隱喻的象徵語言之妙用，（三）敘事性的情境語言之講述，（四）正言若反的詭辭語言之辯證。〔註20〕

簡要而言，亦即沉默、隱喻、敘事、詭辭四種語言型態，而冥契主義研究者同樣對此四種冥契者經常運用的言說策略，予以關注，更值得一提的是冥契主義研究者不僅企圖指出此四種冥契語言型態的特質，同時更進一步試圖探究冥契者為什麼會採取此四種言說策略的動機與過程，例如針對「沉默」，史泰司主張：

> 在體驗「當中」，冥契經驗完全無法概念化，因此，也就無法言說，此事「必然」如此。因為渾然一體「之中」沒有個別之物可供概念化，因此，你不可能有一絲一毫的概念。只有在雜多之中，或在對偶之中，才有概念可言。雜多之中，類似物可分門別類，並與其他

〔註19〕賴錫三：〈從《老子》的道體隱喻到《莊子》的體道敘事——由本雅明的說書人詮釋莊周的寓言藝術〉，《當代新道家——多音複調與視域融合》，頁 337～393。

〔註20〕引自賴錫三：〈從《老子》的道體隱喻到《莊子》的體道敘事——由本雅明的說書人詮釋莊周的寓言藝術〉，頁 338。

> 類別區隔開來。之後，我們即有了概念，接著來的即是語言。在渾
> 然一體之中時，沒有雜多，因此，也就沒有類別、沒有概念、沒有
> 語言。比如說，「在（體驗）當時」，我們不可能將它歸類，然後說
> 它「渾然一體」。因爲這樣的分類已將「渾然一體」和「分殊化」區
> 別開來。我們也不可能說它是「統體」或「一」，因爲說「一」、說
> 「統體」，乃意味著它可以和雜多區隔開來。〔註21〕

當然對於史泰司這位分析哲學家而言，其所謂的語言，必然是指向得以具體
指涉某對象的概念語言，其或許並不認可有種先於概念存在的原初語言型
態，因此其斷定冥契體驗的當下，必然只能沉默以對！然而在此並不需要仔
細探究其論斷是否絕對恰當，因爲在此所要顯示的，僅是冥契主義研究者對
於冥契語言之「沉默」型態的研究策略，而顯然的，他們擅長透過「爲什麼」
與「如何」的探問，來深入研究對象的研究方式，同樣在此議題中有所表現。

再者，針對「隱喻」或者「象徵」這種強調詩意性的冥契語言型態，杜
普瑞則指出：

> 宗教語言可以稱爲最廣義的詩意語言，因爲它是隱喻的與符號的，
> 而非推論的。但是詩並非本身即屬宗教的。它的基本取向是照明經
> 驗世界，使它成爲透顯更深實在界之可見及可聞的形式。宗教語言
> 可以發展爲全幅的詩，正如某些聖典之所爲。但是它的主要目的與
> 其說是照明經驗，不如說是指涉一個超越經驗之物。〔註22〕

事實上，其所謂的「超越經驗之物」亦即指向冥契體驗中的至高者，那麼也
就是說爲了揭示與至高者結合的本體內涵，冥契者經常使用此類具有隱喻或
者象徵特質的詩性語言，來傳達其難以直接陳述的內在體會。如果參照榮格
有關「曼荼羅」的論述脈絡，則可發現其同樣認爲由集體潛意識所升起的訊
息感受，也大多需要透過「曼荼羅」——放射狀之圓形的象徵圖示——才能
被完整地傳達出來。〔註23〕至於有關此類語言型態爲何得以傳遞冥契意境的
根本原理，何建興先生在針對「不可說」悖論的解析探究中，嘗試提出如下
主張：

〔註21〕引自史泰司著，楊儒賓譯：《冥契主義與哲學》，頁410。
〔註22〕引自杜普瑞著，傅佩榮譯：《人的宗教向度》，頁238。此處所謂的「符號」，
　　　　其語意上可能更接近「象徵」。
〔註23〕關於此方面的詳細論述，請參考榮格著，楊儒賓譯：《東洋冥想的心理學——
　　　　從易經到禪》，頁197～201。

隱喻句引領聽者藉由隱喻意象「意致」隱喻意義裡不可改述的意義
部分，但是它最多只「說」了它的字面語義，或是隱喻意義裡那些
可改述的意義部分。隱喻的使用者其實是以指示乃至暗示的方式，
藉由生動的意象使聽者意會他所不能白描的事理。無怪乎宗教家喜
歡用比喻來傳達他所體會及的意境。〔註24〕

換言之，基於指示與暗示的語言增益作用，聽者方能獲取冥契者所欲傳達的
言外之意。當然，這個論點大抵仍是站在語言學範疇來立論，如果跨越到卡
西勒所謂文化符號學的思想脈絡，那麼此類語言型態之所以能夠傳遞冥契體
驗的關鍵原理，將不僅在於修辭隱喻的語義增益功能而已，而是立基於「基
本隱喻」的語言活動本身，亦即運作於原初世界整體交融的根本觀點。關於
此觀點的具體論述，已在先前本論文第二章第三節中，經由賴錫三先生〈老
莊的肉身之道與隱喻之道——神話・變形・冥契・隱喻〉一文的研究成果而
指出。

至於，有關「敘事」的冥契語言型態，賴錫三先生認為此表達模式乃《莊
子》進一步開展《老子》道體隱喻模式的關鍵之處：

《莊子》明確而自覺地將「道體」落實為「體道」的「經驗」，因
此，每有說道便幾乎都要建立在真人的身心情境上說之，此即為何
我們會一再看到《莊子》對道體的表述，幾乎都被轉化成「主人公」
式（即真人神人一類）的寓言公案（如南郭子綦與顏成子游的對
話），其中不再是客觀而抽象的道體表述，而是具體活現的說道者
和求道者之情境對話和身心氣象。換言之，道體不再被客觀抽象地
說，而是落實為經驗之體道：從求道到體道間的不斷轉化之身心故
事。〔註25〕

換言之，賴先生認為透過體道故事的敘事情節，有助於引導讀者深入其故事
中的情境脈絡，進而引領讀者體會更深刻的冥契感受。針對同樣的議題，杜
普瑞則透過符號學的象徵原理來闡述：

宗教表象由於尚未經歷整個客觀化過程，因此要比理性討論更適於
傳達主體的投入。當然，一切語言表達都有某種程度的客觀化。但

〔註24〕引自何建興：〈「不可說」的弔詭〉，《世界宗教學刊》2003年第2期（2003年
11月），頁95。

〔註25〕引自賴錫三：〈從《老子》的道體隱喻到《莊子》的體道敘事——由本雅明的
說書人詮釋莊周的寓言藝術〉，頁372～373。

是符號的表達要比純屬概念的表達更能保存說者的主觀狀態。誰都
知道：詩與小說要比論述語言更適於承載感受。爲此之故，宗教學
者不論在其他方面如何對立，一般都能同意：信仰語言是一種符號
語言。〔註26〕

事實上，這樣的論述脈絡也進一步統合了「隱喻」以及「敘事」兩種冥契語
言型態的運用模式，亦即是說冥契體驗的具體展現不僅化作爲某種象徵性的
隱喻符號，在此同時，爲了傳達此符號語言的象徵性內涵，也必須將其轉化
爲更加具體的敘事情節。杜普瑞更進一步指出「神話」的誕生，便是肇因於
此，所以其強調「神話是符號之語言，而且最初曾是唯一的語言。同時，符
號也是神話之注釋。」〔註27〕換言之，敘事情節乃是原始符號語言（亦可稱
爲「象徵語言」）「神話化」的重要成果，亦成爲冥契體驗得以傳遞與引發的
關鍵所在：

神話屬於宗教行動之核心部分。它的功能不在於「說明」（我們很可
能由它的解釋性格作這種推斷），而在於提供儀式行動之情節。舉例
來說，製造泰坦（Titans）吞下查格雷（Zagreus）這個神話，是爲
了說明狄奧尼修斯崇拜（Dionysianorgies）中的核心儀式：將一種具
有神聖力量的動物支解。它到後來才變成儀式中不可或缺的部分。
神話與儀式行動之間的緊密關聯早已受到學者的充分肯定。神話把
當下呈現在儀式行爲中的內涵引介給意識，由此催生反省的過程。
〔註28〕

神話引入新的意識階段：它使原先只是「生活的」，現在成爲反省的。
但是這種對內在生命之最初與最基本的自覺，並不是科學的，或哲
學的，或甚至今日所謂日常語言的反省。神話並未使事物完全客體
化。它仍然積極地分享生活的實在界，因此它的意義必須被感受，
而非被理性地了解。雖然它的形式是充分可知的，但是提供形式的
根柢卻深埋在潛意識的土壤中。〔註29〕

〔註26〕引自杜普瑞著，傅佩榮譯：《人的宗教向度》，頁226。杜普瑞在此所指的「符
　　　號」，其意義似乎更接近一般所謂的「象徵」，此與翻譯語彙有關。若將其翻
　　　譯爲「象徵」，譯者傅先生也是同意的，請參考前揭書，頁223。
〔註27〕引自杜普瑞著，傅佩榮譯：《人的宗教向度》，頁253。
〔註28〕引自杜普瑞著，傅佩榮譯：《人的宗教向度》，頁254。
〔註29〕引自杜普瑞著，傅佩榮譯：《人的宗教向度》，頁254〜255。

統合言之，關於敘事的冥契語言型態，可以從兩個相關的層面來說明：一方面，神話的敘事情節乃是針對冥契當下之原始符號語言（亦可稱爲「象徵語言」）的具體解譯；另一方面，由於神話性的敘事情節承載了冥契感受，因而得以引導學習者進入意識反省的昇華轉化活動。在此議題中，同樣可以發現冥契主義研究者關注的，仍是敘事語言型態在冥契行爲中的成因與作用。

最後，有關正言若反、自我矛盾、弔詭、悖論……等冥契語言的「詭辭」型態，杜普瑞認爲：

> 它與日常語句的關係主要是否定的；它動搖人們原先接受的實在界觀點，挑戰有限者的自滿自足，並質問其限度之確定限制。它也斷言它所揭露的新向度無法直接用語詞表示。這即是說，宗教語言是辯證地關聯於日常語言，做爲後者的否定與超越。〔註30〕

換言之，杜普瑞認爲冥契者運用詭辭的冥契語言型態，旨在引領學習者翻轉與超越日常語言中的思維及其觀點。另一方面，詭辭語言型態之所以大量存在於冥契文獻中，似乎也與冥契眞理的難以言喻，息息相關！因此威廉‧詹姆斯指出：

> 在密契主義文學中，我們會一直遇見這種自相矛盾的詞語，例如「炫目的無明」、「無聲的低語」、「擁擠的沙漠」。這證明了道出密契的眞理最好的媒介不是概念的語言，而是音樂。其實，許多密契主義的經典幾乎只是樂曲。〔註31〕

事實上，針對此議題，若同時參照上述史泰司對於「沉默」型態的考察，便很容易理解，也就是說，當冥契者想透過語言概念來陳述渾然一體的冥契體驗時，將必然遭遇語言概念有其相對性的限制而被阻礙，因此冥契者在此言說困境中，若不是陷入難以陳述的無言沉默，便是說出了許多看似自相矛盾的概念陳述，因爲所謂的「渾然一體」，既可說是此亦可說是彼，也可以說其是此同時又不是此。至於威廉‧詹姆斯在這裡所觀察到的透過音樂來彰顯冥契眞理的表達模式，亦可以視爲冥契者爲了超克此言說困境所發展出的另一種獨特向度。

那麼再進一步探問：詭辭的語言型態究竟能否眞正準確地陳述冥契體驗中的眞理感受？或者僅能將其視爲一種爲了轉化常人思維意識的暫時權說？

〔註30〕引自杜普瑞著，傅佩榮譯：《人的宗教向度》，頁221～222。
〔註31〕引自威廉‧詹姆斯著，蔡怡佳、劉宏信譯：《宗教經驗之種種》，頁495。

對此議題，史泰司認為：

> 冥契者被迫選用的語言是貨真價實的，它可以很正確的描述他的經驗，但是它是矛盾的。他為什麼運用語言時會感到尷尬，這才是根本原因。它所以尷尬，乃因在非冥契時刻裏，他和平常人沒有兩樣，都具有邏輯的心靈，他不可能一直住在「一」的悖論世界裏面，他大部分的時間還是活在時空的世界裏，時空世界正是邏輯律的轄區。他和其他人一樣，都感受到它們的強硬力量。當他從「一」的世界退回時，他希望用語言和其他人士溝通他所憶及的經驗。當語言從他嘴裏跳出來時，他嚇呆了，大惑不解，因為他發現他所講的自相矛盾。他告訴他自己：使用語言此事一定有些問題；他認為他的經驗是不可言說的！
>
> 他搞錯了，他發出的言辭誠然是種悖論，但悖論其實正確無誤地描述了他的體驗。語言所以是種悖論，乃因經驗本身即是悖論，因此，語言恰如其分地反映了經驗。〔註32〕

此段論述隱含三個重點：首先，史泰司強調冥契者的詭辭言說是對於冥契體驗的準確陳述，因為在詭辭陳述中，冥契者仍然正確使用「概念」來指涉冥契內涵，而僅是在其陳述中違背了所謂的「邏輯律」，然而冥契體驗本身即是超越邏輯律則的悖論性存在，因此詭辭的冥契語言型態正是透過自相矛盾的概念內涵來揭示其悖論性質的準確描述。再者，史泰司此番言論也可視為對於主張冥契體驗絕對無法透過概念語言來陳述的一種批判，其認為冥契者善用違反邏輯律的詭辭陳述，並不意味著契入冥契境界必須要放棄理智能力，對於理智的功能而言，其提出三個向度：「首先是區別功能（別異）；第二是概念的形成（合同），第三是實行這兩種功能的律則，亦即邏輯律。」〔註33〕而冥契者的詭辭陳述顯然仍是運用了理智功能的「別異」與「合同」，如此方能透過概念內涵來指出冥契體驗的悖論性質，換言之，冥契者的詭辭陳述僅說明了冥契體驗當下是超越邏輯律則的，而並非表示契入冥契境界必然與理智能力完全無關。〔註34〕最後，最為關鍵的是史泰司在此論述中，嘗試區分

〔註32〕以上兩段文字皆引自史泰司著，楊儒賓譯：《冥契主義與哲學》，頁 419。

〔註33〕引自史泰司著，楊儒賓譯：《冥契主義與哲學》，頁 418。

〔註34〕事實上，此第二個重點也與本論文第三章第一節中，「基於當代處境姿態的自我檢視，『分析研究』亦將成為東方傳統堅信『直觀體悟』之外的一種深入形上體驗的恰當進路。」的核心原則息息相關，因為認知理性的研究思路同樣

冥契者在其體驗活動中的兩種階段狀態：一種是冥契者在冥契體驗「之中」的情況；另一種則是冥契者離開冥契體驗「之後」的情況。當冥契者在其體驗「之中」時，如上述所言，冥契者自然難以言喻而近乎沉默；然而當冥契者已處於冥契體驗結束「之後」，其倘若回憶起先前的體驗，則便能透過理智能力運用概念，進而使用詭辭來陳述冥契體驗的悖論性。〔註35〕筆者認爲此區分所顯示的冥契語言研究策略，十分具有意義！因爲史泰司不僅探究了詭辭冥契語言型態的成因與作用，更進一步考量了冥契者在言說詭辭時的階段狀態，據此得以讓人們更加能夠理解詭辭陳述所能提供的冥契訊息。

　　討論至此，至少揭示了兩項冥契主義研究者在面對冥契語言時的研究策略：其一是透過冥契者言說冥契語言時的動機與過程之考察，而得以更深入其冥契言說的內涵；其二是在解讀冥契語言的意義時，必須考量冥契者所身處的冥契階段狀態。此二項研究策略事實上都彰顯了一種共同的研究關懷，亦即冥契主義研究者期望更深入探查冥契者的內在想法及其處境姿態，進而不僅要掌握其冥契言說的話語內涵，更要試圖體會其所經歷的心靈歷程。

　　除此兩項研究策略外，筆者認爲還有一個史泰司自覺地放入其全書討論的預設原則——嘗試區分「冥契經驗本身」以及「冥契者對其體驗的概念詮釋」二者〔註36〕，這個觀點亦可以發展成一項對於冥契語言的研究策略。雖然在本論文第二章第三節中，已指出此觀點有學者提出質疑，然而筆者也已對此有所回應。而更重要的是史泰司以下的這段論述：

> 我們當記住：冥契經驗的詮釋有好幾層，就像感官經驗的情況一樣。假如有人說：『我看到了紅色』，這是種低階的詮釋，因爲它僅用到簡單的分類概念。但物理學家的顏色波浪理論則是更個高階的詮釋。類比來講，假如冥契者說他體驗到『渾然未分之統體』，他是用分類語彙來報導或描述，這是種低階的詮釋，它太簡潔了，它就只是描述。假如冥契者說他體驗到『與世界造物主契合爲一』，這就是高階的詮釋了，因爲它包含更多理智的因素，而不僅是描述性的報導。它包含了世界起源的預設以及人格神的信仰。〔註37〕

屬於理智活動的運作。

〔註35〕關於史泰司區分此兩種階段狀態的詳細論述，請參考史泰司著，楊儒賓譯：《冥契主義與哲學》，頁409～411。

〔註36〕關於史泰司對此討論預設的完整論述，請參考史泰司著，楊儒賓譯：《冥契主義與哲學》，頁26～33。

〔註37〕引自史泰司著，楊儒賓譯：《冥契主義與哲學》，頁33。

換言之，可以將冥契體驗的事實本身到冥契者對其體驗的概念詮釋之間，進一步開展成三種程度性的光譜式分析：第一種程度是冥契體驗的經驗事實本身；第二種程度是冥契者僅藉由簡單概念而對於其體驗的事實描述（也可以稱爲低階詮釋）；第三種程度則是冥契者透過較複雜的概念或者理論而對於其體驗的高階詮釋。〔註 38〕此分析得以提醒研究者在面對冥契語言時，必須考量冥契者究竟運用了什麼程度的概念描述或者詮釋！一般來說，「描述」會比「詮釋」更接近冥契體驗的事實本身，因爲「事實描述」所通過的概念型態較爲單純，因而得以更直接而純粹地呈現經驗事實的原貌。然而當冥契者使用了高階詮釋，也值得思考冥契者爲何要使用其所選擇的概念理論來呈現其體驗內涵，亦即是說冥契者也可能認爲其所運用的高階詮釋更有利於其自身冥契體驗的說明。除此之外，也有學者認爲即使在冥契體驗的經驗當下，冥契者未必絕對沉默，而亦有其言說表達的可能，心理學研究所承認的「自動作用」即與此密切相關，威廉・詹姆斯指出：

> 程度特別高的邊緣外生活（ultra-marginal life），造成的最重要結果就是這個人的意識場容易有本人不知來源的、從邊緣外生活來的作用侵入，並且由於如此，這些作用看起來就像是來歷不明的衝動或抑制、無法解釋的強迫性想法，或是幻象、幻聽。這些衝動可能會表現爲自動的語言或寫作，其中的意義本人在表達時也不了解；這一類的現象無論是感覺的或運動的、情緒的或智能的，邁爾斯先生稱之爲自動作用（automatism），是由於心智下意識部分的能量上衝到一般意識之中的結果。〔註 39〕

因此，從冥契體驗的「經驗本身」、「事實描述」到「概念詮釋」的三種程度情況，事實上都有冥契語言產出的可能，以至於研究者在面對冥契語言時，當考量此程度性的差異，如此方能更準確地掌握冥契言說所傳遞的內涵。

　　那麼總結來說，冥契主義研究者對於冥契語言的研究策略至少可以開展出以下彼此相關的三項指導性原則：其一是應該考察冥契者言說冥契語言時

〔註38〕 所謂「光譜式分析」是指立基於理論層面上的程度性區分，而並非是針對於實際對象的具體類型切割。換言之，儘管研究者無法明確斷定某事實情況所必然歸屬的程度類型，然而當研究者參考此理論區分，仍可大致評判不同的事實樣貌所涉及的程度差異情況。

〔註39〕 引自威廉・詹姆斯著，蔡怡佳、劉宏信譯：《宗教經驗之種種》，頁 284。事實上，在本論文第二章第三節中所提及賴錫三先生與蘇何誠先生的研究，大致也認同體道者在體道冥契狀態下，仍有其言說的可能。

的動機與過程；其二是應該考量冥契語言是在哪個冥契體驗階段中所產出；其三是應該檢視冥契者是否透過什麼程度的概念或理論來陳述其冥契語言。此三項研究策略皆足以做爲一種方法參照，而有助於研究者稍後重新調整面對《莊子》文本語言的研究策略。

貳、冥契主義研究者對於冥契者意識昇華轉化現象的理論詮釋

此處主要將透過榮格「集體潛意識」的相關論述，用以說明冥契主義研究者針對冥契者意識爲何得以昇華轉化且又如何得以歷經轉化程序的理論詮釋。以下的說明脈絡大致將由「體」至「用」，亦即將先闡述「集體潛意識」之爲冥契者意識得以昇華轉化的基礎原理，而後將再補充與其相關的轉化實踐原則及其具體的操作進路。

先前在本論文第二章第四節中，已指出榮格肯認集體潛意識爲達致冥契體驗的關鍵所在，對於集體潛意識的理論界定，榮格指出：

> 我所信守的假說，僅是指出有種普遍性，但也是分殊多樣的遺傳性的心之結構，它賦予任何的經驗一定的方向與形式，甚至我們可說這是種強制性的。就像身體的諸器官不是荒亂無序、被動給予的集合，而是一種動態機能的複合體，它顯現了一定的必然性。同樣的，原型也是一種心靈的器官，它強烈宰制了心靈的生命活動，它是種動能的、本能的複合體。我所以稱呼原型爲無意識的「支配特徵」，即因此故。無意識的心靈層即由這些普遍的、動能的形式組合而成，我稱之爲「集體無意識」。〔註40〕

首先，此段論述間接顯示榮格視其集體潛意識理論爲一種「假說」的立論觀點，此點突顯了上述榮格一貫的研究立場，亦即集體潛意識並非是一種形上學式的神秘論述或者理論預設，而是一種透過科學觀察與系統推論所提出的暫時性結論，然而從科學觀點來看，即使集體潛意識僅是一種解釋心理現象的理論假說，但除非有人能具體提出此假說並非爲眞的確切證明，否則此說應是一種仍被當代所接受的理論論述。再者，榮格擅長對於「意識」進行分析，其認爲人的意識可以由淺入深分爲三個層次，最淺層的是作用於一般生活應對的自我意識，其處於「意識層」，而在此之下存在著一般人無法輕易意識到的「潛意識層」（亦有學者翻譯爲「無意識層」），此層又可進一步區分，

〔註40〕引自榮格著，楊儒賓譯：《東洋冥想的心理學——從易經到禪》，頁16～17。

榮格指出「現代心理學這樣認為：個人的無意識只是上面的一層，它建立在一種性質完全不同的根基上面，這種根基我們稱之為集體無意識。」〔註41〕透過下圖即可清楚顯示此意識分析結構：

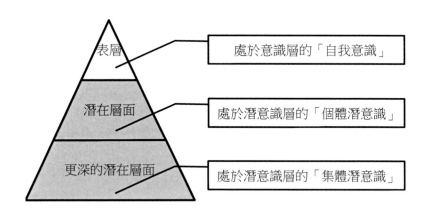

換言之，其主張在一般人無法輕易意識到的心靈深處，不僅存在著關於個人的「個體潛意識」，其更深層處還存在著所有人類共有的「集體潛意識」。最後，為了證明「集體潛意識」的存在，榮格提出「原型」這個關鍵概念，此概念源自於其對於夢境的檢視、宗教圖像的觀察，以及神話傳說的探討，其發現古今中外的人們心中皆具有某些共同的心靈內容，此說明人類心靈潛藏著某種共同機制，因而能形成特定的心靈原型〔註42〕，此即上述所謂的「支配特徵」，那麼原型的存在，也就得以印證人類潛意識有其集體性的共同面向。

　　榮格認為當集體潛意識浮現於意識層，將對於個人的意識帶來衝擊，然而此衝擊過程卻有助於促使個人意識昇華轉化，進而形成冥契體驗：

> 當無意識的層面升至表面層時，其內容與通常意識的思索感覺，形成極為強烈的對比。假如不是如此，它就不會有補償的作用。只是此作用乍顯時，一般來說，都會造成衝突，意識的態度總難免要抗拒顯不相容、且憑空而至的傾向、思維、情感等等之入侵，精神分裂症可說是代表此入侵結果最令人怵目驚心的例證。

〔註41〕引自榮格著，楊儒賓譯：《東洋冥想的心理學──從易經到禪》，頁199。
〔註42〕楊儒賓先生在譯註中指出「原型具有神聖的性質，它可以往外投射為佛陀、耶穌或亞當的形象，也可投射為象徵性的曼荼羅等圖示，它甚至可以上帝的意象出現。」引自榮格著，楊儒賓譯：《東洋冥想的心理學──從易經到禪》，頁232。

> 正常情況下，每一衝突會刺激心靈，促使其尋求滿意的答案。……
> 剛開始時，所有的答案都不可能，可是此情況應當安心忍受。如此
> 的張力可使無意識漸有定位——換言之，意識的張力可使無意識產
> 生彌補作用的反應。此種反應（通常見於夢裡）復可在意識中明朗
> 化。如此，意識心靈會碰到精神的新面相，此新面相不期然而然地
> 帶來了新的問題，或者修正了舊有的成分。如此的程序會延續下去，
> 直到原先的衝突圓滿解決為止。這所有的過程叫作「超越功能」
> （transcendent function），它既是過程，也是方法。功能用「超越」
> 這個語彙稱呼，因為它是透過對立之互相衝突，以促使精神從某一
> 心境躍至另一層面。〔註43〕

此兩段論述提到了集體潛意識的「補償作用」以及「超越功能」。對於榮格而言，集體潛意識蘊含生命的永恆智慧，因此即使其與一般思維意識看似格格不入，卻能夠在衝突對立的轉化歷程中，逐漸補足、治癒一般意識中的種種缺陷與困頓，進而整全人格主體之生命。而此詮釋進路也就足以說明為何冥契者在歷經冥契體驗後，通常伴隨著自我人格的全新轉變，以及人生價值系統的重新整合，進而能為自身帶來昇華與超越的生命啟示。

另一方面，時空因素也是集體潛意識有別於一般意識的關鍵所在。一般而言，人的意識活動總受制於因果律，時間與空間是其不可或缺的座標系統，然而所謂的集體潛意識，卻隱含了心靈能力的超時空性，榮格對此引申出「同時性」的概念：

> 同時性這個語詞其實一無解釋，它只陳述了有意義的巧合之興起，
> 就其本身而言，此種巧合之發生可說是偶然的，但它既然如此不可
> 能，我們最好設想它是立足於某種法則，或是奠基在經驗世界的某
> 些性質上面。然而在平行的事件間，卻發覺不到因果聯結的痕跡，
> 這正是它們所以具有概然性質的原因所在。在它們之間惟一可以認
> 定，也惟一可以展示出來的環扣，乃是一種共同的意義，也就是種
> 等價的性質（equivalence）。古老的符應觀即建立在這種聯結的經驗
> 上面——此種理論在萊布尼茲提出「預定和諧」之觀念時，達到了
> 高峰，但也在此暫告一段落，隨後即為因果律所取代。同時性可說

　　是從符應、感通、與和諧等荒廢的概念中，脫胎而成的現代詞語。
　　它並非奠基於哲學的設準上面，而是根據實在的經驗與實驗而來。

　　同時性的現象證實了在異質的、無因果關聯的過程中，盈滿意義的
　　等價性質可同時呈現。換言之，它證實了觀者所覺識到的內容，同
　　時可由外在的事件展現出來，而之間並無因果的關聯，由此可知：
　　如非心靈根本不能在空間中定位，要不然就是對心靈而言，空間只
　　是相對的，同理也可適用時間之決定心靈，以及心靈之使時間相對
　　化等所牽涉到的問題。〔註44〕

事實上，集體潛意識的「集體」本身即涉及跨越時空限制的意涵，所謂的「集
體」，並非意指處於某個時代與地域的所有人類，而是意指包含過去、現在與
未來，所有時間與空間中的人類整體。榮格所要強調的是當某人的心靈意識
接受到集體潛意識所傳遞的訊息，則此人的意識活動可能無法透過因果律來
予以衡量，因其所意識到的事物可能超越了其原本所屬的時空位置，有人稱
此種能力爲天眼通或者他心通。〔註45〕榮格並不視此爲無稽之談，而仍舊採
取一貫的研究態度，在承認此事實現象的前提下，試圖對其提出可能的合理
解釋──「同時性原理」，亦即主張人的心靈意識基於集體潛意識的承載與引
導，因而得以使原本處於不同時空中的內在心境與外在事物，契合於同一時
空中而並行顯現。

　　上述大抵已透過原型概念、支配特徵、補償作用、超越功能，以及同時
性原理……等相關論述，來呈現集體潛意識的內涵及其原理，接下來所要關
注的是冥契者究竟如何得以從自我意識出發，進而深入集體潛意識的實踐方
式與原則。關於此點，榮格認爲在西方傳統中，未必能找到適當的方法進路，
因此其爲西方人開創「能動性想像」的方法進程，楊儒賓先生對此有所註解：

　　能動性之想像（active imagination），榮格心理學的術語，一種主動
　　想像的技巧，它用以攤展人無意識底層的一些內容，尤其是夢中及
　　幻象中的影象。它與夢中純然不自覺地顯現意象大異其趣，但也不
　　是一種主動引導的幻象。它意圖使無意識變得意識化，使靈魂自具

────────────────

〔註44〕以上兩段論述引自榮格著，楊儒賓譯：《東洋冥想的心理學──從易經到禪》，
　　　　頁247～249。
〔註45〕關於此種能力的相關論述與例證，請參考榮格著，楊儒賓譯：《東洋冥想的心
　　　　理學──從易經到禪》，頁238～242。此中亦包含榮格對於「同時性事件」的
　　　　三點明確定義。

目的性之特點顯現出來。〔註46〕

至於在東方以內向型思維為主的傳統中，則不乏此方面的實踐進路，榮格所極為重視的瑜珈工夫即是一例，其對於東方式的實踐進程，有如下的理解：

> 東方式的「昇華」，乃是將精神力的中心，從自我意識中抽離出來——自我意識原介於內體與精神之表象化過程之間。精神中低層的、半生理型的成分，可經由鍛煉予以壓抑，並加控制。但此種過程，並不像西方昇華觀念所包涵的：高高在上的意志施其力，至使下者潛伏，或至毀滅。相反地，低層的精神結構，經由哈煞瑜珈的耐心實習，可予以調整轉化，不致干擾「高層」意識的發展。〔註47〕

事實上，當中低層次的精神意識作用過於強大（例如強烈受制於欲望主導的人生），則其將阻礙集體潛意識在個人意識層中浮現！榮格認為東方式的工夫實踐得以使表層的自我意識受到安撫與轉化，進而使其不再阻礙集體潛意識向上發展的潛能。榮格所理解的禪宗修行模式亦與此論述多有呼應：

> 假如意識能充分地掃除內容，其狀態即一變而為無意識的——至少暫時如此。在禪宗裡面，此種無所住的心態，通常乃因精力從意識內容撤離，轉向「空」之概念或公案以後所致。因兩者皆求寂靜，所以需要泯除意象的流轉，以及維繫意識動能的精力。節省下來的精力，即轉而投向無意識，增強其自然的能量，以走向一臨界的突破點。依此而行，作好無意識的內容之準備，即是為促使其進發昇至意識層而作的努力。但由於空淨意識絕非容易顯現，所以如要達到無意識內容最後的豁然貫通，長時間的特別修持是必要的，因為這樣才可增進最強的張力，導致最終的貫通。〔註48〕

其認為透過特定的修行，得以暫時掃除自我意識中的諸多內容，進而使修行者無須在一般意識層的眾多紛擾中，耗費過多精神動能，那麼在此意識狀態下，集體潛意識將有可能往上浮現，而取代暫時空白的表層意識。更具體地說，正因為自我意識層在其當下已暫且淨空，因此修行者所保留下來的精神動能，便足以開啟一條空淨的意識大道，而等待最底層的集體潛意識向上貫通。

〔註46〕引自榮格著，楊儒賓譯：《東洋冥想的心理學——從易經到禪》，頁203。
〔註47〕引自榮格著，楊儒賓譯：《東洋冥想的心理學——從易經到禪》，頁107。
〔註48〕引自榮格著，楊儒賓譯：《東洋冥想的心理學——從易經到禪》，頁163。

　　仔細檢視上述兩段榮格對於冥契者如何企及集體潛意識的歷程性解析，當可發現集體潛意識的上升顯現，既非純粹導因於冥契者的主動驅使，亦非純粹仰賴於冥契者的被動等待，而是必須完成於一種既主動又被動——此二者相互輔助以共臻化境的實踐歷程中。在本論文第二章的最末，曾提到要企及集體潛意識必須同時仰賴冥契者向內的自力探索以及向外的體察感受，當時的論述顯然有些曖昧不明，現在則可藉由上述關於主、被動並存的實踐歷程解析，來進一步檢視：具體而言，所謂「向內的自力探索」所強調的是主動轉化表層意識內涵的工夫實踐，至於「向外的體察感受」則彰顯出被動等待集體潛意識往上浮現的自我交付。換言之，「向內」與「向外」其實並非真正有所衝突，因為集體潛意識雖然看似存在於我們的心靈意識之外，事實上卻存在於我們共同的心靈意識深處，所以當我們意圖「向外」體察感受集體潛意識的存在時，更準確地說，其實也就是試圖淨空表層意識，而將自我交付於更深層「向內」的心靈底處。

　　上述的討論與威廉・詹姆斯所觀察到的兩種皈依類型十分相應，其提出皈依的心智轉化模式有兩種：一種是有所自覺的「立意型」；另一種則是不知不覺的「自我交付型」。〔註49〕然而其也同時強調此兩種皈依類型並非絕對不同，尤其是自我交付的作用大抵是皈依行為中，不可或缺的關鍵，其指出：

> 大部分的皈依，當意志竭力使一個人快要到達所渴望完全合一的境界時，似乎真正最後的一步必須留給其他力量去完成，必須不經意志的活動來達成。換句話說，到那個時後自我交付就不可少了。〔註50〕

> 用我們自己的象徵方式來說：在個人能力的新核心，經過下意識孵育得夠長久，使它剛能像盛開出花朵時，「放手」是我們應遵循的唯一規律，它必須不經幫助自行盛開。〔註51〕

威廉・詹姆斯在此針對「自我交付」的相關論述，同樣揭示出冥契體驗的達致，必須完成於「主動」與「被動」彼此和諧共濟的實踐模式。

　　如果更詳細地檢視，當可發現無論是榮格或是威廉・詹姆斯，甚至還可

〔註49〕關於威廉・詹姆斯對此兩種皈依類型的詳細論述，請參考威廉・詹姆斯著，蔡怡佳、劉宏信譯：《宗教經驗之種種》，頁250～259。

〔註50〕引自威廉・詹姆斯著，蔡怡佳、劉宏信譯：《宗教經驗之種種》，頁251～252。

〔註51〕引自威廉・詹姆斯著，蔡怡佳、劉宏信譯：《宗教經驗之種種》，頁254。

加上杜普瑞所提出的「滌淨、光照、合一」三階段式的實踐進路〔註 52〕，大抵而言，「先主動而後被動」是他們針對實踐原則的理解共識，亦即是說對於冥契者而言，先主動淨化自我意識是其自力可行的準備工夫，然而最終冥契感受的具體臨現，則仍有賴於表層意識鬆綁後，底層的冥契之「一」，從心靈深處中自行湧現！

第三節　透過冥契主義研究重探《莊子》的語言策略

在前一節中探討了冥契主義研究者面對冥契語言所採取的研究策略，而無論是「應該考察冥契者言說冥契語言時的動機與過程」、「應該考量冥契語言是在哪個冥契體驗階段中所產出」、「應該檢視冥契者是否透過什麼程度的概念或理論來陳述其冥契語言」，此三項研究策略的指導原則皆顯露出一種關鍵性研究態度，亦即研究者企圖還原檢視冥契者言說冥契語言的動機、策略與方式，以期盼能更加深入體會與理解其言說中的冥契心靈樣貌。

對應於本論文所要探討的《莊子》，《莊子》對其自身所採取的文本語言策略，十分具有後設向度的反省意識！在《莊子・天下》中，其對於自身的思想特質有所論述，也同時陳述了所採取的語言策略：

> 莊周聞其風而悅之，以謬悠之說，荒唐之言，无端崖之辭，時恣縱而不儻，不以觭見之也。以天下為沈濁，不可與莊語以巵言為曼衍，以重言為眞，以寓言為廣。〔註 53〕

在這段重要的文獻中，「謬悠」、「荒唐」以及「无端崖」呈現了《莊子》文本的語言風格，而「巵言」、「重言」與「寓言」則說明了《莊子》有意採取的語言表達策略，除此之外，「以天下為沈濁，不可與莊語」更透顯出《莊子》採取此「三言」策略的選擇動機。事實上，此三言策略在《莊子・寓言》中有更明確的具體界定，因此研究者得以考察上述文獻以及〈寓言〉篇中針對此三言策略的相關論述，進而從中檢視《莊子》陳述冥契語言的動機、策略與方式。

〔註 52〕關於杜普瑞對此三階段實踐進路的詳細論述，請參考杜普瑞著，傅佩榮譯：《人的宗教向度》，頁 569～586。杜普瑞在此中提到「主動的淨化，不論如何熱切，對於密契的進步還是根本不足的。這時需要一個被動之夜，讓上帝滌除感官的種種不淨，這些不淨是苦修所無能為力的。」引自前揭書，頁 573。

〔註 53〕引自王叔岷：《莊子校詮》，頁 1342。

　　如果說解析三言——寓言、重言與卮言，是探討《莊子》語言策略的傳統研究進路，本節則試圖以上述冥契主義研究者探究冥契語言的研究策略做為參照系統，進而重新檢視《莊子》的語言策略。更具體地說，上述三項原則性的研究策略或足以進一步深化《莊子》三言結構的理論解析，亦可能針對傳統詮釋下的三言策略有所解構與補足，此探究將成為本章欲透過冥契主義研究以開創新《莊子》體道工夫研究方法的關鍵所在！

　　在透過冥契主義研究者的研究策略，來重新檢視《莊子》的三言結構之前，釐清三言的原始內涵，本是研究的首要任務，然而《莊子・寓言》中對於三言的直接論述相當簡要：

> 寓言十九，重言十七，卮言日出，和以天倪。寓言十九，藉外論之。親父不為其子媒，親父譽之，不若非其父者也。非吾罪也，人之罪也。與己同則應，不與己同則反；同於己為是之，異於己為非之。重言十七，所以已言也，是為耆艾。年先矣，而无經緯本末以期年者者，是非先也。人而无以先人，无人道也；人而无人道，是之謂陳人。卮言日出，和以天倪，因以曼衍，所以窮年。不言則齊，齊與言不齊，言與齊不齊也。故曰无言。言无言，終身言，未嘗言；終身不言，未嘗不言。有自也而可，有自也而不可；有自也而然，有自也而不然。惡乎然？然於然。惡乎不然？不然於不然。惡乎可？可於可。惡乎不可，不可於不可。物固有所然，物固有所可，无物不然，无物不可。非卮言日出，和以天倪，孰得其久！萬物皆種也，以不同形相禪，始卒若環，莫得其倫，是謂天均。天均者，天倪也。

〔註54〕

而且歷來學者對此之註解亦略有分歧，因此本節將試圖透過刁生虎先生、徐聖心先生以及楊儒賓先生對於《莊子》三言的研究成果，以統整出原始三言策略的具體主張。此三位學者先進針對歷來三言註解歧見皆有所評判與定奪，對於三言結構的理論解析也相當深入而完整，是當代《莊子》三言研究的代表！

　　具體而言，以下將依序檢視三位先進的論點，而後再進一步統合三位學者的研究成果，最後則企圖以此統合觀點對應冥契研究者針對冥契語言的研

〔註54〕引自王叔岷：《莊子校詮》，頁 1087～1088。引文中「言无言，終身言，未嘗言」原為「言无言，終身言，未嘗不言」，其「不」字據王先生考證為衍字，故直接在引文中刪除。

究策略，以深化《莊子》三言結構的層次內涵：

壹、刁生虎對於《莊子》三言之解析

檢視刁先生對於《莊子》三言的解析，其所理解的寓言如下：

> 「寓言」就包含了兩種既有區別又內在相關的兩層意思：一是上文
> 提到的「寓之於言」，二是在此析出的「寄託之言」。前者代表一種
> 語言行為，後者代表這種語言行為的結果和產品。〔註55〕

> 「寓之於言」就是「將『道』寄託在言辭之中」；「寄託之言」就是
> 「寄託了『道』的言辭」。按照這一邏輯，「寓言」之本體當指「無
> 所不在」的「大道」，「寓言」即寓「道」之言，「大道」即寄寓其中，
> 與之合為一體。因此，「寓言」就是「寓『道』之言」。〔註56〕

依據刁先生的考察，其認為三言之寓言並非意味著現代所謂的寓言故
事，而僅是意指寄託道的思想於其中的「寓道之言」。此理解觀點解消了寓言內涵的
故事性條件，在詮釋意義上，企圖更貼近《莊子》寓言的原意，但無形中似
乎也同時擴大了一般學者對於《莊子》寓言的概念界定。至於針對重言，刁
先生則指出：

> 莊子採用「重言」的目的僅僅在於利用世人的崇古心理以達到傳「道」
> 的效果，所以「重言」在本質上仍然是「寓言」，仍然是借別人的口
> 說自己的話，只不過這裏所借的口不是一般人的口，而是在世人面
> 前具有權威性和影響力的所謂「先哲時賢」的口罷了。〔註57〕

其認為重言仍是一種「寓道之言」，亦即仍是一種以此喻彼（「道」）的言說
方式，此二者的差異僅在於寓言的「此」，可以蘊含一切的人、事、物；而
重言的「此」，則專指具有權威地位的「先哲時賢」。這樣的理解也得以說明
「寓言十九，重言十七」——此二言在《莊子》文本中的重疊比例關係。最
後，刁先生試圖從《莊子》提出卮言的用意，來論其內涵：

> 克服語言迷信，就是要讓語言出自胸臆，自然流吐，成為無心之言，
> 合「道」之言；就是要讓語言主體不執於「言」，超「言」達道，做
> 到「得意忘言」，以「道」為本。所以，「卮言」即無「成心」之言、

〔註55〕引自刁生虎：〈莊子的語言哲學及表意方式〉，《東吳哲學學報》第12期（2005
年8月），頁29。

〔註56〕引自刁生虎：〈莊子的語言哲學及表意方式〉，頁30。

〔註57〕引自刁生虎：〈莊子的語言哲學及表意方式〉，頁35。

自然中正之言、曼衍流遍之「道言」也。〔註58〕

對比於上述的寓言與重言，此理解下的卮言，並非意指某種技術性的言說策略，而是直指言說者在進行言說當下的一種言說態度——一種透過工夫修爲所達致的「無成心」狀態。據刁先生的解析，只要言說者在此身心狀態下所言，皆可視其爲所謂的卮言，如此說來，取決於言說態度的卮言便未必具有特定的語言形式，因此也可進一步推論：寓言與重言亦當可以做爲卮言的具體展現！

總結刁先生的理解觀點，其主張《莊子》三言皆是一種詩性的語言，因而隱喻便成爲其內在共同的核心特質，然而此種隱喻並非屬於文學修辭的現象層次，而是一種得以深入世界本質並予以揭示的存在思維模式：

> 這種「人與世界的同質性的隱喻」表明了莊子對人與世界同質同構性的本原的理解，體現了莊子物我交融、天人合一的思維認知高度。在莊子眼裏，人與人、人與物、物與物乃至人與自然在本質上都是一類的事物和現象，它們具有相應、相通與相合的內在關聯，完全可以進行相互類比與置換。……顯而易見，莊子的隱喻不再僅僅是一種修辭現象，而更表現爲一種思維傾向。由是觀之，就莊子哲學自身的語言來說，「道」不是路，「無」不是沒有，「在」也不是有。字面意義的瓦解使它們成爲隱喻；其哲學語言自行消解了所指，其意指也自行成爲超越意指的存在。通過這種方式它使人類得以「隱喻」地觀照這個世界，得以把存在著的事物看作一種象徵和啓示，從而促使自己去尋找深層的、形上的、始源的、終極的和關聯的存在。〔註59〕

《莊子》主張世上一切人、事、物都是道的化身，而刁先生認爲揭示此世界本質的方式即在於言說者透過適當的工夫實踐以調整出相應的言說態度，如此便能視一切人、事、物爲道的象徵與隱喻，並得以透過三言來言說其所蘊含的道之意蘊與啓示！如果再進一步深究，《莊子》隱喻性的三言，正是透過工夫轉化以調整自我身心結構，進而與道一體交融，而形成冥契體驗後的自然展現。在此體驗狀態下，能自然地感通物我深層的、根源的終極性關聯，而此三言的展開，即是將此深層的隱喻關聯之意義，予以恰當地呈現出來。

〔註58〕引自刁生虎：〈莊子的語言哲學及表意方式〉，頁 43。
〔註59〕引自刁生虎：〈莊子的語言哲學及表意方式〉，頁 54。

貳、徐聖心對於《莊子》三言之解析

　　相較之下，上述刁先生傾向致力於釐清歷代三言註解的分歧來探索《莊子》原意，徐先生則更進一步從三言表法形式結構的掌握，以企圖深入三言言說者的內在心靈樣態！在此，先簡要地呈現徐先生所理解的三言表法之差異：

> 重言嚴格說，不是表法，或者應該說其在表法的意義，主要是與演出人物相稱的主題，而不在形式。這一點，在詞句創用方面的考察，便顯而易見了。寓言的造詞，主要因於故事性的要求，所以筆者都視爲人名，用以表達一種人格型態或工夫進路。至於卮言的造詞造句，亦與其觀念表達的特性相應，多是指向心靈境界。〔註60〕

其所理解的寓言，仍強調故事性的條件；重言則以特定的人物主題事件爲核心；卮言則展現爲心靈境界的觀念陳述。

　　徐先生在其論著中企圖透過解析〈逍遙遊〉、〈人間世〉、〈齊物論〉三個篇章，以依序檢視寓言、重言與卮言之表法的具體內涵及其各自所隱含的言說心靈狀態。針對第一部分的寓言，徐先生指出：

> 正因爲莊子希圖由語言的非意義傳達功能，使讀者在解義之外，還別有領會，乃至「以其知之所知，養其知之所不知」。所以寓言大量以藝術形象、文學意象、結合冥想和神話傳統，表現出鯤鵬變化的奇幻，自北冥鴻圖南冥的氣魄、視野的極度擴展不以「飛」不足以示其所遊、觀景幅度高度之全面綜覽。造型由寓言完成，綜覽由卮言引領。卮言在寓言之後，多半只是提示，也不全部吐露訊息，只爲抖擻上下文於同一精神氣脈之中。正因意旨不全在語言的表面意義，故寓言有其「知／不知」並存的隱藏結構。此隱藏結構也隱藏在文字中。〔註61〕

徐先生認爲寓言表法中存在著「知／不知」的雙重結構，事實上，此結構所展現的，即是道家「有無玄同」的根柢模式，而能藉此引領讀者以其所知而知其所不知，同時又企圖藉由新知來突破讀者心中對於舊知的執著，那麼據此雙向作用，知與不知的交互流轉，將不斷衝擊讀者心靈而孕育出新興的價

〔註60〕引自徐聖心：《莊子「三言」的創用及其後設意義》（臺北縣永和市：花木蘭文化出版社，2009年9月初版），頁86。

〔註61〕引自徐聖心：《莊子「三言」的創用及其後設意義》，頁168。

值轉化。除此之外，徐先生也認爲「托名」與「狀詞」陳述，亦屬於寓言表法的兩種延伸類型。〔註62〕至於，巵言在寓言中的功能與意義，待到稍後巵言的部分再進行討論。比較重要的是徐先生更進一步指出寓言言說者的心靈狀態，其認爲「『寓』表言者的創作心靈活動」〔註63〕——寓言是創作者「以我居物」的己物互融之言，因而能展現出言說主體在而不在，一方面能體察物化差異，同時又能使萬物言說自化的寄遊心境。換言之，寓言所體現的，即是創作者對於《莊子》所謂「萬物與我爲一」的眞切體悟。

　　關於第二部分的重言，基於重言並非嚴格的表述方法，徐先生因而較著重於重言言說者的心靈檢視：

> 由〈人間世〉的解析，重言是交互主體的實證。……由「齊諧」「湯
> 之間棘也」開始，重言即以「言」和「人物形象」兩種方式出現，
> 人物形象的意義尤爲重要。特別的是這些人物，不論何人，都是以
> 多重面貌、性格出現，這是試圖以「複數眞相」的呈現，達到面對
> 傳統的承繼與解蔽雙重作用。〔註64〕

徐先生指出「『重』表言者居遊之特殊場域」〔註65〕——透過「複數眞相」，重言得以展現言說者對於歷史文化的繼承、解構以及重構。具體而言，當人存在於特定的人文世界中，其必然需要對於古今價值觀念的同異問題有所抉擇與承擔，其一方面得以古鑑今而對於傳統價值有所遵從與傳承，而另一方面其又應該以今觀古而針對傳統價值權威有所批判、反省與改造。事實上，重言所強調的，即是對於人文世界的尊重，也是期許人文價值有其永恆延續的創造性展現。

　　至於針對第三部分的巵言，徐先生提出：

> 在〈齊物論〉解析，巵言同時以「言之解構」與「旨之建構」並行。
> 兩者都由對句、排比展開「以明」歷程而自解／顯旨。不論分析其
> 篇章安排、或句式曼衍，都可歸納於「對稱」與「天均」。〔註66〕

〔註62〕請參考徐聖心：《莊子「三言」的創用及其後設意義》，頁83～85。
〔註63〕引自徐聖心：《莊子「三言」的創用及其後設意義》，頁101。並請參考前揭書，頁101～109。
〔註64〕引自徐聖心：《莊子「三言」的創用及其後設意義》，頁168。
〔註65〕引自徐聖心：《莊子「三言」的創用及其後設意義》，頁118。並請參考前揭書，頁118～122。
〔註66〕引自徐聖心：《莊子「三言」的創用及其後設意義》，頁168。

從卮言的表法層面來說，徐先生認為「對稱」是其結構形式的核心，無論是對句排比的鋪疊論述，或是異義調和的詞語構作，此中所呈現的都是基於「對稱互攝」的相應關係，因而使得原本看似衝突矛盾的雙方觀念得以彼此「意義滲透」，一方面解構他者，另一方面也同時被他者所補足，進而轉化彼此而獲致新的融合與創造。〔註67〕事實上，其所體現的，正是對立統一的道之意蘊！也可以說，卮言乃是《莊子》「天均」思想的具體呈現，因而《莊子》文本總是企圖透過「兩行」的「對稱」形式來彰顯道之「以明」。更深入地說，卮言表法的對稱結構，甚至得以進一步涵蓋言與不言的兩種樣態，徐先生認為除了具體的卮言文句之外，在《莊子》文本中，經常刻意營造各種沉默的想像，亦屬於卮言的另一種展現，此即卮言所謂「言无言，終身言，未嘗言；終身不言，未嘗不言。」的言默合一觀點。〔註68〕因此，如果要檢視卮言言說者的心靈狀態，徐先生即認為「『卮』表言者體合天道之圓德」〔註69〕──言說者在獲致冥契體道經驗之後所彰顯的體道智慧及其生命啟示，而這樣的體悟確實不得不透過「對稱」的「兩行」觀點來予以揭示。

最後，針對三言在《莊子》文本中的比例與組成關係，徐先生主張：

> 卮言作為一整體，與敘述者德養境界完全合一（十／十）。卮，即主體存在方式，以及活動發為寓言、重言、卮言（十一）一切言說的意象。〔註70〕

換言之，徐先生認為卮言具有兩種意義：「十一的卮言呈現為觀念的直陳，配合寓言、重言而穿插運用；十／十的卮言內在於文章的軌跡。」〔註71〕從卮言的核心精神而論，其為體道智慧之言，故能同時包含寓言與重言，那麼據此，則可以聲稱《莊子》全書皆是卮言的展現；然而若就卮言的表法形式來論，則其是一種透過對稱形式來彰顯的體道啟示，而成為貫串並揭示寓言與重言的核心宗旨，那麼此意義下的卮言，則為僅占《莊子》全書十分之一的關鍵論旨。附帶一提，徐先生此論點也得以呼應上述賴錫三先生所指出的四

〔註67〕「對稱互攝」與「意義滲透」諸語，引自徐聖心：《莊子「三言」的創用及其後設意義》，頁98。
〔註68〕請參考徐聖心：《莊子「三言」的創用及其後設意義》，頁131～135。
〔註69〕引自徐聖心：《莊子「三言」的創用及其後設意義》，頁126。並請參考前揭書，頁126～130。
〔註70〕引自徐聖心：《莊子「三言」的創用及其後設意義》，頁126。
〔註71〕引自徐聖心：《莊子「三言」的創用及其後設意義》，頁144。

種《莊子》語言型態——沉默、隱喻、敘事、詭辭〔註72〕，其中沉默的境界想像與詭辭的對稱陳述，大抵可以歸入「巵言」的巵言表法形式中；至於隱喻與敘事，則大多可見於寓言與重言的具體表述中。而如果針對「巵言」的整體巵言精神如何具體落實於寓言與重言的表述層面來解析，徐先生則指出：

> 巵言是總體的觀照，在其內在的運行中，永遠綜攝我們概念分疏的
> 兩端：真常與變化、一之完整全般與多之散殊、和諧與歧異、安定
> 與運動、……。而且在寓言，「寓」只是一動勢；巵言則顯出此動勢
> 之「德」——歸向道家之玄德，日出不已、均調萬物的迴環式心行，
> 在動勢中無一不體現德之「和」——由「咸池」樂體驗宇宙之聲。
> 此心行表現於凌觀宇宙，則是橫越太空之飛翔；表現於凌觀歷史，
> 則有複數真相之收穫。〔註73〕

依據徐先生的研究論點，或許可以如此推論：「巵」即是《莊子》之「道」賦予體道者的智慧化身，那麼「巵言」即為體道者將其體道智慧予以揭示的箴言與啟示，此中所蘊含的是得以超越轉化種種現實衝突的生命智慧，更深入地說，當其體現於萬物紛雜的宇宙世界中時，體道者得以將此智慧轉化為體察萬物，進而代萬物以言說的寓言表述，因此得以表現為「橫越太空之飛翔」；而當其作用於世代交替的歷史演進中，體道者則得以不斷翻轉各種傳統與權威，進而落實為價值再造的重言表述，因而能有「複數真相之收穫」。因此，在此巵言「天均」的創化歷程中，一切的矛盾與對立都得以透過三言活動，而邁向和諧、消解與重生。

參、楊儒賓對於《莊子》三言之解析

在楊先生的理解中，其主張巵言相較於寓言與重言，有其本質上的差異：

> 我們首先考慮寓言、重言、巵言有什麼不同。據《寓言》篇的解釋，
> 「藉外論之」的語言乃是寓言，亦即假託事物以申明道理之語言。
> 「重言」則是引用古今聖哲權威使人看重的語言。這兩種語言當然
> 時常重疊，寓中有重，重中有寓，有時不易清楚劃分。但和巵言相

〔註72〕 請參考賴錫三：〈從《老子》的道體隱喻到《莊子》的體道敘事——由本雅明的說書人詮釋莊周的寓言藝術〉，頁338。
〔註73〕 引自徐聖心：《莊子「三言」的創用及其後設意義》，頁169。

> 對照之下，這兩種語言又有共同的特徵，此即它們都是語言技巧之
> 事。莊子鑒於世人難與莊語，因此，蓄意製造一種語言以表達情意。
> 卮言的情況不一樣，它是至人表達時最基源的模式，一切語言都是
> 由此基源的模式展現出來，甚至連非言說而又可溝通的知覺姿勢也
> 都由此導出。「卮言」和其他的兩言根本不在同一個層次，……《莊
> 子》一書確實都是卮言，寓言、重言只是卮言的兩種變形表現而已。
> 〔註74〕

楊先生對於寓言與重言的理解，大抵不外乎上述刁先生的研究成果，比較特
別的是其認為寓言與重言都僅是語言技巧，至於卮言則有別於語言技巧的層
次，而得以深入體道者冥契體驗的體悟核心，進而成為體道者展現體道智慧
的基礎所在，因此楊先生更進一步明確主張寓言與重言都只是卮言展現下的
兩種不同形態而已。此對於卮言的理解，大抵也與上述刁先生與徐先生（特
指「十十」的卮言精神）的研究意見十分相近，此外，其指出卮言可導出非
言說的溝通模式，也與徐先生視卮言得以涵蓋言默兩端的理解觀點有其相通
之處。

　　楊先生比較突出的研究關注，在於為卮言思想溯源，進而從中探討卮言
內涵以及卮言言說的運作原理：

> 「卮言」就意象而言，可謂渦旋的語言，或是陶鈞的語言。我們此
> 一描述並非自我作古，莊子在《寓言》論篇論語言問題時，已提到
> 語言性質的不確定性，或者「他者性」；但自另一方面而言，這種語
> 言他者化的性質又在「卮言」的生成流轉中，得到恰當的位置。……
> 天均之言、天倪之言都是「卮言」，任何語言只要參與到渾圓中心的
> 創造性，即屬卮言。……換言之，人的深層意識依渾沌圓轉的模式，

〔註74〕引自楊儒賓：〈莊子的「卮言」論——有沒有「道的語言」〉，收錄於劉笑敢主
編《中國哲學與文化》（桂林：廣西師範大學出版社，2007年11月初版）第
二輯（注釋，詮釋，還是創構？），頁28。事實上，本篇文章的發展至少歷經
三個階段，第一階段原為〈卮言論：莊子論如何使用語言表達思想〉，《漢學
研究》第10卷第2期（1992年12月），頁123～157。後來經過大幅度修改
而發表成第二階段的〈有沒有「道的語言」——莊子論「卮言」〉，收錄於林
明德策畫《中國文學新境界》（臺北縣新店市：立緒文化事業有限公司，2005
年3月初版），頁299～340。最後第三階段又進行了部分修改與補充，才完整
發展成本篇文章，此前後歷經十五年，可見楊先生長期對於《莊子》語言觀
及其語言表達策略的關注與用心。

不斷自環中之處湧現道與言。

> 道與言同根而發，放在人身來講，也就是語言與精神的生成同步
> 發展。這種觀點下的「卮言」絕非乍看之下那般特別，它背後的
> 理論預設是有個傳統的。……換言之，語言一方面有指涉世界的
> 功能，但另一方面也有將心理世界混沌的內容明朗化、分節化的
> 作用。依照儒道兩家共享的中國形—氣—神的身體觀，人身是不
> 斷自深處湧現、也不斷同時與自然交通的有機體。精神內容的呈
> 現與語言內容的呈現同根而起，亦即氣—神與氣—言在始源處是
> 無從分別的。〔註75〕

楊先生透過「渾沌神話」的相關考察，進而指出《莊子》的核心思想——無
論是道或者卮言，其皆發源自混沌觀念，而所謂的渾沌，事實上與漩渦、陶
鈞、環中、道樞、天均、天倪……等形象，皆是相互呼應的。更進一步來說，
我們可以設想旋轉的具體形象，並探討旋轉的運作原理，其旋轉的內部重心，
理應有一既靜止不動且又仍旋轉不已的至深核心，此得以涵攝動靜矛盾兩端
的原型想像，通過《莊子》的創作，便被開展為所謂的卮言觀念——既作為
言說表現卻又蘊含沉默至極、既不斷生成流轉而變動不定卻又出自於永恆至
靜的創化核心。此論述雖然看似極為弔詭，然而其卻是冥契體道智慧所揭示
出的世界原理。因此，透過楊先生的研究觀點來論，《莊子》卮言觀念所要強
調的是：當體道者重新體認自我形體原為與自然交通無礙的形氣有機體，則
此體道者之意識便能深入渾沌圓轉而創化不已的深層意識之中，至此道境，
體道者之精神展現即等同於道之創化流行，那麼從此意識深處所湧現出的那
份體道精神與冥契智慧，將得以具體化為「日出」而「曼衍」的卮言言說。
換言之，透過卮言陳述，人方可將道之原初的混沌內涵，予以意義化呈現，
所以楊先生也強調「人身就是陶鈞，呼吸以踵之氣即為宇宙開闢之玄機，即
為外化而內不化的天樞。」〔註76〕

　　除此之外，楊先生亦對於《莊子》三言的語言風格，亦即「謬悠」、「荒
唐」以及「无端崖」的《莊子》自述有所關注，並從中指出《莊子》擇取其
語言策略的動機與考量：

〔註75〕以上兩段論述皆引自楊儒賓：〈莊子的「卮言」論——有沒有「道的語言」〉，
　　　　頁36～37。
〔註76〕引自楊儒賓：〈莊子的「卮言」論——有沒有「道的語言」〉，頁37。

莊子的寓言、重言、巵言所要彰顯的文字風格正是上述的謬悠、荒唐、無端崖。《莊子》書廣大宏壯（「荒唐」「瓌瑋」），不拘小道，這是任何讀者都可以感覺出來的。而其書內容如環中日出，宛轉相生（「連犿」），對而無對，略無崖際（「無端崖」），這種特色也正是「巵言」一辭必然會含有的風格。最後，我們還發現莊子的文字會帶給讀者一種虛實參差、詭詭難定、謬悠不測的強烈效果。

莊子描述自己文章風格的文字，由於是狀態詞，而不是對象詞，因此不易掌握其具體內涵。但我們如知道他這些文字指向一種境界語言，則不難感受到它們所襯托出來的氛圍。最簡單的參照系統，莫過於將這些語言與莊子眼中的世俗語言相對照：世俗語言最大的特色乃是其強烈的片面性、抽象性；而莊子的語言正是要瓦解掉片面性、抽象性，讓語言復活，重新融入具體的、氣化的、新新不已的情境之中。

謬悠（參差、詭詭）、荒唐（瓌瑋）、無端崖（連犿）之言都是不想與世人「莊語」，而且都想瓦解世人（尤其知識份子）拘圍於語言牢房的思維習慣，其中謬悠之說這種意圖尤為明顯。〔註77〕

先前討論已指出巵言為體道者深層意識中對於道的體悟與啟示，因此巵言所體現的即是道的整全性與流動性，就如同上述刁先生將其視為「人與世界的同質性的隱喻」〔註78〕以及徐先生所謂的「總體的觀照」〔註79〕，換言之，巵言言說不僅傳遞了其表面的文字意涵，其文字背後更隱含了整體旋轉不已，故而意義豐富的道之意蘊。據此，楊先生強調《莊子》全書的巵言表達，明確彰顯出一種「具體的、氣化的、新新不已」的語言風格，此乃冥契體道者從意識深處，自然引發的道化言說，故而與知識化的人們經常受制於知識系統性要求所進行的客觀論述截然不同。據此因素，楊先生更進一步推論：《莊子》之所以採取這樣的言說風格及其策略，正是為了導正人們已逐漸僵化的客觀式語言思維習慣，因而以身作則，進行了此之具體示範。

〔註77〕以上三段論述皆引自楊儒賓：〈莊子的「巵言」論——有沒有「道的語言」〉，頁29～30。

〔註78〕引自刁生虎：《莊子的語言哲學及表意方式》，頁54。

〔註79〕引自徐聖心：《莊子「三言」的創用及其後設意義》，頁169。

肆、統合以上三位學者解析《莊子》三言的研究成果

討論至此，筆者試圖重新整合上述刁先生、徐先生以及楊先生對於《莊子》三言的研究成果。相較之下，刁先生針對基本意涵的考察最為謹慎；徐先生則擅長針對三言關係，進行層次分析與理論建構；楊先生則直探《莊子》思想核心，從而針對三言原理進行深度檢視。三位學者之成果，各有所長又可相互補足，〔註80〕統整而言，《莊子》三言策略應具有以下特徵：

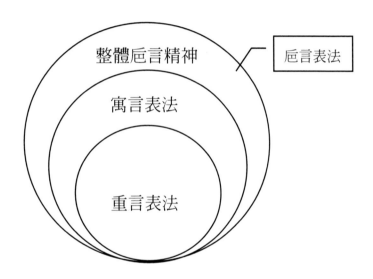

上圖所示為《莊子》三言彼此的涵屬關係，具體而言，「整體卮言精神」與「卮言表法」意義不同，「卮言表法」意指具體落實為卮言形式的表達方法，其僅

〔註80〕事實上，刁先生與徐先生對於寓言以及重言的理解略有分歧。在寓言方面，刁先生認為其僅為「寓道之言」，而未必具有故事性，徐先生則將故事性視為其之組成要件；在重言方面，刁先生主張其本質仍與寓言無異，徐先生則認為其不具明確的表法形式因而與寓言不同。對此意見分歧，筆者傾向同意刁先生的主張，理由在於「故事性究竟是否為寓言的必要內涵」此一議題，徐先生似乎並未關注，因此其直接視寓言為具有故事情節的表達方法，便未必恰當！如此一來，基於其對於寓言理解的縮限（強調故事性），也因而導致其所認定的重言無法與寓言相通，此外，其將「托名」視為寓言表法的範疇，也應可重新劃歸入重言的表法形式。那麼相較之下，刁先生通過具體考證而提出的基本意涵之理解，似乎較為妥當。

佔整體《莊子》文本三言表達中的一小部分，至於「整體卮言精神」則統貫涵蓋了「卮言表法」、「寓言表法」、「重言表法」三者，其意指體道者冥契體驗的心靈狀態以及從中所獲致的體道智慧與生命啓示，而當體道者意圖將此心靈體悟予以揭示，便得以透過此三言表法來具體展現！其中的重言表法又被寓言表法所涵蓋，而屬於寓言表法當中的一種特定類型，所謂「寓言十九」而「重言十七」，即意指寓言表法佔《莊子》全書中的十分之九，而此寓言表法中又有十分之七可以歸屬於重言表法。至於具體的卮言表法，依「寓言十九」的線索，則大致可以認定其佔《莊子》全書剩下的十分之一。

在釐清《莊子》三言彼此的涵屬關係之後，接下來，將進一步藉由「表達策略之本意及其所涉及的主題內容」、「外顯的語法形式」、「隱含的思想結構」以及「《莊子》自述的言說目的」此四項研究向度，來依序檢視《莊子》三言表法的細部內涵。而此四項檢視向度的運用，以及稍後所呈現出的檢視成果，皆源自於先前刁先生、徐先生以及楊先生三位學者先進對於《莊子》三言的研究貢獻，以下將透過圖表來顯示其內涵：

	表達策略之本意及其所涉及的主題內容	外顯的語法形式	隱含的思想結構	《莊子》自述的言說目的
卮言表法	「和以天倪」是卮言表法的核心說明，亦即企求言說者體現「天鈞」思想，故而能無成心地展現體道智慧所蘊含的生命啟示——得以轉化一切衝突的至理。此展現方式包含具顯的觀念陳述以及靜默的姿態想像，所以被稱為「言无言」。此外，其經常穿插在寓言或重言具體形象陳述的文本脈絡當中，而用以揭示此二言所隱含的抽象寓意與核心宗旨。	其經常表現為排比句型與對稱式的長篇論述，同時還涉及異義調和的觀念陳述或者詞語構作。	隱含「和諧對稱的旋轉」意象，其意指原本相互對立的思想觀念，基於彼此對稱互攝進而意義滲透，故能從其核心當中展開新意。也因此其既可具體言說卻又蘊含至極沉默、既不斷生成流轉而變動不定卻又出自於永恆至靜的創化核心。	「非卮言日出，和以天倪，孰得其久。」意指唯有透過卮言言說，方能持續展現無窮旋轉而永恆創化的道之意蘊。事實上，這樣的言說目的，並非單指形式性的卮言表法，而是指向卮言言說的整體精神，故其已隱然成為整體三言表法共同的言說目的。
寓言表法	「藉外論之」是寓言表法的核心說明，「之」即意指「道」。具體而言，即是透過象徵或譬喻的模式，藉著陳述某物的性質狀態或其變化歷程，以彰顯道之意蘊。	表現為隱喻或象徵，同時涉及狀詞陳述。	因「重言」從屬於「寓言」，故此二言所隱含的思想結構相互一致。具體而言，其隱含「知」與「不知」，彼此「有無玄同」的動態交流模式，故能使人不斷透過所知而知其所不知，同時又能不斷藉由新知而打破心中對於舊知的執著。	因「重言」從屬於「寓言」，故此二言的言說目的可彼此相通。具體而言，一方面「親父譽之，不若非其父者也。」意指透過象徵或譬喻的言說策略，得以強化自身主張的說服力；另一方面「所以已言。」意指憑藉重要人士言論的權威地位，方能平息其他各種不同意見的反駁與爭辯。
重言表法	「是為耆艾」是重言表法的核心說明，其旨在憑藉重要賢哲之人的權威地位。總體而言，其與寓言原理相同，亦即透過象徵或譬喻的模式，藉著陳述與某位重要人物相關的性格形象或主題事件，以彰顯道之意蘊。換言之，就表法原理而論，其與寓言無異，而僅是在主題內容上有所差別。	同為寓言表法的隱喻或象徵形式，同時涉及托名的敘事手法。		

若從整體的卮言精神來論，此三言皆可視為抒發體道之情的一種詩性語言，換言之，其是透過工夫轉化的心靈境界之呈現，而有別於純粹作用於知識體

系建構的客觀性語言思維，故學者指出其爲一種得以揭示人物同質之隱喻的總體性觀照。

更深入地說，當體道者之意識能深入渾沌圓轉而創化不已的深層意識之中，則其之精神展現即與道之創化流行冥合爲一，那麼從此意識深處所湧現的體道精神與冥契智慧，將得以透過具體的三言表法而予以意義化的呈現：如在巵言表中，即可察見體道者透過冥契體驗所直接獲致的生命啓示；在寓言表法中，則可察見體道者以我居物——對於物化差異的心靈體認；在重言表法中，則可察見體道者從價值創化核心中，開展出價值的覺醒與再造。

伍、參照冥契語言的研究策略以重新深化《莊子》的三言結構

以上針對三言的梳理，已大致呈現出傳統進路下，對於《莊子》語言策略的研究成果，在此將以前一節所提及冥契主義研究者面對冥契語的研究策略——「應該考察冥契者言說冥契語言時的動機與過程」、「應該考量冥契語言是在哪個冥契體驗階段中所產出」、「應該檢視冥契者是否透過什麼程度的概念或理論來陳述其冥契語言」，此三項研究原則做爲參照系統，用以重新檢視《莊子》的三言思想及其得以更加深入檢視的語言策略內涵。

首先，針對「應該考察冥契者言說冥契語言時的動機與過程」此一原則來檢視。事實上，依先前梳理所示，傳統進路對此研究原則並未漠視！具體而言，「《莊子》自述的言說目的」此一向度中的解析，即是《莊子》自身對於冥契語言言說動機，有意識的自我陳述，其主張唯有透過三言表法才能彰顯道的意蘊，並且因爲「以天下爲沉濁，不可與莊語」，即意謂其認爲天下之人大多執著於自以爲是的思維習慣中，因此如果直接採取端正而嚴肅的論述策略來闡釋道理，人們大抵無法真正體會其深意而有所關鍵性的轉化，所以《莊子》轉而大量採取寓言與重言的表達策略，以藉此強化自身言論的說服力，也同時平息其他不同論點的意見紛擾。除此之外，在「整體巵言精神」以及「隱含的思想結構」此兩方面的探討中，亦可檢視《莊子》言說冥契語言的大致過程，簡要而言，其是體道者契入渾沌意識之中所體現的圓轉與創化歷程，因而體道者的巵言展現，有其和諧而互攝的對稱理路；寓言與重言的陳述，亦蘊含其「知」與「不知」的玄同結構。

筆者認爲接下來的兩項冥契語言研究策略，才是進一步拓展傳統《莊子》三言研究的關鍵所在，因爲「考量冥契語言是在哪個冥契體驗階段中所產出」

以及「檢視冥契者是否透過什麼程度的概念或理論來陳述其冥契語言」此兩項研究原則，將得針對《莊子》三言策略開啓全新的檢視向度，而且此新向度的檢視成果，也將得以進一步重新回應前一原則「考察冥契者言說冥契語言時的動機與過程」的研究議題。

具體而言，「考量冥契語言是在哪個冥契體驗階段中所產出」此一研究原則所謂的冥契體驗階段，至少可以區分成兩種，亦即冥契體驗當下以及冥契體驗過後；至於「冥契者是否透過什麼程度的概念或理論來陳述其冥契語言」的檢視進路，又至少得以具體區分成三種情況，其一是透過較複雜的概念或理論所針對冥契體驗的高階詮釋，其二則是僅藉由簡單概念而對於冥契體驗的事實描述（亦稱爲低階詮釋），其三則是冥契體驗當下毫無中介的直接言說或者沉默無言的形態展現（「沉默」亦屬於冥契語言的一種表現型態）。據此討論，可以發現此兩項研究原則，事實上彼此密切相關，而得以藉由雙向交叉整合來重新檢視分析。

但是細部而論，此交叉整合並無法展開二乘三的六種檢視進路，因爲前一項原則中的「在冥契體驗之後」與後一項原則中的「冥契體驗當下直接的冥契言說與形態展現」二者，在意義上完全無法合併。除此之外，交叉整合後的「在冥契體驗當下的高階詮釋」以及「在冥契體驗當下的事實描述」此兩種情況也不可能發生！從本論文前一節所提及史泰司對於冥契者爲何沉默無言的討論中即可察見其理由，簡要而言，無論是「詮釋」或者「描述」，事實上都必須運用客觀性思維下的對象語言或者概念理論，然而在冥契體驗當下，冥契者正處在與萬物冥合爲一的狀態之中，此中自然沒有任何得以區別之物可供冥契者概念化，因此冥契體驗當下所能發起的「自動作用」〔註81〕，便只是冥契言說或行爲的直接展現！換個角度來說，處於冥契體驗當下的冥契者既已與萬物冥合爲一，其當然也能與其所使用的語言概念冥合爲一，亦即其在體驗當下並非將其自然展現的冥契言說之內容，視爲某種對象語言而使用，甚至更準確地說，其當下根本無法意識到其正在「使用」語言，而僅是將其已冥合內化的語言概念自然地言說展現出來！所以在此必須強調：如果研究者能確認某些冥契語言確實出自於冥契體驗當下的冥契者口中，則應當理解此冥契者並非在運用客觀思維而進行某種詮釋或者描述，因爲語言對

〔註81〕關於「自動作用」（automatism）的心理學意義，已在本論文前一節中有所討論。

其當下而言，並非是一種與自身得以切分的客體對象，而是自身在冥契體驗當下的一種展現管道。而且這樣的冥契言說，相較於一般冥契無言地靜默呈現，至少提供了許多具體的語言訊息給予想要理解與體會冥契體驗的人們。

　　基於上述討論，此兩項研究原則交叉整合後，便應展開以下三種檢視進路：其一是「冥契體驗過後對於先前體驗內涵的高階詮釋」；其二是「冥契體驗過後對於先前體驗內涵的事實描述」；其三則是「冥契體驗當下直接的冥契言說與形態展現」。那麼，若依此三種進路重新檢視《莊子》的三言表法，當可發現寓言與重言基於其「藉他物以喻道」的內在理路，故大抵屬於「冥契體驗過後對於先前體驗內涵的高階詮釋」，亦即運用了寄寓原理及其象徵與譬喻之物，而對於「道」的詮釋活動。〔註82〕至於在卮言表法方面，則上述三種情況都可能蘊含其中，具體而言，《莊子》文本中的卮言表法，有些可能是「冥契體驗當下的直接言說」，亦即作者在其冥契體驗當下，直接展現成文字創作；有些則可能是「對於先前冥契體驗內涵的描述與記錄」，如對於自己或者他人冥契體驗歷程的事件記錄；當然也不排除可能為與寓言、重言一樣的「對於先前冥契體驗內涵的高階詮釋」，例如經常表現於寓言與重言脈絡中，而為了揭示其核心寓意的卮言解析。

　　相較之下，《莊子》自我揭示的三言策略，大抵較著重於言說動機、目的及其表法內在思想結構的後設分析，而上述從冥契主義研究衍生而來的三種檢視進路，則較針對言說者冥契狀態及其言說冥契語言之方式的歷程性考察。因此，在前者靜態結構與後者動態歷程的交互補足下，不僅有助於深化研究者對於三言論述的理解，同時也更能進一步從創作歷程的向度，來重新檢視《莊子》冥契語言的不同型態，以下將透過《莊子》文本的創作流程圖，來予以顯示：

〔註82〕或許有些學者不會同意《莊子》的寓言與重言，只是一種語法形式下的象徵或者隱喻！就如同透過本論文第二章第三節中賴錫三先生所提及的「基本隱喻」觀念來理解寓言與重言一樣，這樣的隱喻言說已被視為一種前語言、前語法形式的語言活動，因而或可直接將其視為所謂「冥契體驗當下的直接言說」，而非如同上述般將其歸入「對於先前冥契體驗內涵的高階詮釋」。然而，卡西勒指出「基本隱喻」是一般修辭隱喻（語法形式下的隱喻）的原初思維狀態，因此有關「基本隱喻」的觀念陳述，反而更接近「整體卮言精神」的論述脈絡，亦即針對冥契者言說三言表法前的冥契心靈之探討，據此因素，筆者認為有關「基本隱喻」這類的解讀觀念，大抵不適用於已落實為具體三言表法的理解當中。

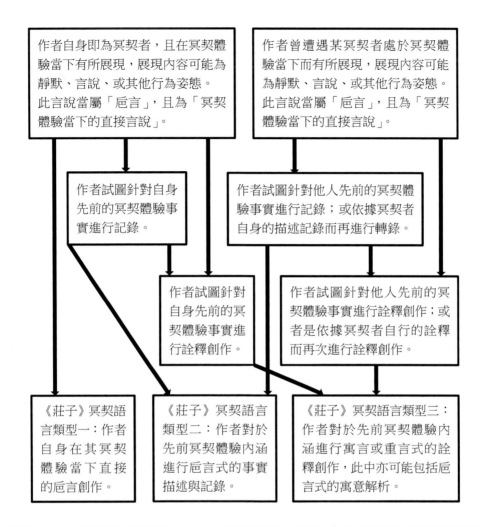

事實上，上圖所示《莊子》文本的創作流程，其中涉及三項得以導致流程改變的具體因素，其一是冥契者是作者本人抑或是作者所觀察的對象；其二是冥契語言產出的時間點是在冥契體驗當下抑或是冥契體驗過後的回憶；其三是冥契語言的陳述過程是否透過任何程度的概念或理論之轉換才被呈現出來。而基於此三項具體變因的交互影響，使得《莊子》文本的創作流程十分複雜，然透過此流程圖的解析與歸納，則得以將《莊子》冥契語言，重新歸結為上圖所示的三種型態。檢視此三種型態的具體差異：其中第一種型態是出自冥契體驗當下，因而其並未透過任何概念或理論而被進行轉換，至於第二種與第三種型態則皆是出自於冥契體驗過後的回憶狀態，差異處僅在於第二種型態是對於冥契體驗事實的描述與記錄，因而其並未透過太過複雜的概念或理論來陳述，至於第三種型態則是針對冥契體驗本身所進行的詮釋創

作，因而其已透過象徵或隱喻的理論模式來創作重現。

依據冥契語言的研究原理，原則上類型二會比類型三更接近冥契心靈意識的原貌，〔註83〕至於類型一則近乎全然是整體巵言精神（亦即冥契心靈）的直接展現！然而就《莊子》自述而言，巵言表法十分稀少，研究者甚至可以質疑整部《莊子》，都未必真正保留了類型一的巵言創作直陳！研究者對此難題似乎只能暫且擱置，存而不論。反觀保留最多的是寓言與重言所在的類型三，而此類型之所以為數眾多，乃因《莊子》文本創作的核心目的，即在於說服讀者理解與接受冥契體道所獲得的新價值主張，故《莊子》作者必須大量使用此象徵或隱喻式的語言策略，來強化自身思想主張的說服力，如此也就得以同時說明：為何類型三中所承載的冥契訊息，大多屬於冥契體驗過後的成果收穫！

那麼相較於類型一與類型三，筆者認為類型二所能提供的冥契訊息層面，最為豐富，因為類型二是針對冥契體驗事件的巵言描述，亦即作者對於自身或者其他冥契者歷經冥契體驗過程的相關記錄，此中蘊含冥契者在其冥契體驗中所歷經的思想意識轉化及其行為姿態轉變的相關資訊報導，其內容可能涉及「冥契者如何進行冥契轉化？」、「冥契者在不同冥契階段中有哪些知覺感受？」、「冥契者歷經冥契體驗後能獲得了什麼轉變？」等相關訊息，這些冥契訊息都是《莊子》體道工夫研究者，最迫切挖掘的！

另一方面，類型二的冥契語言雖然都是針對冥契體驗歷程的巵言描述與記錄，然而就能否接近冥契體驗事實核心的準確程度高低而言，此巵言描述得以再進一步區分其層級：「作者針對自身先前冥契體驗的描述與記錄」之程度，自然高於「作者針對他人先前冥契體驗的描述與記錄」，因為向內的自我反省檢視，通常比向外觀察他人來得更加深入與準確，尤其針對冥契者思想意識轉化歷程的內在心靈層面；此外，「作者依據他人自身冥契體驗的描述記錄而再行轉錄」之程度，則大抵仍低於「作者針對自身先前冥契體驗的描述與記錄」，因為轉錄過程本身，即可能造成原訊息準確度的下降；至於「作者依據他人自身冥契體驗的描述記錄而再行轉錄」與「作者針對他人先前冥契體驗的描述與記錄」相比，則似乎無法判別此二者的程度差異，因為其中同

〔註83〕請參考本論文前一節所論。史泰司在其《冥契主義與哲學》中，曾對一位當代冥契者的陳述，評論道：「最好不要解釋經驗，而是使它盡量如實呈現。」亦即表示「事實描述」會比「經驗詮釋」更接近冥契體驗的原貌。上述引文引自史泰司著，楊儒賓譯：《冥契主義與哲學》，頁84。

時涉及上述兩種可能降低準確程度的因素，因此必須依實際情況來判定。總而言之，此層級區分所要強調的是：在類型二的三種卮言描述中，「作者針對自身先前冥契體驗的描述與記錄」承載了最接近冥契體驗事實核心的重要資訊。

　　然而，各《莊子》篇章段落的實際創作歷程已不可考，因此不可避免的研究難題在於：研究者如何從當前《莊子》類型二的卮言描述中，辨識哪些陳述屬於「作者針對自身先前冥契體驗的描述與記錄」？然而，研究者至少大抵能夠區分「類型三中的卮言式寓意解析」與「類型二之卮言描述」的不同，因為前者存在於寓言與重言（象徵或隱喻式的陳述）脈絡中，至於後者則直接呈現於與象徵或隱喻陳述無關的純粹思想論述之脈絡。事實上，在〈齊物論〉中即存在不少如後者般，直陳其思想辯證轉化歷程的論述篇幅，筆者認為此類作者試圖直陳其思想內涵的論述脈絡，不僅屬於類型二的卮言描述，更關鍵的是基於其透過第一人稱寫作立場而發起論述的文本線索，研究者大抵較有理由相信這樣的論述脈絡，屬於最為重要的「作者針對自身先前冥契體驗的描述與記錄」。

　　統整而言，即使《莊子》體道工夫研究者可能已失去直接面對類型一（卮言精神直陳）冥契語言的機會，然而研究者仍可藉由類型二（針對冥契體驗的卮言描述）與類型三（寓言、重言與解析寓意之卮言）的冥契語言之分判，進而試圖從類型二的冥契語言中，掌握「作者針對自身先前冥契體驗的卮言描述與記錄」的關鍵資訊，如此便有機會重新開啟探究《莊子》冥契體道工夫的獨特管道！

第四節　藉由《莊子》冥契語言分析以重構新的研究方法

　　在具體進行本節的研究工作之前，宜再次說明本章前三節的研究理路。具體而言，對於《莊子》體道工夫研究者以及冥契主義研究者來說，冥契者針對冥契體驗所展現的行為姿態以及所陳述的冥契語言（冥契語言意指包含承載冥契思想的文獻本身），是研究者唯一能進行冥契研究的具體對象！當然，對於《莊子》體道工夫研究者而言，大抵只有冥契語言得以做為具體的研究對象。在面對冥契語言的研究策略層面，冥契主義研究者總企圖還原冥

契者言說冥契語言時的動機、策略、方式與過程，以藉此更準確地理解與體悟冥契語言的內涵以及冥契者內在的心靈體驗。那麼同理可證，對於《莊子》體道工夫研究者來說，掌握《莊子》冥契語言的陳述策略，亦是必要的研究進程，據此因素，研究者一方面應釐清《莊子》所自述的三言（卮言、寓言與重言）策略之內涵，另一方面更得以透過冥契主義研究者面對冥契語言的研究策略，將其做為參照系統，進而重新檢視《莊子》的三言策略。依循這樣的研究理路，因此在前一節的探討中，最終歸結出三種全新的《莊子》冥契語言型態，而依據冥契主義研究者探究冥契語言的研究原理，其中類型二的冥契語言，最具豐富的冥契訊息，而得以成為《莊子》體道工夫研究者所應致力探究的研究對象，尤其此類型中「作者針對自身先前冥契體驗的卮言描述與記錄」一型更具關鍵意義！那麼推演至此，也就因而展開本節的研究任務，亦即透過上述三種《莊子》冥契語言類型之分析，以重新建構《莊子》體道工夫的研究方法。

本節針對此新研究方法的提出，同樣是出自於本章第一節所述之四項核心原則的研究考量：其一為「從領域認同走向學術分工——透過冥契主義與集體潛意識理論而從當謂與創謂的層次進行研究。」其二為「基於當代處境姿態的自我檢視，『分析研究』亦將成為東方傳統堅信『直觀體悟』之外的一種深入形上體驗的恰當進路。」其三為「在『是什麼』與『有什麼』的探究之上，進一步透過『為什麼』與『如何』的追問以深入創作者的冥契心靈及其所隱含的實踐原理。」其四為「既然傳遞冥契心靈是傳統東方哲人的創作企圖之一，那麼研究者個人對於工夫實踐的體驗感受也當值得直接展現在其學術成果當中。」

除此之外，本節所即將確立的新研究方法，也將主導本論文下一章「透過新研究方法重探《莊子》體道工夫」的進行模式及其呈現架構。而為了詳細說明此研究方法的具體內涵，以下將透過四個面向——「根本的研究目的」、「主要的研究策略」、「具體的研究方式與步驟」以及「呈現研究成果的表達原則」，來予以闡述：

壹、根本的研究目的

《莊子》體道工夫研究的根本目的在於呈現冥契體道歷程的實質內涵，具體而言，其涵蓋下列三個主要的研究議題：其一是體道工夫實踐為什麼能

達致體道境界的合理性說明；其二是體道工夫的實踐原則與步驟之說明；其三是體道境界的實質內涵之說明。而基於「體道境界的實質內涵」蘊含一種獨特的價值思維，因此「體道實踐為何能達致此境界的合理性說明」則必須解釋此獨特價值觀的來源所在及其形成原由。

依據前一節《莊子》三言思想結構的分析，這些冥契內涵皆是整體卮言精神的具體展現，因此研究者的主要任務，旨在企圖從《莊子》文本的冥契語言中，盡可能復原整體卮言精神的展現樣貌。然而，基於類型一的冥契語言已無法確認，故在方法意識上，僅能視所有《莊子》文本語言皆為冥契後的語言陳述，至於類型三的冥契語言又受到詮釋創作的影響，因而較遠離卮言精神的直陳原貌，據此因素，深入類型二的冥契語言以檢視體道者在其冥契體驗中的歷程感受及其意識轉化程序，便成為研究者得以嘗試還原與企及整體卮言精神的主要研究進路。

換言之，探究《莊子》類型二的冥契語言——尤其是所謂「作者針對自身先前冥契體驗的卮言描述與記錄」，而藉此回應上述體道工夫研究所關涉的三大議題，即是本研究方法最為核心的設計機制。

貳、主要的研究策略

在先前針對《莊子》三種冥契語言型態的考察中，已指出不同類型的冥契語言，它們在承載冥契訊息的準確性與豐富性層面，有其程度上的差異，簡要而言：除了排除無法掌握的類型一之外；類型三基於其採取詮釋創作的根本因素及其企圖說服讀者接受其價值思維為的根本目的，故其直接呈現卮言精神的準確程度相對較低，且其內容大多屬於針對「體道境界實質內涵」的說明與宣揚，而較少直接回應其餘兩項體道工夫的研究議題，因此相較於寓言與重言，此類型中最接近整體卮言精神的，反倒是「做為寓意解析的卮言陳述」；至於在類型二方面，其所能承載的冥契訊息則最為豐富，原則上得以完整涵蓋上述體道工夫研究所須回應的三大議題，然而就其準確程度來說，則得以進一步區分成兩個層級，準確程度較高的是「作者針對自身先前冥契體驗的卮言描述與記錄」，至於「作者針對他人先前冥契體驗的卮言描述與記錄」以及「作者依據他人自身冥契體驗的卮言描述與記錄所進行的轉錄」二者，前者基於描述內涵非作者本人親身的冥契體驗，後者則涉及轉錄弱化的因素，所以此二者的準確程度皆相對較低。

　　據此因素，為了掌握《莊子》冥契語言的特質以盡可能準確地還原整體卮言精神的原貌，在此宜對於《莊子》文本語言進行更細緻的層級區分：第一級是「作者針對自身先前冥契體驗的卮言描述與記錄」，此見於以第一人稱口吻來直陳其冥契體驗內涵的相關論述，此論述形式大多展現為對稱互攝式的卮言表法結構，而基於其是自述自身的體驗感受，故能蘊含內在心靈意識轉化程序的關鍵資訊；第二級為「作者針對他人先前冥契體驗的卮言描述與記錄」以及「作者依據他人自身冥契體驗的卮言描述與記錄所進行的轉錄」，此見於以第三人稱口吻來客觀描述或轉述他人冥契體驗歷程的相關陳述脈絡，其陳述形式大抵亦為對稱互攝式的卮言表法結構，而基於其是以他人冥契體驗或冥契記錄做為對象的客觀陳述，故其所能涉及的內在心靈層面之訊息，在準確程度上自然稍低於前一層級，反倒是關於外在行為姿態層面的資訊，其準確度則能與前一層級相當；第三級則為「解析寓言與重言之核心寓意的卮言陳述」，此見於寓言與重言之象徵或隱喻式的表法脈絡當中，而做為直接解析其核心寓意的卮言表法式陳述，那麼基於寓言與重言的陳述目的是以說服讀者理解與接受冥契體驗所獲得的價值思維為主，故此語言型態大抵也以呈現冥契境界所揭示出的新價值觀念為主，對於研究者來說，此語言型態雖非屬於整體卮言精神直接展現及其描述記錄的關鍵層級，然而其內容卻關涉冥契者在冥契體驗過後的重大轉變資訊，因此研究者特別能從中探索體道境界的實質內涵及其所隱含的價值智慧；最後，第四級則為「象徵或隱喻式的寓言陳述與重言陳述」，亦即前一語言層級所致力於解析寓意的敘述脈絡本身，換言之，其是為了說服讀者理解與接受其冥契價值主張所進行的詮釋創作，那麼進一步來說，透過象徵或者隱喻的創作手段，雖然得以強化冥契價值主張的說服力與權威性，然而基於其詮釋創作本身已是針對整體卮言精神展現原貌的包裝與再造，故其所傳遞的冥契訊息，在準確度上已大幅降低！

　　本研究方法將依據上述重新區分的文本語言層級來予以制訂，亦即是說在研究《莊子》體道工夫的策略上，將以探索層級一的「作者針對自身先前冥契體驗的卮言描述與記錄」為主要目標，以試圖從中回應體道工夫研究所須探討的三大議題，至於層級二與層級三的語言層級，則做為支援輔助的研究位階，其中層級二的重要性，理當高於層級三的語言層級，更進一步來說，

當層級一的冥契資訊無法完整回應體道工夫研究的三大議題時，層級二與層級三所蘊含的冥契資訊便得以盡可能彌補其所不足，一般而言，層級二或可補足關於冥契行為姿態層面的資訊，而層級三則得以強化研究者對於體道境界實質內涵的理解與體認。最後，層級四的語言層級雖然佔《莊子》文本中的絕大多數，然而基於先前的分析，其大抵僅能做為某種舉例說明，而用以協助上述分析式之研究，可能過於理論化與抽象化的呈現缺失。

　　那麼這樣的研究策略，事實上，即是對於傳統《莊子》體道工夫研究方法的部分翻轉。簡要而言，有些傳統研究方法基於「道不可言」的《莊子》語言觀，所以強調必須考察象徵或隱喻式的語言陳述才能探得最核心的體道資訊，亦即是主張道之意蘊是藉由本論文第二章第三節所述之「語言增益功能」而被象徵與隱喻式的語言所指示或者暗示，換言之，其認為道的核心內涵是無法直接透過思想直陳的相關脈絡中來掌握。然而本研究方法，建構於冥契主義研究者的冥契語言研究原則，並出自於針對《莊子》自述三言目的的考察研究，因此反倒肯認冥契體道內涵確實得以經由冥契語言所直接而準確地陳述，尤其是透過上述所謂對稱互攝的卮言式詭辭；而關於象徵或隱喻式的寓言與重言，則基於《莊子》自述中，已言明其是一種以說服讀者做為根本目的的詮釋創作，故其內涵本不是為了清楚呈現冥契體道歷程所進行的體驗陳述，而是一種為了引導非冥契者認同冥契體道思想的宣教手段。據此因素，本研究方法嘗試翻轉上述此種傳統的研究進路，並企圖藉由所重構的語言區分層級，以更契近冥契體道歷程的核心內涵。

　　另一方面，本研究方法除了依據上述語言層級的區分結構之外，在《莊子》文獻範圍的取決上，也將同時依據先前本論文第一章第三節所述之篇章重要性程度的排序結構，具體而言，即是以內七篇與〈天下〉、〈寓言〉兩篇做為研究文獻的第一層級，而視其為本論文主要的文本研究對象；至於扣除〈天下〉、〈寓言〉以及〈讓王〉、〈盜跖〉、〈說劍〉、〈漁父〉等六篇之後的外雜篇則為第二層級，並將其視為次要的文本研究對象，而當第一層級的文本研究不足以完整回應體道工夫研究的三大議題時，便必須透過此第二層級的文本研究來為其補充；最後剩下的〈讓王〉、〈盜跖〉、〈說劍〉、〈漁父〉等四篇文獻則屬第三層級，並且在本論文的研究文獻範圍中，將大抵排除此層級的文本內容，其中尤其是〈說劍〉一篇，基於學者大多不認可其屬莊學範疇，故將徹底予以排除。

　　總而言之，本研究方法是兼採上述兩種層級區分結構所進行的一種研究模式，亦即是說本研究的首要研究任務即在於探索《莊子》內七篇以及〈天下〉、〈寓言〉兩篇中「作者針對自身先前冥契體驗的厄言描述與記錄」的文本內容，以藉此回應體道工夫研究的三大議題，而其中若有不完備之處，則將依序透過較低層級的相關研究來予以補足。

參、具體的研究方式與步驟

　　透過上述兩種層級區分結構的交叉整合，在具體的研究方式上，將優先考察第一級文獻中的四種語言層級，其中層級一的語言層級當然最為優先，依序才是層級二、層級三以及層級四的語言層級，然若此第一級文獻的語言研究無法完整回應《莊子》體道工夫研究的三大議題，則將開啟第二級文獻的文本語言研究，此中考察語言層級所依據的先後順序，仍與上述一致，至於針對第三級文獻，則大抵將其排除在本研究的研究範圍之外。

　　另一方面，依據上述《莊子》語言層級的區分模式，層級一與層級二的語言層級區分，大抵較為明確，因為前者是以第一人稱來陳述，而後者則是以第三人稱來陳述。至於層級四與前三種語言層級的區分，同樣也較為明確，因為層級四屬於象徵或隱喻性的陳述理路，而前三層級則皆展現為思想內涵的直接陳述。〔註84〕然而較為模糊的，則是層級三與前兩種語言層級的區分

〔註84〕事實上，上述的語言層級區分，也可能隱含更複雜的情況！例如作者雖然就是冥契者本人，然而其基於某種理由，因而在陳述自身冥契體驗內涵時，刻意喬裝成其他人物的體驗，進而將之改為第三人稱的客觀描述，則此語言陳述表面看來屬於第二層級，然而實際內涵卻屬於第一層級。又例如有些表面看來屬於第二層級的客觀描述，然而其作者本人實際上根本沒有遭遇過某位真正經歷冥契體驗的體道者，其所對於他人冥契體驗的相關陳述皆只是其刻意為之詮釋創作，那麼此種語言陳述雖然表面看來屬於第二層級，然而其實際內涵卻屬於第四層級。《莊子》文本語言中確實可能出現諸如此類表面語言層級與實際語言層級並不一致的複雜情況，而且絕大部分基於作者實際創作歷程已無法查證，因此研究者根本無法從中予以分辨！對此研究難題，筆者認為除非研究者有能力查證其實際情況，否則研究者都僅能在研究立場上，預設《莊子》文本語言的表面型態即為其實際情況。這是研究者大抵必須接受的研究方法預設，否則這樣的後設懷疑更得以無限上綱，以至於我們甚至可以質疑整部《莊子》皆是其作者的違心之論！而這樣極端懷疑主義式的思考模式，大抵是研究者得以暫且擱置的！除此之外，如果檢視此四種語言層級，在上述諸如此類後設懷疑的影響之下，何者將仍是研究者最能掌握其實際情況的？則當為第一層級的語言型態，因為除非《莊子》作者真的是一位

情況，因為此處牽涉到《莊子》篇章段落的認定問題，具體而言，當研究者從較寬鬆的文獻篇幅立場來認定所謂象徵或隱喻的行文脈絡，例如直接以完整單篇視為一個文本單元，那麼其中部分看似屬於思想直陳的章節或者段落，則可能直接被視為層級三的寓意解析式的卮言陳述，而無法被當作層級一或層級二的卮言式冥契描述與記錄；而若當研究者從較侷限的文獻篇幅立場來認定所謂象徵或隱喻的行文脈絡，例如視每一陳述段落皆為獨立的文本單元，那麼其中部分看似屬於寓意解析性的陳述段落，則可能得以被抬升為層級一或層級二的卮言式冥契描述與記錄！總之，前者過於寬鬆而後者又過於侷限，因此筆者對此篇章段落的認定抉擇，將以「章」做為獨立文本單元的基本單位，並且基於先前所述「從領域認同走向學術分工」的根本關懷與研究態度，因此在對於《莊子》章節段落的判定上，將大抵遵照王叔岷先生在其《莊子校詮》中之考訂。

至於針對上述《莊子》文本語言研究所必須回應的三大議題，具體而言，其尚且涵蓋以下幾個細部問題：其一，關於《莊子》體道工夫實踐為什麼能達致其體道境界的合理性議題，其內涵關涉到「冥契體驗如何能引發新的價值思維？」以及「應然性的冥契價值如何從實然性的冥契狀態中衍生而出？」的研究問題，除此之外，最為核心的乃是「體道工夫實踐為何得以昇華轉化自身心靈意識的原理依據？」之議題，對此，《莊子》嘗試透過「氣」的概念理論來予以說明，然基於其詮解模式大抵仍尚未脫離形上學式的神秘語彙，因此其中過於神秘的成分，仍有待於先前本論文第三章第二節所提及的冥契意識昇華轉化理論來予以解析與說明。

其二，關於《莊子》體道工夫實踐原則及其具體實踐步驟的研究議題，則關涉到「實踐原則的具體內涵為何？」以及「從此實踐原則中是否將衍生出固定而具體的實踐步驟？」……等問題，而更後設層面的問題則是「《莊子》為何主張此體道實踐原則？」的進一步追問，事實上，此後設層次的追問與上述「合理性」的議題密切相關，亦即是指當「合理性」議題得以被完整回應，則此後設追問的答案，方得以被其原理依據所支持。

不真誠的人，否則我們大抵較難以想像有一種表面看似為層級一的語言型態，而其實質內涵卻為層級二或層級四的可能混淆情況！（至於層級一與層級三的區分，則牽涉到章節形式結構的認定情況，此部分的技術性問題已在接下來的討論中提及。）因此這樣的省思檢視，反倒又再次說明了層級一的語言型態在此研究進行中的關鍵地位！

其三，關於《莊子》體道境界實質內涵的研究議題，則牽涉到「冥契者內在心靈意識在其冥契體道歷程中的轉化情況？」以及「經歷冥契體驗的體道者在其外在行為姿態層面又有何具體變化？」……等問題，除此之外，更為核心的則是「從冥契體道境界中所獲致的應世價值觀點為何？」以及「此價值觀點將如何具體轉化體道實踐者的真實生命及其所處世界？」……等關鍵議題，事實上，回應此議題，亦是在嘗試理解《莊子》根本的創作動機——《莊子》為何要藉由著書，來發揚其冥契價值主張的理由所在！

更進一步來說，上述針對《莊子》體道工夫三大議題所開展出的各種探問，皆是身為求道者（對於體道智慧的學習者）所企圖探索的知識內涵。而本論文基於受到「生命意義感的探求」做為主要研究動機的引導，因此針對下一章的章節安排上，將以求道者的學習視角出發，而依序回應上述所開展的研究問題網絡，具體而言，本研究將先致力於探究「《莊子》體道工夫的實踐原則」，而後再透過「為什麼」的進一步追問，以深入探討「《莊子》體道工夫實踐原理」的合理性議題，最後則試圖檢視「《莊子》體道境界所蘊涵的價值智慧」，以重新回應實踐體道工夫所獲致的冥契價值思維如何得以具體轉化他人生命的核心議題。總合而言，本研究方法試圖透過「為什麼」與「如何」的深入探問，一方面將藉此察覺感受冥契言說者的冥契心靈內涵，另一方面也試圖依此進路，來理解體道工夫核心的實踐原理！

肆、呈現研究成果的表達原則

有別於先前針對研究理路層面的探討，在此則涉及到如何呈現研究成果的表達模式。具體而言，選擇研究成果的語言表達模式，至少牽涉到兩個層面的考量：亦即「作者運用什麼語言表述型態才能適合其思想內涵的傳達」以及「作者應透過什麼語言表述方式才能使讀者易於接受與理解」二者。而如果就《莊子》自述其三言策略的言說目的來檢視，大致而言，《莊子》基於前者，因而選擇巵言表法，而基於後者，因而採取寓言與重言的表達方式。然而，對於當代已認同《莊子》思想的讀者而言，研究者大抵無須再透過象徵或隱喻的包裝手段來說服他們接受《莊子》的體道價值觀，他們所欲進一步探索的，乃是關於如何具體實踐《莊子》體道工夫的實踐原則與方法進路！據此因素，本研究方法又該如何對應此雙重原則，以制訂出適合自身研究成果的表達模式？針對此議題，即為此處的討論焦點。

　　事實上，在先前本論文第三章第一節關於研究方法核心原則的相關探討中，已對此議題有所省思，簡要而言，當代強調客觀系統性的論文表述模式，確實適用於呈現《莊子》體道工夫的實踐理論，然而傳達過於客觀知識化的冥契理論，卻又明顯違背傳遞冥契心靈的根本宗旨，反而早期東方哲人所擅長涵容冥契情感的書寫模式，其富情感渲染力的文學語言，反倒適宜冥契心靈的傳遞，也進而易於被讀者所理解與接受，然而承載過多主觀情感的文學性語言，卻似乎又不適用於研究成果的表達方式！這是從研究理路一直延伸至研究表達模式上的方法弔詭。

　　在研究方法層面上，也許此弔詭無法徹底排除，然而承認並接受此弔詭，進而重新調整轉換恰當的研究態度，大抵是研究者得以進行的嘗試。具體而言，筆者認為《莊子》體道工夫研究，並無須徹底放棄客觀系統性的表達模式，而僅須在研究理路的層面，大膽而主動地嘗試感受《莊子》文本所含藏的那份冥契心靈，亦即透過「為什麼」與「如何」的深入追問，以藉此體會冥契者在言說冥契語言當下的心靈意識，進而也就能夠在強調客觀系統性的研究成果表達模式中，同時融入研究者個人對於相關體道實踐的心得體會。換言之，呈現《莊子》的冥契體道知識以及傳遞《莊子》所蘊含的冥契心靈，此二者本不該背道而馳！因此，研究者除了應清楚呈現體道工夫的知識理論之外，也應試圖分享自身在體道工夫的實踐中，所能體會與感受到的卮言精神。

　　推論至此，也許有人會批評這樣的研究取向過於主觀隨意且又容易造成研究意見的分歧混亂！然而，筆者仍認為研究者嘗試感受卮言精神並試圖進行分享，確實是不可推託的研究義務，而真正會造成影響的關鍵，應該在於言說態度本身！亦即是說，當研究者採取某種「嘗試言之」〔註85〕的言說姿態來進行冥契分享時，研究者已意識到自身的感受分享，可能僅是整體冥契

〔註85〕「嘗試言之」這樣的言說口氣，經常出現在《莊子》文本中，體道者回應求道者提問時的發語姿態，例如〈齊物論〉中關於齧缺問道於王倪的一段陳述：「齧缺問乎王倪曰：『子知物之所同，是乎？』曰：『吾惡乎知之！』『子知子之所不知邪？』曰：『吾惡乎知之！』『然則物無知邪？』曰：『吾惡乎知之！雖然，嘗試言之，……』」引自王叔岷：《莊子校詮》，頁79。另外，有關《莊子》「嘗試言之」的文學研究，請參考蔡岳璋：〈試論莊子文學空間——來自「嘗試言之」的考慮〉，《清華學報》新43卷第3期（2013年9月），頁431～460。

內涵的一個側面，甚至也可能僅是某些最表淺的冥契訊息，然而當研究者已對此言說姿態有所意識，則其所呈現的冥契訊息，便並不至於動搖或者違逆眞正核心的冥契根本！換言之，在此言說姿態下，研究者也無須擔憂自身的冥契體驗可能過於淺薄而怯於分享。反倒當研究者對此言說姿態全無自省意識，而自以爲所呈現的研究成果及其所傳達的冥契內涵最爲客觀與準確時，則此種研究姿態才更易於造成主觀研究分歧的負面影響。

第四章　透過新研究方法重探《莊子》體道工夫

第一節　先從《莊子・天下》談起

　　本章將依循先前所建構的新研究方法，並以榮格心理學所切入的冥契主義研究做爲理論參照，進而針對《莊子》體道工夫思想重新進行詮釋研究。本章之所以將從〈天下〉篇談起，主要基於兩個理由：一方面，從前一章所建構的新研究方法來看，〈天下〉篇既屬於文獻層級中的第一級，且全篇文字皆屬於冥契語言層級中的第一層級，其重要性理當爲《莊子》全書之首；另一方面，《莊子》研究者大抵都同意將〈天下〉與〈寓言〉兩篇，視爲《莊子》全書的導論或總序——亦即其具有作者自述的文本意義，而本論文前一章已針對〈寓言〉篇論旨的三言表達策略，有過詳細的討論，因此本章以〈天下〉篇做爲重探《莊子》體道工夫的開端，理應再適合不過！總而言之，筆者在本章的第一節中，將企圖透過〈天下〉篇的引導，以略探《莊子》體道工夫研究所須回應的幾個核心議題，而後，再接下來的三個章節中，則轉以論題做爲章節訂定的取向，進而依序展開「《莊子》體道工夫的實踐原則及其方法進路」、「《莊子》體道昇華歷程的意識轉化原理」，以及「《莊子》體道境界的價值思維及其生命智慧」三個層面的深入解析，以藉此全面探究《莊子》體道工夫的思想內涵。〔註1〕

─────────────

〔註1〕事實上，〈寓言〉篇第一章論及三言表達策略的部分，亦皆屬文獻與冥契語言

　　檢視〈天下〉篇的論述結構，其可分爲六章，首章言上古道術的整全及其後世分化後所衍生的混亂與分裂，其後四章則依序評論了四組學術家派的思想主張：第一組爲墨翟與禽滑釐；第二組爲宋鈃與尹文；第三組爲彭蒙、田駢與愼到；第四組爲關尹、老耼與莊周。最後一章則附論了惠施、桓團、公孫龍等辯者的學術缺失。此中針對種種歷史現象以及學術家派的評價，皆蘊含一組一致的價值判準，而此價值立場的產生，大抵源自於《莊子》作者在經歷冥契體驗後所引起的價值思維轉化。換言之，我們得以視整個〈天下〉篇爲《莊子》作者透過冥契價值觀點而針對其當世學術發展所進行的總評。據此，研究者藉由考察〈天下〉篇，一方面得以還原檢視《莊子》作者創作全書的動機、目的及其所欲對治的根本問題，此外，亦可藉由釐清其評價行爲所蘊含的價值觀點，以嘗試體會此冥契價值思維的實質內涵及其生成與作用。以下將逐章予以探析。

　　〈天下〉篇首章對於上古道術的整全性，有許多正面性的陳述：

> 古之所謂道術者，果惡乎在？曰：「无乎不在。」曰：「神何由降？明何由出？」「聖有所生，王有所成，皆原於一。」不離於宗，謂之天人。不離於精，謂之神人。不離於眞，謂之至人。以天爲宗，以德爲本，以道爲門，兆於變化，謂之聖人。以仁爲恩，以義爲理，以禮爲行，以樂爲和，薰然慈仁，謂之君子。以法爲分，以名爲表，以操爲驗，以稽爲決，其數一二三四是也。百官以此相齒。以事爲常，以衣食爲主，蕃息畜藏，老弱孤寡爲意，皆有以養，民之理也。
> 〔註2〕

層級雙判準中的第一層級，其重要性當然也不小於〈天下〉篇，然而〈寓言〉篇從第二章開始，一共收錄了五則寓言故事，其內容大抵皆與轉化價值思維的體道實踐有關，然其爲何附於三言策略的說明之後？此理由似乎難以準確掌握！如果就立論三言策略的解說立場來看，其應歸屬於《莊子》全書的後設說明層次，那麼此五則寓言故事或許當視爲三言策略的解說範例；但檢視其內容陳述，其大抵與《莊子》全書其他寓言故事的陳述模式相仿，因此其創作目的也不無可能僅是爲了彰顯其宣揚價值轉化的核心寓意有關，而與後設層次的三言範例之意義全然無關。對此，筆者認爲，從理解三言策略的需求來說，此五則寓言故事的解釋效用不大！且其內容所述及的價值轉化思想，亦大致已被內七篇其他的寓言故事所涵蓋，所以在研究策略上，將此五則寓言故事的文獻層級與其第一章論述三言策略的部分進行切割，並將其下放爲第二級的文獻，理應不至於影響研究的進行。

〔註2〕引自王叔岷：《莊子校詮》，頁1291～1292。

> 古之人其備乎！配神明，醇天地，育萬物，和天下，澤及百姓，明
> 於本數，係於末度。六通四闢，小大精粗，其運无乎不在。其明而
> 在數度者，舊法世傳之史尚多有之。其在於《詩》、《書》、《禮》、《樂》
> 者，鄒、魯之士、搢紳先生多能明之。《詩》以導志，《書》以導事，
> 《禮》以導行，《樂》以導和，《易》以導陰陽，《春秋》以導名分。
> 其數散於天下而設於中國者，百家之學時或稱而道之。〔註3〕

首先，其認為上古道術無所不在，而且「皆原於一」，此已透顯出冥契體驗與
道術核心的緊密關係。接下來其所述及的「天人」、「神人」與「至人」，則大
抵皆指向得以探及集體潛意識，進而掌握冥契智慧的體道者，而當這些體道
者將其所獲致的體道智慧運用於世，則將得以成為「聖人」、「君子」，抑或各
種稱職的「百官」，只是此三者相較之下，「聖人」最能與集體潛意識的永恆
創造力保持聯繫，至於「君子」與「百官」的思維模式則逐漸知識化、系統
化，進而落實為「百家之學」以及社會制度的具體建置。然至此為止，《莊子》
皆認為此是上古時代自然而美好的發展情況，此一切的發展與作為，仍不離
於道術的整全，所以其言「其數散於天下而設於中國者，百家之學時或稱而
道之。」

道術的混亂與分裂，則起於此後的歷史發展：

> 天下大亂，賢聖不明，道德不一，天下多得一察焉以自好。譬如耳、
> 目、鼻、口，皆有所明，不能相通。猶百家眾技也，皆有所長，時
> 有所用。雖然，不該不徧，一曲之士也。判天地之美，析萬物之理，
> 察古人之全，寡能備於天地之美，稱神明之容。是故內聖外王之道，
> 闇而不明，鬱而不發，天下之人各為其所欲焉以自為方。悲夫，百
> 家往而不反，必不合矣。後世之學者，不幸不見天地之純，古人之
> 大體，道術將為天下裂。〔註4〕

上述這些批判，連同本章起始的第一句論斷——「天下之治方術者多矣，皆
以其有為不可加矣。」〔註5〕皆透顯出其所批評的，並非是指道術分化成百家
學術的這個結果，而是針對百家形成後，紛紛自建堡壘，進而自以為是的學
術態度，此即所謂「多得一察焉以自好」以及「各為其所欲焉以自為方」的

〔註3〕引自王叔岷：《莊子校詮》，頁 1295～1296。
〔註4〕引自王叔岷：《莊子校詮》，頁 1296。
〔註5〕引自王叔岷：《莊子校詮》，頁 1291。

偏私情態。換言之，同樣是道術的分化，此中卻隱含兩種不同的發展情況：一種是「全分而有通」，亦即當「聖人」、「君子」、「百官」能體察集體潛意識（亦即「天地之純」、「古人之大體」），進而便能在整全之「一」中分化道術，那麼此分化雖然有所區分，卻也並未失去與整全道術的緊密關係，此即「內聖外王」之道；至於另一種則是「全裂而不通」，亦即上述基於學術百家的偏私自爲心態，進而遭致《莊子》所批判的負面情況，所以其斷言「道術將爲天下裂」，而此亦爲《莊子》全書所欲對治的根本問題。

更具體地說，當道術的分化已成爲必然的發展，如何喚醒人們原本與整全之「一」（亦即集體潛意識）的緊密關係，進而得以回復「全分而有通」的道化狀態，便成爲《莊子》作者創作其書的根本動機與目的！

事實上，當世之時，學術百家皆欲對於天下大亂的悲慘狀況提出解決之道，然而從《莊子》的立場來說，他們往往各執偏見，而無法從根源深處體察整全之「一」，進而重新保持「全分而有通」的「內聖外王」之道。據此因素，〈天下〉篇從第二章起，一連品評了四組當世著名家派所提出的救世之道，而此評論過程，其實內含一價值理路做爲其高下判準，楊儒賓先生對此指出：

> 〈天下〉篇描述作爲一切存在本源的「一」如何透過外於精神的哲學（墨家）進入準精神的哲學（宋鈃一系與慎到一系），再進入精神在其自體的抽象之一的巔峰（老聃、關尹），最後進入精神四達並流的具體之一的階段（莊子）。在最後階段，莊子的超越並非拋棄前者，而是通過前者，並且消融前者，這是「內聖外王」一詞的內涵。〔註6〕

以下，對於〈天下〉篇第二章以至於第五章的詮釋解析，將銜接在這個理解觀點之上，而展開討論。

首先，〈天下〉篇第二章評論了墨翟與禽滑釐，其針對他們二位思想主張的評論，主要見於：

> 其生也勤，其死也薄，其道大觳，使人憂，使人悲，其行難爲也，恐其不可以爲聖人之道，反天下之心，天下不堪。墨子雖獨任，奈天下何！離於天下，其去王也遠矣。〔註7〕

〔註6〕引自楊儒賓：〈莊說，說莊〉，頁527。
〔註7〕引自王叔岷：《莊子校詮》，頁1302。

墨翟、禽滑釐之意則是，其行則非也。將使後世之墨者，必自苦以
腓无胈、脛无毛相進而已矣。亂之上也，治之下也。雖然，墨子真
天下之好也，將求之不得也，雖枯槁不舍也。才士也夫！〔註8〕

其認為他們的思想對自己的要求過於嚴苛，甚至已悖反人的本性，因此「天
下不堪」，難以成為真正得以救世的王道。即使如此，《莊子》仍對於墨子有
所稱讚，其言「墨子真天下之好也」，乃是欽佩墨子願意無條件奉獻自己以成
就世界的決心與毅力！而檢視墨子形成其治世價值原則的緣由，乃基於其對
於大禹人格精神的仿效，所以墨子言：「不能如此，非禹之道也，不足謂墨。」
〔註9〕換言之，此仿效聖人人格與作為而制定出的價值原則，如果從《莊子》
的立場來看，此當是由外鑠所形成，而且已落實為一種具體形式規範化的既
定價值〔註10〕，故其並不是一種得以深入集體潛意識，而重返價值根源的價
值創化活動。

接著，〈天下〉篇第三章評論了宋鈃與尹文，其認為他們有與墨子相似之
處，同樣「其為人太多，其自為太少。」〔註11〕亦即同樣以犧牲自我進而成
就他人做為終身使命；不同之處則在於墨子的價值原則，主要乃落實為外在
形式規範的要求，而宋鈃與尹文則「以禁攻寢兵為外，以情慾寡淺為內，其
小大精粗，其行適至是而止。」亦即從內在想法以至於外在行為，皆一貫地
強調其價值原則的訴求。如果就行為本身的動機、過程與結果，此三個層面
來解析，相較此二者，墨子的價值原則，大抵僅是行為結果層面的要求；而
宋鈃與尹文所要求的價值原則，則同時貫穿動機、過程與結果三個層面。對
於《莊子》來說，宋鈃與尹文能夠轉而注重內心動機層面的考量與修練，是
其得以優於墨子之處，然而其卻仍然主張「行適至是而止。」也就依然未曾
脫離「至是」的既定價值思維。

在此之後，〈天下〉篇第四章針對彭蒙、田駢與慎到的思想主張進行評
論。他們所主張的價值原則如下：

〔註8〕引自王叔岷：《莊子校詮》，頁1309。

〔註9〕引自王叔岷：《莊子校詮》，頁1309。

〔註10〕「既定價值」一詞，也許得以透過「慣性」這樣的概念來予以說明。當某人
已長期採取某種價值思維，進而在內心深處，已十分信仰某種價值觀點，則
此價值觀即可能成為其待人處事的一種價值「慣性」，此即是所謂的「既定價
值」。在極端的情況下，此人甚至已無法察覺其所身處的價值「慣性」，進而
也就無法對於其自身的「既定價值」進行反思與重建。

〔註11〕引自王叔岷：《莊子校詮》，頁1318。

> 公而不當，易而無私，決然無主，趣物而不兩，不顧於慮，不謀於
> 知，於物無擇，與之俱往。〔註12〕

他們強調要「棄知去己」〔註13〕，亦即要求人應全然放棄做爲價值抉擇的思維主體，進而得以完全順隨貼合萬物的自然之理，如此方能展現真正的「公而不當」。在此將繼續沿用先前已提及的動機、過程與結果的行爲分析結構來檢視：在正常情況下，我們之所以可以評價某行爲者的道德行爲是否符合某種道德原則，乃是基於其擁有行爲動機考量的自由，進而得以自由選擇其所欲依循的價值原則來進行其行爲過程，而最終達成行爲結果，在此行爲歷程中，基於行爲者有動機考量的能力，亦有行爲決定的自由，因此行爲者理當必須爲其行爲過程與結果負起道德責任；然而彭蒙、田駢與慎到的思想卻十分極端，他們主張人應全然放棄動機考量的能力以及行爲決定的自由，如此全然成爲「無知之物」，方能「全而无非，動靜无過，未嘗有罪。」〔註14〕換言之，既然完全由萬物的實然運行來主宰自我意識的運作，那麼也就無須負上任何應然性的道德責任！然而《莊子》最後評論道：「彭蒙、田駢、慎到不知道。雖然，槩乎皆嘗有聞者也。」〔註15〕此評論有褒亦有貶，褒獎處在於他們能察覺人心歧見是造成世界紛亂的重大因素，進而能嘗試深入根本，而主張應順隨萬物自然之理的價值原則；至於貶責處，則在於他們全然放棄人具有價值抉擇自由的可貴本質，故《莊子》終言其「不知道」！

到了〈天下〉篇的第五章，本章討論關尹、老聃與莊周自身的思想，在此章中，《莊子》幾乎不再批判，而是以肯定的語氣提出論贊。對於關尹與老聃的思想，其指出：

> 以本爲精，以物爲粗，以有積爲不足，澹然獨與神明居，古之道術
> 有在於是者，關尹、老聃聞其風而悅之，建之以常無有，主之以太
> 一，以濡弱謙下爲表，以空虛不毀萬物爲實。〔註16〕

從《莊子》的觀點看來，他們是十分偉大的冥契體道者，因此其讚言「可謂至極，關尹、老聃乎！古之博大眞人哉！」〔註17〕其認爲他們的思想主張並

〔註12〕引自王叔岷：《莊子校詮》，頁1326。
〔註13〕引自王叔岷：《莊子校詮》，頁1328。
〔註14〕「無知之物」與「全而无非」諸語，皆引自王叔岷：《莊子校詮》，頁1329。
〔註15〕引自王叔岷：《莊子校詮》，頁1329。
〔註16〕引自王叔岷：《莊子校詮》，頁1335。
〔註17〕引自王叔岷：《莊子校詮》，頁1336。

不依循任何內在或者外在的既定價值思維，而是從「神明居」處——集體潛意識的所在，領略到價值的根源，因而得以在物我合一的冥契感受中，衍生出謙下、包容、順隨而成全萬物的價值原則。相較於先前的彭蒙、田駢與慎到，此兩組思想家雖然看似同樣以順隨萬物自然之理爲其應世原則，然而不同之處在於彭蒙、田駢與慎到並未能體契集體潛意識的價值根源，事實上，他們已全然放棄得以進入冥契體驗的心靈意識；至於關尹與老聃則能在冥契體驗中，以其心靈意識，自主而自然地開啓順物以成物的價值自覺活動。

　　〈天下〉篇第五章的後半段，針對莊周自身的思想進行陳述，其言：

　　　芴漠無形，變化無常，死與生與，天地並與，神明往與！芒乎何之，
　　　忽乎何適，萬物畢羅，莫足以歸，古之道術有在於是者。莊周聞其
　　　風而悅之，以謬悠之說，荒唐之言，無端崖之辭，時恣縱而不儻，
　　　不以觭見之也。〔註18〕

莊周承繼關尹與老聃的思想基調，持續透過冥契體道的工夫實踐，以進行價值思維的反思活動。如果說關尹與老聃的成就在於發掘了價值根源的存在，進而開啓價值覺醒的重建契機，那麼莊周所進一步探索的，則是如何透過此冥契價值思維來面對這個變化不斷，進而也紛爭不止的具體世界？就如同其在〈天下〉篇第一章中所透顯的根本問題意識：立身於這個道術已爲「天下裂」的現實處境，諸子百家各執其是以攻其非，那麼如何透過此冥契價值思維以促使道術發展重新回歸「全分而有通」的道化狀態？便成爲其最爲根本的學術議題，同時也是其最爲核心的生命議題！

　　對此議題，莊周所進行的價值思維及其所確立的價值原則如下：

　　　獨與天地精神往來，而不敖倪於萬物，不譴是非，以與世俗處。……
　　　彼其充實不可以已，上與造物者遊，而下與外死生、无終始者爲友。
　　　其於本也，弘大而闢，深閎而肆。其於宗也，可謂調適而上遂矣。
　　　雖然，其應於化而解於物也，其理不竭，其來不蛻，芒乎昧乎！未
　　　之盡者。〔註19〕

通過上述討論，再藉由此段文字的精要說明，至此已能初步回應《莊子》體道工夫研究的幾個關鍵議題。首先，既然透過冥契價值以拯救現實世界的分裂與混亂是其根本使命，那麼應透過體道工夫的修練以深入集體潛意識的價

〔註18〕引自王叔岷：《莊子校詮》，頁 1341～1342。
〔註19〕引自王叔岷：《莊子校詮》，頁 1342。

值根源所在，便成爲其思想主張的基本論點，換言之，《莊子》體道工夫的實踐原則爲何？即是——從個人的心靈意識出發，自主地透過冥契體驗的具體實踐，以促使集體潛意識得以上升至自我意識層中朗現，如此方能從價值根源處，自然開啓意識思維的根本轉化。上述所言「獨與天地精神往來」、「上與造物者遊」、「其於宗也，可謂稠適而上遂矣。」皆可對應這個基本論點。

再者，《莊子》爲何主張此體道實踐原則？此從其依序批評前三組思想主張而肯定關尹、老聃學說的思維理路可以得知。簡要而言，無論是第一組的墨翟與禽滑釐、第二組的宋鈃與尹文，還是第三組的彭蒙、田駢與慎到，雖然《莊子》對於他們有所批評，然而他們皆彰顯出削弱自身以成就世界的奉獻精神，此點卻是《莊子》所一致肯定而認同的！換言之，此種利他精神亦是《莊子》所抱持的價值原則，而《莊子》之所以仍對他們的學說有所不滿，關鍵在於此利他價值原則的來源問題！從反面而言，《莊子》認爲世界是變化無端的，因而導致人心的價值成見也經常反覆未定，所以若僅從某種缺乏自省的既定價值思維來建構此利他原則，那麼最糟的情況，將成爲墨翟與禽滑釐所建立的那種外在教條化的規範，或者稍微好一點的，也大概僅能成爲宋鈃與尹文所形成的那種貫通內外的價值信仰，或是更深層一些的，如同彭蒙、田駢與慎到，雖然察覺到徹底轉化人心才是重建價值思維的根本，然其並未能體契集體潛意識的價值根源，故也同樣落入某種既定價值思維的模式當中，總之，這些基於既定價值成見所建構的利他原則，雖然有助於世界，然而在未來，卻勢必將再次被世界的變化洪流所淹沒！因此從正面立論，《莊子》認爲在一切變化與相對的世界之中，仍有「道」——集體潛意識的存在，因此人們不得不透過冥契體道工夫的具體實踐，以揭示眞正共同的集體價值思維，如此從中所確立的一種實然性的利他原則，方能永恆存在而眞正被所有人們所接受！

此外，另一個得以嘗試初步回應的問題是：冥契體驗如何得以引發新的價值思維？對此，冥契主義研究者認爲冥契體驗中所獲致的冥契情感，得以自然促使冥契者引發出關懷、包容、愛……等核心價值。〔註20〕事實上，此論點牽涉到十分複雜的哲學議題，在此宜暫且先簡要地指出：當冥契體道者得以察覺萬物一體的永恆創化，方是世界存在的眞相，那麼冥契者當自然領

〔註20〕關於此點，已在本論文第一章第一節中有所論及，也請參考史泰司著，楊儒賓譯：《冥契主義與哲學》，頁 444～456。

會自我意識中的價值抉擇，理應回歸於集體潛意識所開展的實然創化歷程，換言之，在此當下，自我意識得以與集體潛意識冥合無礙，一切看似爲應然性的是非價值紛亂，皆得以被實然性的創化歷程所涵容與消化。所以《莊子》自述其思想爲「獨與天地精神往來，而不敖倪於萬物，不譴是非，以與世俗處。」另一方面，其亦自我陳述：「彼其充實不可以已，上與造物者遊，而下與外死生、无終始者爲友。」歷來註解大多認爲此「彼其」二字，是指《莊子》其書或者《莊子》書中所蘊含的思想整體，因此針對「彼其充實不可以已」一句，大多將其理解爲《莊子》思想的廣闊程度及其多元豐富，然而若參照此冥契理論，我們也得以想像其「充實不可以已」，或指其從冥契根源處，獲致了源源不絕的冥契情感，進而得以促使其進行永無止盡的價值創化活動。

那麼延續前一個議題，何謂從冥契體道境界中所獲致的永恆價值創化活動？《莊子》自述「其應於化而解於物也，其理不竭，其來不蛻，芒乎昧乎！未之盡者。」正顯示了此冥契價值思維的永無止盡。簡要而言，既然《莊子》主張一切的價值原則皆必須源自於集體潛意識——此一永恆變化的實然創化歷程，那麼也就是在提醒世人必須時時保持與集體潛意識得以溝通無礙的交流管道！當任何價值原則被具體落實，其皆可能逐漸自我封閉而形成既定價值成見，進而不再受到集體潛意識的實然性支持。據此，《莊子》所主張的價值原則，其實質內涵，事實上也可以說是一種永恆創化未定的價值反思歷程，如果直接質問《莊子》何種價值原則是最完美而恰當的？其可能會回答：永遠無法固定！然而只要抉擇者能夠隨時回返集體潛意識的價值根源，然後呈現其自然，則在此自然展現的當下，便能彰顯最恰當的價值抉擇。

最後一個可以稍加回應的問題是：此冥契價值思維究竟將如何得以轉化冥契者的眞實生命？事實上，無論是「不敖倪於萬物，不譴是非，以與世俗處。」還是「應於化而解於物也。」這些包容萬物差異及其價值分歧，進而得以化解一切對立衝突的價值展現，皆在鼓勵世人一同投入冥契體道的工夫實踐，進而得以一同在道的創化歷程中，成就自我，也同時轉化世界。

〈天下〉篇的末章，附論了惠施、桓團、公孫龍等辯者的學術缺失，歷來學者大抵皆認爲其旨在批判辯者們擅長以主客二分的分析理性來探究事物之理，而此思維模式將阻礙了冥契體道的實踐可能。然而，隨意檢視《莊子》文本，其所使用的思想論述技巧，事實上也不乏辯者們經常使用的後設觀點轉換模式，例如在〈齊物論〉中的「物無非彼，物無非是。」一段論述即是

如此。〔註 21〕因此，重新審視《莊子》對於辯者們的關鍵批評，其指明他們
「弱於德，強於物，其塗隩矣。」〔註 22〕即意指他們缺乏對於內在集體潛意
識的冥契體會，而只強求於外在事物的知識探究，所以終究並非企及整全道
術之正途！換言之，《莊子》所真正批評的，並不是主客二分的分析理性，而
是他們那個不願深入正視冥契真相的傲慢態度。總之，此末章對於辯者們的
批評，其實仍與其先前評論其他四組學派思想的理路一致，關鍵並不在於行
為結果上，他們各自宣稱了什麼主張，而是在於行為動機層面，他們能否真
正體契根源而從根本處進行價值思維重建。

　　以上已大略透過〈天下〉篇的解析，而大致回應了《莊子》體道工夫研
究的幾個核心議題，然此中論述不甚精緻，而且這些回應也並未充足，因此
接下來的三個章節，將進一步以議題為其導向，以藉此更加深入檢視《莊子》
體道工夫思想的具體內涵。

第二節　《莊子》體道工夫的實踐原則及其方法進路

　　本節主要將針對《莊子》體道實踐原則的幾個關鍵議題，進行回應：其
一是「《莊子》為何要以冥契體驗做為其體道原則？」；其二是「如何開啟冥
契體驗以深入集體潛意識的基本實踐原則？」；其三是「此體道原則是否將開
展出某種固定的實踐方法進路？」；其四是「透過《莊子》體道工夫重新檢視
內外向兩種冥契類型區分之意義！」以下將逐項進行討論。

壹、《莊子》為何要以冥契體驗做為其體道原則？

　　在前一節針對〈天下〉篇的探討中，已指出透過冥契體驗以企及集體潛
意識，乃是《莊子》所主張的體道原則，而探究其主張此原則的根本理由，

〔註 21〕 物無非彼，物無非是。自彼則不見，自知則知之。故曰彼出於是，是亦因彼，
　　　　彼是方生之說也。雖然，方生方死，方死方生。方可方不可，方不可方可。
　　　　因是因非，因非因是。是以聖人不由，而照之於天，亦因是也。是亦彼也，
　　　　彼亦是也。彼亦一是非，此亦一是非。果且有彼是乎哉？果且無彼是乎哉？
　　　　彼是莫得其偶，謂之道樞。樞始得其環中，以應無窮。是亦一無窮，非亦一
　　　　無窮也。故曰莫若以明。以指喻指之非指，不若以非指喻指之非指也；以馬
　　　　喻馬之非馬，不若以非馬喻馬之非馬也。天地一指也，萬物一馬也。引自王
　　　　叔岷：《莊子校詮》，頁 58～59。
〔註 22〕 引自王叔岷：《莊子校詮》，頁 1364。

乃基於世界不斷變化的實然眞相！在此，得以更進一步指出：《莊子》對此世界眞相的認定，乃基於其親身體驗的冥契感受。

在《莊子·齊物論》中，如果先暫且略過其第一章關於三籟的寓言故事，而從第二章「非彼無我，非我無所取。……」開始，其一連六章的卮言陳述，皆屬於本研究方法界定下的第一級冥契語言，亦即作者針對其自身先前的冥契體驗所進行的回憶陳述，以下將透過其第二章與第三章的文本內涵，來揭示《莊子》在其冥契體驗中所體認到的世界眞相：

> 非彼無我，非我無所取。是亦近矣，而不知其所爲使。若有眞宰，而特不得其朕。可行己信，而不見其形。有情而無形。百骸、九竅、六藏，賅而存焉，吾誰與爲親？汝皆說之乎？其有私焉！如是皆有爲臣妾乎？其臣妾不足以相治乎。其遞相爲君臣乎？其有眞君存焉！如求得其情與不得，無益損乎其眞。〔註23〕

上述引文爲〈齊物論〉第二章的前半段。當《莊子》作者從冥契體驗狀態重回一般經驗狀態，其對於此兩種意識狀態的差異——前者爲集體潛意識與自我意識的重合而後者則爲一般自我意識的運作，便很容易提出「非彼無我，非我無所取。是亦近矣，而不知其所爲使。」這類的自我疑問，亦即是說其一方面體認到在冥契體驗當下，如果沒有「彼」（集體潛意識）的存在，「我」這個體驗者又怎麼會有此冥契感受？然而其另一方面又察覺到如果沒有「我」（自我意識）的存在，我的形體又怎麼能有此冥契轉化？因此，其接著指出「是亦近矣」，亦即指涉自我意識與集體潛意識的冥合難分，那麼在冥契體驗當下的自我形體，究竟是被集體潛意識所主宰，還是被我的自我意識所主宰呢？據此疑惑，所以其言「不知其所爲使」。然而，其仍然確實感受到此種集體性的潛意識存在，故其言「若有眞宰」，只不過所謂集體潛意識畢竟是潛在而難以察覺的意識存在，因此其只能以「特不得其朕」與「有情而無形」來陳述之。接著，延續自我形體主宰的疑惑，其因而再度開啓「百骸、九竅、六藏，賅而存焉，吾誰與爲親？汝皆說之乎？其有私焉！如是皆有爲臣妾乎？其臣妾不足以相治乎。其遞相爲君臣乎？」的追問，而事實上在經歷冥契體驗後，《莊子》作者卻怎麼也搞不清楚自己的身體，究竟是被集體潛意識還是自我意識所主宰，才是眞正的事實！然而無論如何，其至少能確定「其有眞君存焉」——亦即集體潛意識是眞實存在的。

〔註23〕引自王叔岷：《莊子校詮》，頁52。

　　至此，基於此冥契事實的體認——有一種超越自我精神之上的宇宙精神（集體潛意識）真實存在，所以其在第二章下半段，便開始反思其原本的應世態度：

> 一受其存形，不亡以待盡。與物相刃相靡，其行盡如馳，而莫之能止，不亦悲乎！終身役役而不見其成功，苶然疲役而不知其所歸，可不哀邪！人謂之不死，奚益！其形化，其心與之然，可不謂大哀乎？人之生也，固若是芒乎？其我獨芒，而人亦有不芒者乎？〔註24〕

其體悟到一般人從出生（「存形」）開始，總是期望能夠享盡天年，然而實際上，人們卻總是無知地在自我意識的運作下，汲汲營營地過著「與物相刃相靡，其行盡如馳，而莫之能止」的物質生活，就榮格心理學來說，這樣的人生似乎太過受制於個體潛意識中的種種慾望本能所強烈主導，因此《莊子》認為如此窮極一生，不僅難以功成而有歸，更重要的是，其將可能因而根本無法盡其天年！而歸咎其原因，乃在於「其形化，其心與之然，可不謂大哀乎？」亦即是指既然我們的精神層面得以企及那個得以超越時空而永恆存在的宇宙精神（集體潛意識），那麼如果我們仍僅執著於自我意識以及個體潛意識中的種種欲求，如此一來，不單形體終將被消耗殆盡，連同我們的精神意識也將失去得以昇華超越的可能。換言之，《莊子》認為透過冥契體道以企及集體潛意識，當是人之一生的重大使命！

　　至於〈齊物論〉的第二章，則持續論及當人們無法察覺某些既定價值成見，已深深烙印在其自我意識與個體潛意識當中，那麼人們將依舊無法脫離那個變化多端且又紛爭不斷的現實世界！其指出：

> 夫隨其成心而師之，誰獨且無師乎？奚必知代；而心自取者有之；愚者與有焉。未成乎心而有是非，是今日適越而昔至也。是以無有為有。無有為有，雖有神禹且不能知，吾獨且奈何哉！夫言非吹也，言者有言，其所言者特未定也。果有言邪？其未嘗有言邪？其以為異於鷇音，亦有辯乎？其無辯乎？道惡乎隱而有真偽？言惡乎隱而有是非？道惡乎往而不存？言惡乎存而不可？道隱於小成，言隱於榮華。故有儒、墨之是非，以是其所非，而非其所是。欲是其所非而非其所是，則莫若以明。〔註25〕

〔註24〕引自王叔岷：《莊子校詮》，頁52～53。
〔註25〕引自王叔岷：《莊子校詮》，頁56。

在一般情況下，人確實不斷依循著自我意識及其個體潛意識來待人處事，所以在此日積月累的反覆積習下，某些既定成見的價值慣性將由衷而生，此即「成心」。而其認為「成心」是造成價值偏見的主因，此現象在人們的言論當中即可察覺，例如當某人發言，其中必隱含其特定的觀點立場，此即出於所謂的「成心」，那麼如此從特定價值觀點所發出的言論，自然將產生「以是其所非，而非其所是。」的價值紛爭，且這是從《莊子》時代以至今日，皆未曾被解消的實際亂象。其所謂「道惡乎隱而有真偽？」是指當人們無法感受到冥契事實，則所有對於世界真相的認定，自然有其真假之別的紛亂；至於「言惡乎隱而有是非？」則是指當人們無法體悟冥契價值，那麼也將自然造成種種是非價值觀點的分歧與對立！對此難題，《莊子》主張「莫若以明」。

那麼何謂「以明」，其接者指出：

> 物無非彼，物無非是。自彼則不見，自知則知之。故曰彼出於是，是亦因彼，彼是方生之說也。雖然，方生方死，方死方生。方可方不可，方不可方可。因是因非，因非因是。是以聖人不由，而照之於天，亦因是也。是亦彼也，彼亦是也。彼亦一是非，此亦一是非。果且有彼是乎哉？果且無彼是乎哉？彼是莫得其偶，謂之道樞。樞始得其環中，以應無窮。是亦一無窮，非亦一無窮也。故曰莫若以明。以指喻指之非指，不若以非指喻指之非指也；以馬喻馬之非馬，不若以非馬喻馬之非馬也。天地一指也，萬物一馬也。〔註26〕

其認為在未曾經歷冥契體驗之前，一切對於事實真相的認定以及對於價值觀點的抉擇，從長遠的時間來看，基於人心成見同樣將因於世界的變化而有所轉變，因此這些事實認定與價值抉擇都將處於變化不斷的相對之中，所以其言「方生方死，方死方生。方可方不可，方不可方可。因是因非，因非因是。」其認為唯有「照之於天」才能從根本處，解消此永無止盡的相對紛爭，而「照之於天」即等同於上述所謂的「以明」。那麼，再進一步追問：「照之於天」仍是一種價值觀點的抉擇嗎？似乎可以說是，也可說不是！其言「照之於天，亦因是也。是亦彼也，彼亦是也。彼亦一是非，此亦一是非。」即是顯示所謂「照之於天」的價值抉擇，是既依循於A的價值觀點，也同時依循著非A的價值觀點！此論述看似矛盾，而事實上其真正所要表達的，乃是將價

〔註26〕引自王叔岷：《莊子校詮》，頁58～59。

值抉擇的意識主體交由集體潛意識（亦即「天」）的實然展現歷程來決定，換言之，當人之自我意識得以與集體潛意識相互重合，那麼從自我意識的層面來說，此人確實擁有其意識主體，因而得以進行所謂價值抉擇的行為；然而從集體潛意識的層面來說，則其之一切作為，事實上都僅是「道樞」此一實然創化歷程的展現，如此也就得以超越與解消所謂是非價值衝突的對立，所以其言「彼是莫得其偶，謂之道樞。樞始得其環中，以應無窮。」至於其最後所言「天地一指」以及「萬物一馬」的用意，則都是為了表達「指喻」與「馬喻」的論述雖然得以轉化常人的既定觀點，然而其之轉化也不過是把人從此一既定觀點，帶到另一既定觀點中罷了！根本並未觸及核心。

　　總之，《莊子》主張人們唯有察覺到自己的自我意識與個人潛意識中隱藏著某些既定價值成見，如此方能嘗試透過冥契體驗以翻轉其原本的價值思維，否則人之一生都將無法逃離形神皆損的現實桎梏。至此，也得以理解為何〈齊物論〉全篇始於「吾喪我」的這則寓言故事，〔註27〕其中的「吾」意指冥契體驗當下得以契合於集體潛意識的自我；而「喪我」則是指自我意識的昇華與轉化，進而契入集體潛意識的修練成果。

　　事實上，由集體潛意識所展現的實然創化歷程，即是《莊子》所謂的「道」，也同時是其透過冥契體驗所察覺到的世界真相。《莊子・大宗師》的第二章與第三章，同樣屬於第一級的冥契語言，其在第二章中指出：

> 死生，命也，其有夜旦之常，天也。人之有所不得與，皆物之情也。彼特以天為父，而身猶愛之，而況其卓乎！人特以有君為愈乎己，而身猶死之，而況其真乎！泉涸，魚相與處於陸，相呴以濕，相濡以沫，不如相忘於江湖。與其譽堯而非桀也，不如兩忘而化其道。夫大塊載我以形，勞我以生，佚我以老，息我以死。故善吾生者，乃所以善吾死也。夫藏舟於壑，藏山於澤，謂之固矣。然而夜半有力者負之而走，昧者不知也。藏小大有宜，猶有所遯。若夫藏天下於天下，而不得所遯，是恆物之大情也。特犯人之形而猶喜之。若人之形者，萬化而未始有極也，其為樂可勝計邪！故聖人將遊於物之所不得遯而皆存。善夭、善老，善始、善終，人猶效之，又況萬物之所係，而一化之所待乎！〔註28〕

〔註27〕此為〈齊物論〉的第一章，請參考王叔岷：《莊子校詮》，頁40～52。

〔註28〕引自王叔岷：《莊子校詮》，頁221。

一切的生死天命，都被決定在集體潛意識所展現的創化歷程（亦即「道」）之中，人想要以其自我意識來干預此實然歷程的運行，是絕對不可能的，所以其言「人之有所不得與，皆物之情也。」因此，《莊子》不斷提醒人們應該重視「道」的存在，進而更應透過「體道」（體悟集體潛意識即在自我內心深處）來發覺世界運行的真相——亦即世界的種種自然變化以及人之一切自然生死，皆無法逃離「道」之實然歷程的事實限制，所以其言「故聖人將遊於物之所不得遯而皆存。」〔註29〕也就是主張人應體察集體潛意識對於一切事物變化的實然主宰，進而應嘗試超昇轉化自我意識以冥合於集體潛意識的展現，那麼依此所作為，雖然看似為「不得遯」的無奈之舉，事實上則已擁有最大的自由，而得以涵容萬物種種歧異變化於自身當中！

　　到了〈大宗師〉的第三章，其便對於「道」——亦即世界運行的整體真相，進行最為直接與完整的敘述：

> 夫道，有情有信，无爲无形，可傳而不可受，可得而不可見；自本自根，未有天地，自古以固存；神鬼神帝，生天生地；在太極之先而不爲高，在六極之下而不爲深，先天地生而不爲久，長於上古而不爲老。狶韋氏得之，以挈天地；伏戲得之，以襲氣母；維斗得之，終古不忒；日月得之，終古不息；堪坏得之，以襲崑崙；馮夷得之，以遊大川；肩吾得之，以處大山；黃帝得之，以登雲天；顓頊得之，以處玄宮；禺強得之，立乎北極；西王母得之，坐乎少廣，莫知其始，莫知其終；彭祖得之，上及有虞，下及五伯；傅說得之，以相武丁，奄有天下，乘東維，騎箕尾，而比於列星。〔註30〕

而此之敘述，幾乎得以全然貼合冥契主義研究所揭示的泛神論式的至高者陳述。首先，「有情有信，无爲无形，可傳而不可受，可得而不可見。」乃是一般對於至高者的共同陳述，若將其視爲對於集體潛意識的陳述，亦十分恰當；其中「可傳而不可受」則說明了集體潛意識的冥契心靈感受，其雖然得以共同分享，卻難以形成知識性的論述；再者，「神鬼神帝，生天生地。」則指出了其得以創化世界的根本樣貌；最後，「自本自根，未有天地，自古以固存。」以及「在太極之先而不爲高，在六極之下而不爲深，先天地生而

〔註29〕在〈大宗師〉的最末章，其亦藉由「子輿與子桑友」的一則寓言故事，來彰顯此道理。請參考王叔岷：《莊子校詮》，頁 269～270。

〔註30〕引自王叔岷：《莊子校詮》，頁 228。

不爲久，長於上古而不爲老。」二者，則一方面揭示出其是超越時空的永恆存在，另一方面也突顯出其與世界整體交相共構、一多相即的整全狀態，此亦即是泛神論世界觀的基本觀點。至於其後的「狶韋氏得之，以挈天地……」諸語，則旨在引證上古諸多聖人，皆得以透過體道實踐而與道冥合爲一，進而從中獲取宇宙創化的能量，因此得以成就自己及其所身處的世界整體。

總結而言，《莊子》發現自我意識與個體潛意識中的成見，是造成世界混亂與價值紛爭的根源所在，如果我們無法對治它，將一生自損形神，同時也無益於世界。然而，透過冥契體驗，《莊子》察覺到在自我意識與個體潛意識之上〔註 31〕，還有一超越時空，進而也遍及一切的集體潛意識存在——其亦即主宰一切自然變化的「道」，因此透過冥契體驗（體道實踐），人們將得以轉化自我意識之成見，而融入「道樞」之同一，至此境界，不僅得以成己，亦能成就世界的永恆創化。

貳、如何開啓冥契體驗以深入集體潛意識的基本實踐原則？

在前一節中，已指出「透過冥契體驗以促使集體潛意識得以自然朗現於自我意識層中」乃是《莊子》所主張的體道實踐原則，然而透過上述的探討，也強調當人們執著於自我意識以及個體潛意識中的種種欲求，事實上「成見」的產生，亦是源自於此，而這樣的意識活動，即是人們之所以難以企及集體潛意識的根本阻礙所在！因此，本小節所欲進一步探索的問題是：人們當如何超越或者轉化自我意識以及個體潛意識的主導，方有可能開啓冥契體驗的實踐契機？

《莊子・大宗師》第一章的前半段，對此議題有所回應：

> 知天之所爲，知人之所爲者，至矣！知天之所爲者，天而生也；知人之所爲者，以其知之所知以養其知之所不知，終其天年而不中道天者，是知之盛也。雖然，有患：夫知有所待而後當，其所待者特未定也。庸詎知吾所謂天之非人乎？所謂人之非天乎？且有眞人而

〔註 31〕 究竟集體潛意識是在自我意識與個體潛意識「之上」還是「之下」的這個問題，事實上只是言說視角歧異所造成的結果，其實質意義並未不同！從《莊子》的視角來說，其大概說成「之上」，此乃意指集體潛意識的重要性位階高於自我意識與個人潛意識；至於從榮格心理學的視角來說，其之所以說成「之下」，則是強調集體潛意識的存在位置，相較於自我意識與個體潛意識來說，是更爲深層與根本的！

後有眞知，何謂眞人？古之眞人，不逆寡，不雄成，不謨士。若然
者，過而弗悔，當而不自得也。若然者，登高不慄，入水不濡，入
火不熱。是知之能登假於道者也若此。古之眞人，其寢不夢，其覺
无憂，其食不甘，其息深深。眞人之息以踵，眾人之息以喉。屈服
者，其嗌言若哇。其耆欲深者，其天機淺。〔註32〕

此段陳述融合了第一級與第二級的冥契語言，從「古之眞人，……」起始之
諸語，當屬於第二級的冥契語言，至於先前之諸語，則屬於第一級的冥契語
言。首句「知天之所爲，知人之所爲者，至矣！」意指得以分別集體潛意識
以及自我意識（包含個體潛意識）此兩種意識活動的差異，乃是知識的極致！
相較此二者，「知天之所爲者，天而生也。」是指得以體會依循集體潛意識
而自然作爲的眞實意境；至於「知人之所爲者，以其知之所知以養其知之所
不知，終其天年而不中道夭者，是知之盛也。」則指出了自我意識運作下的
求知目的以及極限。

更深入地說，當人得以依循集體潛意識而作爲，則此時自我意識與集體
潛意識二者已冥合未分，至此，紛紛萬物亦得以涵容在其一多相即的冥契統
體當中；而依循自我意識的求知活動，則運作於主客對立、萬物分化的一般
經驗狀態，因此從中所獲得的知識，總依賴於相關事實條件的充足而方可確
立，而當《莊子》突顯出世界變化不定的事實眞相，那麼此知識也就無法被
稱得上爲「眞知」了！因此其言「夫知有所待而後當，其所待者特未定也。
庸詎知吾所謂天之非人乎？所謂人之非天乎？」在此也同時指出此兩種意識
活動在現實行爲中之難以區別。

據此，其提出「有眞人而後有眞知」的論斷，亦即是指唯有眞實體驗自
我意識與集體潛意識相互重合的體道者，才能眞正體悟此「眞知」的意涵！
所以其言「眞人」並不單憑自我意識的主宰來行事作爲——「不逆寡，不雄
成，不謨士。」而是依循著集體潛意識來待人處事，因此其能「過而弗悔，
當而不自得也。」事實上，「悔過」與「自得」皆是出自於自我意識主宰下的
感受，而「眞人」卻僅是自然彰顯出集體潛意識的實然樣貌罷了！換言之，「眞
人」能與此自然展現的諸種現實事物彼此和諧無礙，據此，也就可以理解爲
何《莊子》其後開啓了許多諸如「登高不慄，入水不濡，入火不熱。」一類

〔註32〕引自王叔岷：《莊子校詮》，頁203～204。

的體道者陳述。那麼，究竟如何才能達致此冥契體驗呢？《莊子》認為「是知之能登假於道者也若此。」亦即是說唯有克服自我意識的主宰運作，方能促使自我意識重新融入集體潛意識的「眞知」境域！此外，其亦從反面立論──「其耆欲深者，其天機淺。」亦即是指當人們過度依賴於自我意識及其個體潛意識中的欲求本能所主導，則這樣的生命意識，終將難以開啓昇華轉化的體道契機。

與此相應的論述，還出現在《莊子・養生主》的第一章：

> 吾生也有涯，而知也无涯。以有涯隨无涯，殆已。已而爲知者，殆而已矣。爲善无近名，爲惡无近刑，緣督以爲經。可以保身，可以全生，可以養親，可以盡年。〔註33〕

此亦屬於第一級的冥契語言。而參照先前《莊子》對於「知人之所爲者」的批判，在此亦可以理解其爲何對於此求知活動如此排斥！簡要而言，當人們只依循自我意識及其個體潛意識而求知與作爲，那麼這樣的養生行爲將僅是「爲惡无近刑」的，亦即是指當人們汲汲營營追求形體層面的完整，然而在其主客對立的相互耗損下，其終究無法避免基於萬物流轉所造成的損傷；而相較之下，假如人們得以依循集體潛意識而作爲，那麼這樣的養生工夫方才是「爲善无近名」的，亦即得以超脫名利、欲望……種種潛藏於自我意識以及個體潛意識中的欲求，如此一來，便能開啓得以昇華轉化自身心靈的精神修練。〔註34〕總結此正反論述，《莊子》主張人們應「緣督以爲經」，此亦與上述「知之能登假於道」的意義相近，同樣用以強調轉化自我意識與個體潛意識以契合於集體潛意識的重要性！

然而有趣的是，當人得以超越自我意識以冥合於集體潛意識的自然運作，則其自我意識原本所欲求的「保身」、「全生」……等形體層面的訴求，竟又得以重新受到集體潛意識的展現而被成全，因此其在「緣督以爲經」之後，接著指出「可以保身，可以全生，可以養親，可以盡年。」換言之，《莊子》並不認爲人們應全然去除自我意識與個體潛意識的存在，而僅是提醒人們此非人之生命根柢的眞正意識所在，因此《莊子》期許人們應當嘗試深入

〔註33〕引自王叔岷：《莊子校詮》，頁99。

〔註34〕此亦爲〈養生主〉第三章「公文軒見右師而驚」與第四章「老聃死，秦失弔之，三號而出。」此兩則寓言故事，之所以一再強調精神體道的重要性，必然勝於形體的損傷與生死的原因所在。請參考王叔岷：《莊子校詮》，頁 109～115。

內心、體察自然，以從中發掘集體潛意識的眞諦！據此因素，當人之心靈意識得以與集體潛意識冥合無分，此之意識狀態也並不意味著自我意識與個體潛意識的解消，反倒在集體潛意識的涵容下，能夠重新成全自我意識與個體潛意識的存在，此亦即《莊子・大宗師》第一章中提及「是之謂不以心捐道，不以人助天，是之謂眞人。」〔註35〕所意指的意識重合境界！

順此脈絡，〈養生主〉第二章關於「庖丁解牛」的寓言故事，其寓意理當與此意識重合的意涵，密切相關：

> 庖丁爲文惠君解牛，手之所觸，肩之所倚，足之所履，膝之所踦，砉然嚮然，奏刀騞然，莫不中音。合於桑林之舞，乃中經首之會。
>
> 文惠君曰：「譆，善哉！技蓋至此乎？」
>
> 庖丁釋刀對曰：「臣之所好者道也，進乎技矣。始臣之解牛之時，所見无非牛者。三年之後，未嘗見全牛也。方今之時，臣以神遇而不以目視，官知止而神欲行。依乎天理，批大郤，導大窾，因其固然。技經肯綮之未嘗，而況大軱乎！良庖歲更刀，割也；族庖月更刀，折也。今臣之刀十九年矣，所解數千牛矣，而刀刃若新發於硎。彼節者有閒，而刀刃者无厚。以无厚入有閒，恢恢乎其於遊刀必有餘地矣。是以十九年而刀刃若新發於硎。雖然，每至於族，吾見其難爲，怵然爲戒：視爲止，行爲遲，動刀甚微，謋然已解，如土委地。提刀而立，爲之四顧，爲之躊躇滿志，善刀而藏之。」文惠君曰：「善哉！吾聞庖丁之言，得養生焉。」〔註36〕

過去學者大抵認爲此則寓言旨在以刀喻人，因而「養刀之道」所欲彰顯的寓意，即是「養生之道」本身。〔註37〕然而筆者認爲：或可將庖丁多年來的解牛活動，直接視爲其體道實踐的具體修練方式。換言之，在此則寓言中，針對庖丁的自我意識，亦可將其理解爲求道者的自我意識；那麼關於牛身的筋骨結構，亦可能暗指集體潛意識的宇宙心靈結構。順此詮解脈絡，當庖丁年復一年體察牛身筋骨結構，以至「未嘗見全牛也。」而終於「以神遇而不以目視，官知止而神欲行。」的神乎其技，此皆旨在說明求道者如何以其自我

〔註35〕引自王叔岷：《莊子校詮》，頁207。

〔註36〕此兩段引文，分別引自王叔岷：《莊子校詮》，頁102、105。

〔註37〕對此，王叔岷先生指出「養刀之道，須知戒知藏。養生之道亦然，心神過用則枯竭也。」引自王叔岷：《莊子校詮》，頁109。

意識，主動地體察集體潛意識的心靈結構，而終能達致自我意識感官作用的擴大，並彰顯出冥合爲一的精神性存在。據此，其「依乎天理，……」之諸言，以至於「以无厚入有間，恢恢乎其於遊刃必有餘地矣。是以十九年而刀刃若新發於硎。」則旨在說明此兩種意識得以不相衝突而彼此重合的眞實性！最後，「雖然，每至於族，吾見其難爲，……」之諸語，則再次指出以自我意識融入集體潛意識的實踐精神：《莊子》強調不斷體察、感受集體潛意識的存在樣貌，當是體道者一輩子永無止境的體道修練！

　　統合而言，《莊子》認爲人應當理解自我意識與個體潛意識皆非自我生命的根柢意識，據此，當人執著於自我意識與個體潛意識中的種種欲求，反倒是對於自我生命的傷害與剝奪，人若能有此體悟，則方能嘗試深入心靈深處，而探訪集體潛意識的存在，並藉此轉化自我生命原本的意識主導模式，然而必須強調僅止於自我意識主體的轉化，而非棄絕，否則便落入了〈天下〉篇中，其對於彭蒙、田駢與愼到一系的思想批判，而當冥契境界得以由衷顯現，其人終將體會集體潛意識，才是眞正的自我生命意識之所在！

參、上述的體道原則是否將開展出某種固定的實踐方法進路？

　　事實上，「體認自我意識與個體潛意識並非自我生命的根柢意識」，以及「體悟集體潛意識方爲自我生命眞正的意識所在」，此乃是一體兩面，進而也雙向互通的體道原則，而究竟在此原則下，《莊子》是否開展出某種固定的實踐方法進路？將是本小節的討論重點。

　　然而，檢視《莊子》文本的第一級文獻，其直接論及體道實踐進路的相關陳述確實不多，並且皆不見於第一級與第二級的冥契語言之中，此現象似乎意味著《莊子》並不認爲具體的工夫實踐方式是其體道思想的核心！事實上，在整個《莊子》文本的第一級文獻中，大抵而言，僅能在〈人間世〉第一章「顏回將之衛」的寓言故事中，察見其關於「心齋」的工夫進路，並且在〈大宗師〉第四章「南伯子葵問道乎女偊」的寓言故事中，察見到其關於「攖寧」的工夫次第，以及在同篇第九章「顏回墮肢體而黜聰明」的寓言故事中，察見其關於「坐忘」的實踐方法。以下，將並列上述三項直接涉及具體實踐進路的關鍵文獻，以藉此重新檢視《莊子》對於體道工夫實踐方法的基本觀點：

若一志，无聽之以耳，而聽之以心；无聽之以心，而聽之以氣。耳
止於聽，心止於符。氣也者，虛而待物者也。唯道集虛。虛者，心
齋也。〔註38〕

吾猶守而告之。參日而後能外天下；已外天下矣，吾又守之，七日
而後能外物；已外物矣，吾又守之，九日而後能外生；已外生矣，
而後能朝徹；朝徹，而後能見獨；見獨，而後能无古今；无古今，
而後能入於不死不生。殺生者不死，生生者不生。其爲物，无不將
也，无不迎也；无不毀也，无不成也。其名爲攖寧。攖寧也者，攖
而後成者也。〔註39〕

墮肢體，黜聰明，離形去知，同於大通，此謂坐忘。〔註40〕

首先，「坐忘」之陳述，旨在擺脫自我意識的強烈主宰及其對於形體欲求的諸
種執著，進而促使自我意識得以冥合於集體潛意識的「大通」展現，換言之，
其之論述幾乎得以全然對應於上述「體認自我意識與個體潛意識並非自我生
命的根柢意識」以及「體悟集體潛意識方爲自我生命眞正的意識所在」的雙
向體道原則，因此「坐忘」之陳述，相較於上述其餘兩則文獻，大抵屬於體
道原則性的宗旨宣稱。

　　至於「心齋」之陳述，則揭示了具體的體道實踐進程：其一，「无聽之以
耳，而聽之以心」似說明了收攝向外逐物之感官，轉而探索自身內在心靈意
識的實踐進路；其二，「无聽之以心，而聽之以氣。」則強調了自主深入探索
的心靈意識，終將必須回歸與融合於集體潛意識的同一（「氣」）之中；其三，
「耳止於聽，心止於符。氣也者，虛而待物者也。」則一方面揭示了自我意
識回歸於集體潛意識之實然展現的「虛己」境界，另一方面也同時彰顯出此
時的自我生命已得以涵容一多相即的眞實世界。簡而言之，「收攝感官」以「下
探」自我心靈意識，而後冥合「歸一」於集體潛意識的實然展現，以至於得
以「擴大」自我整全之生命，此乃是《莊子》所揭示的具體實踐進程。

　　那麼相較之下，「攖寧」之陳述，則是從體道工夫的境界次第來彰顯此實
踐進程，具體而言，「外天下」、「外物」以至於「外生」，皆旨在由遠至近，

〔註38〕引自王叔岷：《莊子校詮》，頁130。其中「耳止於聽」一句，原爲「聽止於耳」，
　　　　然依據王先生之考證，因而改訂，請參考前揭書，頁132。
〔註39〕引自王叔岷：《莊子校詮》，頁235。
〔註40〕引自王叔岷：《莊子校詮》，頁266。

依序收攝自我意識對於外在事物的感官欲求，此得以對應於上述所言的「墮肢體」，也同時是上述所謂「收攝感官」的初階實踐；至於「朝徹」則意指探索內在心靈意識的通達狀態，此亦得以對應於上述所言的「黜聰明」，同時亦大致屬於上述所謂「下探意識」的體道進階層級；再者，「見獨」則是意指自我意識終能全然回歸於集體潛意識的「獨一」展現，故亦能對應於上述所言之「同於大通」，也同時即是上述所謂「冥合歸一」的體道境界展現；最後，其所指出的「无古今」、「入於不死不生」以至於「其爲物，无不將也，无不迎也；无不毀也，无不成也。」則皆旨在彰顯體道者得以與紛雜萬物冥合一體的永恆創化展現，此亦即爲上述所謂「擴大生命」的體道成果。

至此，得以大致掌握《莊子》體道工夫的實踐進程，然而究竟「收攝感官」、「下探意識」、「冥合歸一」、「擴大生命」，此四者依其次序，是否爲《莊子》體道工夫所認定的固定實踐進路呢？筆者對此仍不敢妄下斷言，理由在於其此三則文獻的佐證過於單薄，另一方面，此三則論述又僅皆出現在寓言陳述的冥契語言層級，據此因素，筆者認爲或許應排除固定與否的思考模式，而僅將其視爲一種《莊子》所肯認的具體實踐方式，則當是較爲恰當的理解！

至於如果參照冥契主義研究的相關成果，則他們大抵認爲體道者涉入冥契體驗的具體方式有其內外向之別：內向型強調內心意識轉化的修練；而外向型則著重外在感官知覺的擴大。因此，將上述所歸結的體道進程——「收攝感官」、「下探意識」、「冥合歸一」、「擴大生命」此四者，對應於此冥契研究的內外向分判，那麼照理來說，既然《莊子》體道工夫的實踐進程起始於「感官的收攝」以及「心靈意識的下探」，所以其似乎傾向於內向型的實踐方式！然而，仔細檢視其「心齋」陳述中「无聽之以心，而聽之以氣。」的宣稱，其雖然期望人們收攝感官以深入內心，然其終究以「聽」——這樣的感官活動，來彰顯其實踐意涵！此外，其在「攖寧」的陳述中，亦有類似的情況，因爲「見獨」之「見」，同樣屬於感官性的實踐活動。據此因素，《莊子》體道工夫的實踐進程，似乎也不必然歸屬於所謂內向型的實踐進路！

筆者認爲我們可以設想有一種「聽」與「見」的感官活動，是運作於心靈意識之中，具體而言，即是往內心深處的集體潛意識進行傾聽與觀看，然而事實上，「往內」這種說法，也可能同時是「往外」的！因爲冥契者所體察到的眞相，乃是泛神論式的創化世界，亦即是說當我們主動地往內心深處

進行集體潛意識的探索時，其實也等同於我們透過外在感官知覺而被動地期許上帝或是至高者的降臨。因此，「向外」與「向內」的對立，伴隨被動「感官知覺」與主動「意識省察」的衝突，都僅是不同立論觀點所造成的歧異陳述而已，其實質上，乃為一體兩面的共通事實。換言之，《莊子》體道工夫的實踐進程，乃是融合主動與被動，同時亦超越內外向之分的一種實踐進路。

　　總之，筆者認為《莊子》並未確切宣稱一種固定不斷的體道實踐方式，而僅是期望人們得以主動地隨時調整轉化自我意識的種種妄動，進而促使其得以重新回歸平靜與虛無的本然狀態，如此一來，集體潛意識將在恰當的時機，自然地由衷展現，那麼在此意識狀態下，自我生命當充滿創化的能量，而足以包容紛紛萬物的各種歧異！更具體地說，當某人能深信心底深處的集體潛意識，才是自己真正的心靈所在，進而願意時時刻刻提醒自己傾聽其之意志，那麼其人在此不斷調整自我意識以順隨集體潛意識的努力當下，事實上，即具體實踐了《莊子》所謂的體道工夫！因此，當求道者得以透過意識轉化，而隨時保持與集體潛意識的溝通管道，那麼無論是否「向外」或是「向內」，也無論是否透過「感官知覺」還是藉由「意識省察」，《莊子》都將視其為恰當而準確的體道實踐進路！

肆、透過《莊子》體道工夫重新檢視內外兩種冥契類型區分之意義？

　　延續前一小節的討論，既然《莊子》體道方式理應超越內外向之分，那麼在此所要進一步探問的是：冥契主義研究所認定的兩種類型區別——內向型與外向型，是否仍有其類型分判上的意義？或者，更深入地問：即使此兩種類型之區分，有其理論分判上的需要，然其所涉及的關鍵分類判準——亦即冥契者與冥契對象在其冥契狀態中的契合關係程度，是否仍得以保持「內向型契合關係程度較高；而外向型契合關係程度較低。」的最終論斷？這些議題都將是本節所要探討的重點所在。

　　而為了討論的方便，在此將引用先前本論文第二章第四節中，針對《莊子》體道工夫得以兼具內外向型的表格說明：

	內向型冥契主義	外向型冥契主義
冥契對象的性質	無論內向型或者外向型，其冥契對象乃一泛神論式的悖論性存在，亦即至高者與世界（一切物）之間有所差異卻又得以彼此同一。 此外，此冥契對象本質上還具有三重彼此相關的悖論性質：其一是真空卻又實有；其二是同時具有位格性與非位格性；其三是其剛健創化不已同時又寂然靜止不動。	
冥契方法的特性	冥契者通常必須透過嚴格且長時間的心靈內在探索工夫方能達成，也因此這類冥契者大抵能藉由其工夫實踐來自主出入冥契意識的境界狀態。	冥契者通常不須借助嚴格的工夫，而僅須透過外在感官知覺便能突如其來地進入冥契意識，然而這類冥契者大多無法自主地再次重新契入冥契狀態。
冥契關係的程度	冥契者與冥契對象（蘊含世界一切物）純粹地合而為一，進而展現為一無時無空的純粹意識，亦可稱之為宇宙精神。	冥契者與冥契對象（蘊含世界一切物）彼此同一又有所差異，進而體悟世界整體本身為一生生不已且具有內在主體性的大化生命。

透過此表格的呈現，已顯示出若藉由《莊子》體道工夫思想來檢視內外向兩種冥契類型的區分，則僅能在「冥契體道實踐方法」以及「冥契境界中與至高者的關係程度」兩個層面中，察覺此兩種類型的差異。

　　然而，透過前一小節的討論，卻重新發現基於集體潛意識的存在位置，可以說既內在於我們心靈意識深處，也同時外在於我們的經驗世界之上，所以導致在「冥契體道實踐方法」層面，也得以同理等同「外向感官知覺」與「內向意識省察」兩種不同的說法。換言之，「感官知覺」與「意識省察」的分界，其實十分模糊，若從此二者的共通點來說，則它們同樣屬於自我意識主宰下的一種活動。

　　此外，依上述表格所示：內向型冥契方法強調嚴格而長時間的工夫修練，因而這樣的冥契者通常得以自主往返集體潛意識的真知境域；至於外向型冥契方法則不強調刻意涉及體道工夫，因而對於只歷經過外向型體驗的冥契者來說，其多半難以自力重返集體潛意識的存在。那麼，在此得卻以重新透過超越內外向實踐進路之分的理解觀點來檢視此歧異，而事實上其之所以不同，乃牽涉到求道者的天分及其後天努力程度差異的相關因素。關於此議題，《莊子》在其關於「攖寧」體道工夫的敘述中，已略有提及：

> 南伯子葵問乎女偊曰：「子之年長矣，而色若孺子，何也？」曰：「吾
> 聞道矣。」南伯子葵曰：「道可得學邪？」曰：「惡！惡可！子非其

人也。夫卜梁倚有聖人之才，而无聖人之道。我有聖人之道，而无聖人之才，吾欲以教之，庶幾其果爲聖人乎！不然，以聖人之道告聖人之才，亦易矣。〔註41〕

「聖人之才」是指得以認識世界眞相的才智天分；而「聖人之道」則是指親身經歷冥契體驗所獲得的體道感受。那麼也就是說，《莊子》認爲除非其人具有得以認識世界眞相的才智天分，否則要輕易透過他人所傳達的體道感受來理解世界的冥契眞知，將是十分困難的！換言之，當求道者擁有足夠的體道天分，其確實可能不須透過嚴格的工夫實踐，便得以輕易體道；那麼，反過來說，當一般人沒有如此卓越的體道天分，則須透過一再的工夫修練，才可以獲取所謂的冥契感受。因此，這裡所指出的差異情況，並非是基於內外向實踐進路不同所造成的結果，而僅是因爲求道者才智天分有別，因而必須透過後天努力來建立與集體潛意識的溝通管道亦有其不同程度的高下需求，以至於所建立的溝通管道，也因而亦有其不同程度的強弱差異，導致有些體道者得以自力往返集體潛意識，有些則無法。

　　論討至此，事實上已解消內外向型在「冥契體道實踐方法」層面的區分意義。那麼在「冥契境界中與至高者關係程度」的層面，內外向型的類型區分，仍有其分判意義嗎？內向型冥契境界所展現的，乃是無時無空的純一意識；而外向型冥契境界所展現的，則是一多相即而創化不已的宇宙生命。筆者認爲基於集體潛意識乃是宇宙心靈般的意識存在，所以我們可以設想整個宇宙存在本身，皆是此宇宙心靈意識的身軀，因此對於契入集體潛意識當下的體道者來說，當其僅關注於自身的心靈意識深處，則將自然體現出純一的心靈意識；而當其同時感受到自身軀體的存在，則既然其軀體即是宇宙整體，那麼便得以自然展現成一多相即的創化生命。

　　據此因素，內外向型在「冥契境界中與至高者關係程度」層面的區分意義，已大幅減弱！假如冥契主義研究者仍刻意針對冥契感受的具體內容進行區分，其依舊得以主張冥契體驗的實質感受有其內向型「純一」以及外向型「一多相即」的兩種區別，然而此之區別，幾乎已不再具有其所謂合一純粹程度高下的分判意義，因爲此兩種感受狀態，都僅是同一冥契體驗事實的不同展現面貌而已！〔註42〕

〔註41〕引自王叔岷：《莊子校詮》，頁 235。其「孺」字寫作「孺」。
〔註42〕然而並不可否認內外向型之區分，在「冥契境界中與至高者關係程度」的層

那麼，在此也得以回應為何羅浩所認定的內外向型區分意見與史泰司略有不同，史泰司認為內向型體驗是純粹程度較高的冥契感受，換言之，其認為內向型體驗得以涵容或推導出外向型體驗，至於羅浩則意見相反，其認為外向型的冥契體驗通常是內向型冥契實踐的成果展現。〔註43〕然而基於上述討論的澄清，事實上，羅浩之所以有此論斷，乃是基於其在「冥契體道實踐方法」層面，過度關注內向進路的實踐重心，而在「冥契境界中與至高者關係程度」的層面，則過度重視一多相即的創化生命展現，因此才會導致這樣的研究結果。

總之，透過《莊子》體道工夫思想來全面檢視冥契體驗的完整內涵，則當可發現內外向型的冥契類型區分，幾乎已不再具有其原本類型分判上的實質意義！

第三節　《莊子》體道昇華歷程的意識轉化原理

一般而言，冥契體道確實是一種需要體證，才能真正獲致其冥契感受的實踐工夫，若檢視《莊子》文本，其內容亦絕大部分都是關於體證心得的分享創作，因此歷來學者大多僅強調《莊子》體道工夫思想的體證層面，而往往忽略了論證其實踐轉化原理的可能！當然，這個研究任務確實已超出人文學者的研究領域，因此人文研究者本來就沒有義務承接此研究工作，然而筆者認為透過榮格心理學所切入的冥契理論研究，卻能夠使立身於人文研究領域的我們，得以在強調親身體證的實踐層面外，嘗試展開論證式的原理探討。〔註44〕具體而言，本節所要探討的研究議題有三：其一是「冥契體驗為何得以昇華轉化自身心靈意識的原理依據？」；其二是「冥契體驗如何得以引發體道者產生新的價值思維？」；其三是「應然性的冥契價值如何從實然性的冥契事實中推導出？」而事實上，此三個關於體道原理的提問，其在語意表達上，「為何」與「如何」二詞是得以相互置換的，其皆旨在針對《莊子》體道工

面，仍得以成立！

〔註43〕關於羅浩對此的研究意見，已在本論文第二章第三節中有過討論，此外，也請參考羅浩：〈內修：早期道家的主要實踐〉，頁95～96。

〔註44〕換言之，針對本節的研究主題，《莊子》文本能給予的協助，可能十分薄弱，取而代之的論述依據，將是榮格心理學中的集體潛意識理論，以及相關的心理學研究。

夫的實踐原理進行論證式的解析與說明。以下將依序進行探討：

壹、冥契體驗爲何得以昇華轉化自身心靈意識的原理依據？

　　雖然《莊子》文本對於體道昇華轉化的原理內容關注較少，然而若要斷言其完全不涉及此原理議題的探討，則又似乎過於偏頗！大抵而言，《莊子》在關鍵的工夫論述脈絡中，經常透過「氣」的概念來聯繫人與道兩端，如檢視《莊子》第一級文獻，其在〈大宗師〉中提及：

> 古之眞人，其寢不夢，其覺无憂，其食不甘，其息深深。眞人之息以踵，衆人之息以喉。〔註45〕

此屬於第二級的冥契語言，在此陳述中，強調了眞人（體道者）得以深化氣息，進而使氣息遍及全身的體道活動。此外，其在〈逍遙遊〉中亦指出：

> 若夫乘天地之正，而御六氣之辯，以遊无窮者，彼且惡乎待哉！故曰，至人无己，神人无功，聖人无名。〔註46〕

此屬於第三級的冥契語言，在此段陳述中，「御六氣之辯」彷彿成爲體道境界的一種展現狀態，那麼也得以進一步推論出當求道者得以體悟，進而冥合於「氣」的整體流動時，則其人便已達致體道境界。除此之外，此「御」字，甚至也蘊含體道者得以順隨進而運用「氣」之變化的可能，因此在〈應帝王〉中便有季咸與壺子鬥法的精彩故事，在此寓言中，身爲體道者的壺子，爲了展現體道境界的種種變化，因而藉由「氣」的運行而一連展現出「杜德機」、「善者機」、「衡氣機」……等「氣」的創化型態。〔註47〕或許，「氣」即爲體道實踐歷程中的必經環節。

　　相較之下，最重要的一段關於「氣」的工夫論述，仍是本論文前一節已討論過的「心齋」進路：

> 若一志，无聽之以耳，而聽之以心；无聽之以心，而聽之以氣。聽止於耳，心止於符。氣也者，虛而待物者也。唯道集虛。虛者，心齋也。〔註48〕

〔註45〕引自王叔岷：《莊子校詮》，頁203。
〔註46〕引自王叔岷：《莊子校詮》，頁17～18。
〔註47〕其爲〈應帝王〉第五章的寓言故事，請參考王叔岷：《莊子校詮》，頁286～301。
〔註48〕引自王叔岷：《莊子校詮》，頁130。其中「耳止於聽」一句，原爲「聽止於耳」，然依據王先生之考證，因而改訂，請參考前揭書，頁132。

此段文獻得以總結上述關於「氣」的討論。《莊子》認為「聽之以氣」是達致體道境界的關鍵，而「氣也者，虛而待物者也。唯道集虛。」則嘗試說明了體道意識為何得以昇華轉化的原理依據——「氣」的流動並不臣服於任何人的個體意志，且其之流向也沒有特定的好惡取向，因此當人之待人接物願意順隨「氣」的整體流動時，那麼「氣」的自然流行，確實得以引導其人超越轉化自我意識成見的主宰，同時促使其之意識得以重新回歸於「道」的實然創化狀態。事實上，對此強調「氣化流行」方才是人之意識主體的莊學觀點，楊儒賓先生已多有探究，其在〈莊說，說莊〉一文中指出：

> 氣化主體具有統合身心以及協調周遭環境的一種超自覺的能力，這種能力是要發展出來的，但它的功能卻是先驗的賦予人的，此種統合身體內外諸種知覺的綜合能力可謂之「天」。〔註49〕

> 潛存的自然秩序與潛存的身心秩序可能是同一潛存秩序的不同面目，其綰合處當在一種非化非不化的主體深處之「神」，學者的實踐目的就是要具體地活出此種「天」的秩序。〔註50〕

筆者認為當我們嘗試引入當代相關的學術脈絡來理解《莊子》的「氣」，則其原本氣學式的形上語彙方得以獲得解譯並為當代人所接受，據此因素，在此將融合楊先生的研究論點以及榮格心理學的集體潛意識理論，而試圖重新論述《莊子》體道工夫的意識轉化原理：《莊子》察覺人天生皆具有一種得以綰合自然秩序（道——集體潛意識的實然創化展現）與身心秩序（自我意識與個體潛意識）的潛在本能，楊先生將其詮解為「天」，而如果將其置換成榮格心理學的學術語彙，則是指得以融入冥契體驗的潛能，而體現此潛能的關鍵則在於「氣」，那麼所謂依「氣」而行（楊先生所謂的「氣化主體」或「形氣主體」〔註51〕）即意味著以自我意識及其個體潛意識宰制自我生命的運作模式得以鬆綁，那麼取而代之的，將是集體潛意識的顯現及其對於自我意識與個體潛意識的重新貫穿與融合，以楊先生的詮釋觀點來說，此即展現了「『天』的秩序」，而以榮格心理學的論述脈絡來說，亦即重新體現了集體潛意識與自我意識（包含個體潛意識）在冥契意識根本處，本無二致，其之展現當自然

〔註49〕引自楊儒賓：〈莊說，說莊〉，頁529～530。

〔註50〕引自楊儒賓：〈莊說，說莊〉，頁530。

〔註51〕關於「氣化主體」或「形氣主體」的同異，請參考楊儒賓：〈莊說，說莊〉，頁530。

促使意識活動中的種種對立與衝突邁向和解。

　　如果更進一步透過集體潛意識理論中的「補償作用」與「超越功能」來說，冥契體道之所以能夠轉化自身心靈意識，乃基於集體潛意識的和諧本質及其整全功能：

> 無意識的內容，會將任何有助意識之圓滿整全、而且不可或缺者，帶至表層來。假如無意識所提供的吉光片羽——即使是勉強帶來的也好——可合理地組成意識之生活，則某種與個人完整的人格性相符應的精神不難隨之產生；而其意識自我與無意識自我間的無謂衝突，也可因而消除。〔註52〕

換言之，集體潛意識本身即是一和諧交融的創化歷程，因此一切意識中的衝突與對立，皆得以在此和諧交融的歷程展現中，被予以涵容與轉化。至此，集體潛意識便得以針對自我意識與個體潛意識的種種困頓與缺陷進行補償，同時自我意識昇華轉化的超越作用，也在此中得以自然展開。事實上，威廉・詹姆斯在針對冥契意識的研究過程中，亦曾對其有過深切的體悟：

> 這個洞見的基調始終是一種和解（reconciliation）。就好像世界的所有對立，給我們帶來的困難與麻煩、矛盾和衝突，現在都融合爲一了。不只這些一向對立的種類屬於相同的屬別，所有的種類中，那些更高級、更優秀的，自身就是一種屬別，所以能夠將與其對立的種類消化吸收於自身之內。我知道，當我以普通的邏輯來表達這個領悟時，把它說得像是謎一般，但我無法完全逃脫其權威。我彷彿覺得，它必定有個什麼涵義，有個像黑格爾哲學（the Hegelian philosophy）一般的涵義，只要人能夠更清楚地掌握它。凡有耳朵的，讓他聽吧；對我來說，只有在人爲的密契心境中，我才活生生地感受它的存在。〔註53〕

總之，基於集體潛意識蘊含一種趨向和諧的整全動能，因此其得以引導意識活動展開昇華轉化式的自我調整。

　　討論至此，得以嘗試簡化《莊子》冥契體道轉化原理的論證過程：首先，相關的心理學研究已指出集體潛意識存在於人們共同的心靈深處，因此每個

〔註52〕引自榮格著，楊儒賓譯：《東洋冥想的心理學——從易經到禪》，頁164。至於，有關集體潛意識的「補償作用」與「超越功能」，已在本論文第三章第二節中有過討論。

〔註53〕引自威廉・詹姆斯著，蔡怡佳、劉宏信譯：《宗教經驗之種種》，頁466。

人皆具有開啓冥契體驗以觸及集體潛意識的潛在本能；再者，相關的心理學研究亦指出集體潛意識本身即是趨向和諧創化的永恆歷程，因此集體潛意識的和諧動能將得以整全一切意識活動中的對立與衝突；最後，人之所以無法輕易企及集體潛意識，乃是因爲自我意識以及個體潛意識的過度主宰，因而阻塞了集體潛意識向上展現的契機，因此當人願意鬆綁自我意識及其個體潛意識對於自我生命的宰制，那麼集體潛意識將取而代之，並將重新貫穿與融合自我意識以及個體潛意識的存在與活動；所以，在此意識融合的轉化過程中，集體潛意識的和諧動能將得以昇華轉化自我意識以及個體潛意識中的所有對立與衝突，以至於此生命主體原本的種種缺陷與困頓，終將能夠受到集體潛意識的和諧整全而達致昇華與化解。

然而，仍必須強調上述關於意識昇華轉化原理的論證基礎，其實僅立基於部分心理學領域的研究成果，換言之，嚴格而論，這樣的論證過程仍是相當粗糙與偏頗的。筆者認爲對此更深入而全面的原理探討，仍有待其他相關領域的共同研究，否則當此體道意識得以昇華轉化的合理性基礎仍不穩固，那麼我們又怎能宣稱《莊子》體道工夫確實不是一種自欺欺人的假道學？

貳、冥契體驗如何得以引發體道者產生新的價值思維？

延續先前的討論，而在此要進一步追問的是：既然冥契體驗得以促使自我意識昇華轉化，那麼在此意識轉化活動中，將如何引發出所謂的冥契價值思維呢？

檢視《莊子》的「心齋」論述，此關於體道實踐方式的具體陳述，乃被包裝於〈人間世〉顏回問道於仲尼的一則寓言故事當中，而在此故事敘述的最後，作者似乎透過一段第三級冥契語言的陳述形式，來解析其核心寓意：

> 絕迹易，無行地難。爲人使，易以僞；爲天使，難以僞。聞以有翼
> 飛者矣，未聞以无翼飛者也；聞以有知知者矣，未聞以无知知者也。
> 瞻彼闋者，虛室生白，吉祥止止；夫且不止，是之謂坐馳。夫徇耳
> 目內通，而外於心知，鬼神將來舍，而況人乎！是萬物之化也，禹、
> 舜之所紐也，伏戲、几遽之所行終，而況散焉者乎！〔註54〕

其中「爲人使，易以僞。」是指當人透過自我意識與個體潛意識來行事作爲，則容易陷入某種機巧與僞詐的情態之中；至於「爲天使，難以僞。」則是指

〔註54〕引自王叔岷：《莊子校詮》，頁 134。

當人得以觸及集體潛意識並以此做爲待人處事的基準，那麼此人的所作所爲便得以是眞實無妄的自然展現！而如前所述，集體潛意識的展現，僅是實然性的創化歷程，因此當人得以透過「心齋」工夫而將自我意識與個體潛意識重新融入集體潛意識之中，此即意味著其人已將價值抉擇的活動本身，投入集體潛意識的實然創化歷程中，換言之，體道者的價值抉擇，其實是超越個別意識主體的，所以《莊子》才言此是「行地而無迹」、「無翼而可飛」、「無智而可知」的無爲而爲之境。然而在此體道境界中，體道者並非喪失了一切的價值思維，事實上具體情況與此相反，其反而得以「瞻彼闋者，虛室生白，吉祥止止。」亦即是說當體道者從其空靈的冥契意識重新感受一切存在，其將能體悟世界自然創化的實然運行本身，皆自具其豐盈且永恆的價值意蘊！甚至，此亦即是一切價值抉擇與事實變化的樞紐所在，所以《莊子》言其「是萬物之化也，禹、舜之所紐也，伏戲、几蘧之所行終。」

在此得以進一步引入西田幾多郎先生的研究成果，其同樣是著名的冥契主義研究者，在其《善的研究》一書中，「如何導出冥契價值？」同樣是其所關注的核心議題，其認爲：

> 雖然從學術上來解釋善，可以有許多種說法，但實際上眞正的善只有一個，就是認識眞正的自我。我們的眞正的自我是宇宙的本體，如能認識眞正的自我，那就不但符合人類一般的善，而且會與宇宙的本體融合並與神意暗相符合。實際上這就是宗教和道德的眞意。而眞正的認識自我以及符合神意的方法只在於自己體會主客合一這種力量。並且要體會這種力量，就必須根除我們的這個僞我，一度拋開這個世界上的慾望死去而後復生（如同穆罕默德所說得那樣，天國存在於寶劍的影子裡）。要能夠這樣，才能眞正達到主客合一的境地。這就是宗教、道德和美術的最高境界。這在基督教裡叫做「再生」，在佛教裡叫做「見性」。〔註55〕

換言之，什麼是眞正的善（冥契價值）？其實別無它物，如果依照西田先生的說法，其就是「認識眞正的自我」；而如果重新回到榮格心理學的話語脈絡，事實上即是體道者心中冥契意識的自然展現！總之，嚴格來說，所謂的冥契價值並非是眾多價值觀點中的任何一個，雖然從其展現結果的層面來看，其

〔註55〕引自西田幾多郎著，何倩譯：《善的研究》（北京：商務印書館，1997 年 5 月初版五刷），頁 126。

似乎得以涵容並形成任何一種特定價值觀點；然而從其作用原因的根源處看，其僅是宇宙心靈所展開的世界創化活動。因此，眞正的冥契價值是指：體現一切的應然價值抉擇，都已重新消融而回歸於實然創化的宇宙生命歷程之中！僅此而已。

再者，冥契主義研究者認爲當人得以體現冥契意識（亦即西田先生所謂的「認識眞正的自我」），而即使此人不再擁有得以企及集體潛意識的溝通管道，然而此人依舊得以受到冥契價值的引導，而一直保有冥契價值的思維模式。史泰司對此表示：

> 我們不是在開悟的經驗時才與梵人合一，我們當下即是而且永遠地與梵天等同。只是我們平素受阻於感性──智性的意識，不能體証此種同一而已。一旦開悟了，我們就不再受分別的幻象之欺罔，我們了解同一是永遠的眞諦，換言之，我們體現的乃是我們本質中早已潛存的。〔註56〕

除此之外，威廉‧詹姆斯也指出：

> 只有兩種方法可以排除憤怒、憂慮、恐怖、絕望，或是其他負面的情感。一種是有一個相反的情感非常強烈地壓倒我們；另一種是我們掙扎到筋疲力竭，不得不停止，只好放棄，不再關心，我們大腦裡的情緒中樞罷工了，陷於暫時的無情狀態。有文獻證實這種暫時的疲竭狀態常常構成皈依轉機的一部分。只要病態的靈魂對自我的憂慮把住關口，信仰的靈魂那寬闊的信心就進不來。一旦讓前者消散，甚至只是一項，後者就能夠利用這個機會，而且一直保有它。
>
> 〔註57〕

我們可以設想，一旦某人體現了冥契意識，則其當體認原本自我意識與個體潛意識運作下的種種價值抉擇，其實皆非整體宇宙創化所「應該」〔註58〕進行的眞實方向，而眞正必須遵循的，只是集體潛意識的實然展現罷了！因此，即使此體道者只能回到一般自我意識狀態而無法再次進入冥契體驗，然而其心中那種深信集體潛意識的實然展現才是眞正恰當之抉擇的思維模式，將依然深深烙印在其思維意識當中。換言之，「冥契價值思維」即是一種深信應該放下自我意識與個體潛意識的價值主宰，進而努力傾聽集體潛意

〔註56〕引自史泰司著，楊儒賓譯：《冥契主義與哲學》，頁452～453。

〔註57〕引自威廉‧詹姆斯著，蔡怡佳、劉宏信譯：《宗教經驗之種種》，頁255。

〔註58〕此處的「應該」，在語意上，其實等同於「自然」。

識之展現的價值抉擇模式。

　　事實上，關於冥契價值思維爲何得以在自我意識當中產生的原由，《莊子》在其〈德充符〉中，亦嘗試透過「人故无情」的體認，來予以說明：

　　　　惠子謂莊子曰：「人故无情乎？」莊子曰：「然。」惠子曰：「人而无情，何以謂之人？」莊子曰：「道與之貌，天與之形，惡得不謂之人？」惠子曰：「既謂之人，惡得无情？」莊子曰：「是非吾所謂情也。吾所謂无情者，言人之不以好惡内傷其身，常因自然而不益生也。」惠子曰：「不益生，何以有其身？」莊子曰：「道與之貌，天與之形，无以好惡内傷其身。今子外乎子之神，勞乎子之精，倚樹而吟，據槁梧而瞑。天選子之形，子以堅白鳴！」〔註59〕

《莊子》認爲一切的好惡之情，皆存在於自我意識與個體潛意識的運作當中，因此其所以強調「人故无情」，同樣是想指出人眞正的存在本質，依然僅是冥契意識的自然展現而已，故在此之中，本無任何應然性的價值好惡。據此，所謂冥契價值思維的產生，也只不過是自我生命本眞的覺醒與召喚！亦即是說「常因自然而不益生」的冥契價值思維，並非是一種透過外鑠而強加於我們身上的價值權威，而僅是我們心靈深處想要回歸宇宙同體創化本質，因而產生的一種價值引導。

參、應然性的冥契價值如何從實然性的冥契事實中推導出？

　　依照先前的討論，體道者透過冥契體驗，得以轉化自我意識，進而引發冥契式的價值思維，而所謂的「冥契價值」，即是指向一種全然返歸於宇宙實然創化歷程的價值思維模式。換言之，此之論述即可轉換成以下的哲學命題：「冥契價值是由宇宙創化的實然歷程所推導出。」或者也可以說成「宇宙創化的實然歷程中涵蘊著所謂的冥契價值。」然而這樣「推導關係」或者「涵蘊關係」，在一般的倫理學推論中並不合理，主要原因在於：

　　　　一般道德哲學家都認爲從實然推論不出應然，描述的陳述跟規約的或規範的（normative）或倫理的陳述之間，存有一道不可跨越的鴻溝，換言之，兩者之間不可能有邏輯上的「導出」或「涵蘊」（entailment）的關係。〔註60〕

〔註59〕引自王叔岷：《莊子校詮》，頁200～201。
〔註60〕引自黃慶明：《實然應然問題探微》（臺北：鵝湖出版社，1993年10月二版），

將此對應於《莊子》思想，則可發現其一方面察覺到宇宙萬物的創化運行，有一實然性的自然規律——此即「道」的實然意涵；而另一方面，其又體現出此自然規律，其實即為人生處世的價值原則——此即「道」的應然意涵（亦即「冥契價值」）。至此，其所衍生的矛盾是：如果一切人事物的運行變化都被「道」的自然規律所決定，那麼人怎麼會有不依循「道」之冥契價值的抉擇自由？反過來說，如果人真的擁有選擇依循或者不依循「道」之冥契價值的行為自由，那麼人的行為變化又怎麼可能確實被「道」的自然規律所決定呢？雖然先前的討論已嘗試從經驗層面指出其並非矛盾的真實情況，然而若不嘗試從論證層面顯示其合理性，則此關於冥契價值的推導或產生，便仍相當具有其私密性與曖昧性！〔註61〕

事實上，對此議題，筆者曾在碩士論文中，嘗試透過方東美先生的機體主義思想來予以澄清，當時主要的論述是：

> 從本體界中「宇宙大生命」的整體性來說，整個「道」之「機體主義」的和諧創化歷程，其實僅是一個實然性的存在狀態；而當我們落入現象經驗界之「人」的個體性來說，因為我們每一個個體都只是「道」之「宇宙大生命」中的一個組成物，同時我們「人」又擁有自由意志而具有價值選擇的能力，因此「道」之「宇宙大生命」中的「普遍心靈」，即先前已談論過的「真君」，便能夠賦予「人」一種終極而普遍的應然性價值思想。簡而言之，若從《莊子》之「道」的整體面，亦即從本體界之「宇宙大生命」的角度來說，「道」便僅具有其存在性的意涵；而若從「道」落於現象界之「人」的個體面來說，則「道」便具有其價值性的意涵。因此《莊子》「道」之價值性的意涵便被其存在性的意涵所涵蓋，而如此也就正顯示在方東美「機體主義」的詮釋下，其得以結合存在與價值之兩重性意涵的合理性所在。〔註62〕

頁1。

〔註61〕雖然劉笑敢先生認為透過應然與實然的二分架構來看待中國哲學並不恰當！然而筆者認為「從實然命題中無法推導出應然命題」乃是超越文化差異的普遍哲學議題，因此將其導入《莊子》體道工夫思想的研究中，仍具有其實質上的核心意義。關於劉先生的觀點，請參考劉笑敢：《詮釋與定向——中國哲學研究方法之探究》，頁113～121。

〔註62〕引自林修德：《從方東美的「機體主義」論《莊子》「道」之兩重意涵》，頁51

筆者認為這個基本論點大抵仍站得住腳，然而在此卻得以進一步透過集體潛意識理論，來重新釐清「人為何既被『道』之自然規律所決定，而同時又得以自由抉擇『道』之價值原則？」的複雜狀態。如果從人的意識運作狀態來檢視，便得以發現此既自由而又被決定的相容論述並非矛盾，理由在於：其一，集體潛意識是超時空的存在，因此人之活動確實存在著被其所決定的實然限制，例如自然壽命的限制即是如此；其二，人亦確實擁有自我意識的運作能力，因此人擁有價值抉擇的自由也並非虛假，而只不過此之自由仍有其限制，因為人們終究無脫離集體潛意識展現下的自然規律；其三，當人之意識得以全然冥合於集體潛意識（此時集體潛意識亦等同其人之意識），那麼在此體道狀態下，則必須展開兩種不同觀點的闡述——從自我意識的運作範疇來說，其之意識確實是被集體潛意識所決定；然而若從集體潛意識的展現主體來說，則其已擁有完全的自由，因為已沒有任何超出其上的意識存在得以干擾或決定其之抉擇。總之，自由與決定的陳述觀點，皆必須取決於意識活動的存在狀態，那麼既然意識存在狀態在現實中如此複雜，我們便能夠理解為何人是既自由而又是被決定的，甚至透過上述的討論，也指明當人得以冥契體道，則其雖然完全被集體潛意識所決定，然而其卻也擁有全然無所限制的真正自由。〔註63〕

　　討論至此，便得以針對「冥契價值是由宇宙創化的實然歷程所推導出。」或者「宇宙創化的實然歷程中涵蘊著所謂的冥契價值。」的哲學命題，重新進行論證：首先，相關心理學研究指出人的意識活動至少存在兩種運作狀態，其一是純粹自我意識下的思維狀態，其二則是自我意識與集體潛意識重合下的思維狀態；再者，基於宇宙創化活動取決於集體潛意識的思維運作，因此

〔註63〕關於意識存在狀態的議題，威廉・詹姆斯在其《宗教經驗之種種》一書中指出：「若干年前，我自己對於氧化亞氮所引起的迷醉狀態做過一些觀察，還把結果付印成書。當時有一個結論壓迫在我心中，但我對此真理的想法始終沒有動搖過。這個結論就是，日常的覺醒意識，也就是我們所稱的理性意識，只不過是一種特殊的意識狀態，在其周圍還存在這許多全然不同的可能意識狀態，彼此之間只以極薄的帷幕互相隔開。我們可能終其一生沒有感覺到這些意識狀態的存在；但只要施予所需要的刺激，一觸之間它們就可以完全呈現：它們是心靈的特定型態，也許某處正式應用與適應的範圍。任何關於宇宙整體的討論，如果忽略其他形式之意識狀態的話，是不會有什麼結論的。」引自威廉・詹姆斯著，蔡怡佳、劉宏信譯：《宗教經驗之種種》，頁465。

其之實然創化歷程中蘊含著所謂的自然規律，事實上，此之自然規律即是集體潛意識的思維模式；此外，所謂的冥契價值即是指一種全然歸返於宇宙實然創化規律的價值思維模式；所以，當某人的自我意識得以與集體潛意識相互重合，此即意味著其人當下的行為與價值取向，全然依循著宇宙創化的自然規律，換言之，此人依循宇宙創化實然規律的處世行為中，蘊含著其所抉擇的價值思維模式。總而言之，在此意識重合的存在狀態下，自我意識的價值抉擇，在意義上已全然等同於集體潛意識的實然展現，如此便可證成「宇宙創化的實然歷程中涵蘊著所謂的冥契價值」的核心命題，同理也得以證成「冥契價值是由宇宙創化的實然歷程所推導出的」。

總結來說，《莊子》所謂「是以聖人不由，而照之於天，亦因是也。」〔註64〕此之「照之於天」其實蘊含了兩種價值意義：其一，所謂「照之於天」的冥契價值，已超越一般性的應然價值思維，而旨在體現宇宙實然創化歷程成為自身價值抉擇主體的存在狀態；〔註65〕其二，人的意識運作模式除了臣服於自我意識的主宰之外，尚有冥合於集體潛意識的可能，因此「照之於天」也蘊含著人應該超越自我意識的主宰，進而返歸冥合於集體潛意識的一種應然價值取向。換言之，當人察覺到集體潛意識才是真正的自我生命核心，那麼是否願意超越自我意識而冥合於集體潛意識，便仍取決於我們自己的價值抉擇。

然而，這樣的說法也並非完全準確！因為當人「真正察覺」集體潛意識的存在時，事實上已沒有其他選擇的可能，其必將自然依循著集體潛意識來行事作為。總之，與其說「冥合於集體潛意識」是一種應然的價值取向，還不如說其旨在揭示「自我意識並非真正自我生命之意識」的宇宙實然真理！亦即是說當我們願意依循至善的同時，其實也等同於在發掘真與至美！

第四節　《莊子》體道境界的價值思維及其生命智慧

在本章的第二節中，主要談論了《莊子》體道工夫如何實踐的基本議題，

〔註64〕引自王叔岷：《莊子校詮》，頁58。關於此章的內涵，已在本論文第四章第一節中進行過討論。

〔註65〕此種將「價值」返歸於「存在」本身的思維模式，亦可見於《莊子·逍遙遊》第三章的寓言故事：「今子有大樹，患其无用，何不樹之於无何有之鄉，廣莫之野，彷徨乎无為其側，逍遙乎寢臥其下，不夭斤斧，物无害者，无所可用，安所困苦哉！」引自王叔岷：《莊子校詮》，頁37。其之寓意旨在將工具性的外在價值，重新返歸於存在性的內在價值本身。

而第三節則旨在探究此體道工夫的昇華轉化原理，至於本節則企圖探此體道
工夫的實踐者所能展現的生命樣貌。在此之前，宜先針對幾個用詞予以界定：
首先，所謂的「體道境界」，並非單指曾經歷冥契體驗，因而得以被集體潛意
識所引導與轉化的冥契者生命展現，而是同時指涉願意以探求集體潛意識為
目標，進而努力實踐體道工夫的求道者生命樣貌，換言之，所謂「體道者」
之「體」，其實蘊含兩種意義，一方面意指企及冥契意識的體悟成果，而另一
方面則也指涉意識轉化修練歷程的身體力行；以至於這裡的「價值思維」，並
非著重於冥契價值思維本身的探討，而旨在探究體道者在受到冥契價值思維
模式引導後，所能表現出的應世價值觀點，亦即是說即使體道者已無法再次
深入冥契體驗，然其曾經歷的冥契價值模式將仍持續引導其在一般自我意識
運作下的價值抉擇思維，而此價值思維亦將得以成為致力於意識轉化修練者
的引導參照；那麼，最終的「生命智慧」，也就旨在探究此應世價值觀點，所
能帶給體道實踐者及其所處世界的具體轉變。更進一步來說，本節所要探討
的研究議題有四：其一是「體道者內在心靈意識在其體道實踐歷程中的轉化
情況？」；其二是「體道者外在行為姿態層面又在其實踐歷程中有何具體變
化？」；其三是「體道者從冥契價值模式中所獲致的應世價值觀點為何？」；
其四是「此應世價值觀點將如何具體轉化體道實踐者的真實生命及其所處世
界？」以下將依序進行討論。

壹、體道者內在心靈意識在其體道實踐歷程中的轉化情況？

先前在本論文第四章第二節中，已針對《莊子·大宗師》第一章有過部
分討論，當時已指出「天之所為」與「人之所為」此兩種意識活動的根本區
別，前者是冥契意識——意識重合的展現；而後者則是自我意識與個體潛意
識的一般運作。在此段論述之後，《莊子》作者又接續透過兩段第二級冥契語
言來申論體道者（「古之真人」）的生命特質，此中提及：

> 古之真人，其狀義而不朋，若不足而不承；與乎其觚而不堅也，張
> 乎其虛而不華也；邴邴乎其似喜乎！崔乎其不得已乎！滀乎進我色
> 也！與乎止我德也！厲乎其似世乎！謷乎其未可制也！連乎其似好
> 閉也！悗乎忘其言也！……故其好之也一，其弗好之也一。其一也
> 一，其不一也一。其一與天為徒，其不一與人為徒。天與人不相勝

也，是之謂真人。〔註66〕

上半段的「其狀義而不朋」以至於「悗乎忘其言也」，皆旨在彰顯體道者的生命姿態，比較關鍵的陳述在於「故其好之也一」所展開的數句，其意謂體道者「不一」的自我意識運作，皆得以相容於「一」的意識重合展現，因此其之好惡與作為皆能不違背「一」的和諧與整全，此亦即體道者內在心靈意識中所不斷致力於調整轉化的工夫所在。

細部而論，此之意識轉化成果，又可區分成幾個緊密相關的不同階段：其一，當體道者體驗過冥契意識，則其當然能坦然接受集體潛意識所展開的一切創化運行，故《莊子》在關於「攖寧」境界的陳述中，即指出「其為物，無不將也，無不迎也；無不毀也，無不成也。」〔註67〕的處世原則，此即一種泰然面對宇宙創化成果的人生態度。

其二，當體道者能安然接納一切的自然創化，那麼其亦將得以超越「悅生惡死」的世俗執念。所以《莊子‧大宗師》的第五章，即透過子祀、子輿、子犁、子來此四人的「莫逆之交」，來彰顯此超越生死的人生理念：

> 且夫得者，時也；失者，順也。安時而處順，哀樂不能入也。此古之所謂縣解也。而不能自解者，物有結之。且夫物不勝天久矣，吾又何惡焉！〔註68〕

此語出自於病重的子輿，其所要表達的是：人的自然生命之變化及其自然壽命之長短，同樣僅是宇宙創化的自然展現，因此當人得以理解進而接納宇宙的自然運行，那麼面對自身的生死變化，同樣也只須安然聽任集體潛意識的實然安排即可！所以此寓言故事的最後，重病而將死的子來亦說：「今一以天地為大鑪，以造化為大冶，惡乎往而不可哉！」〔註69〕此同樣展現出超越生死執念的「縣解」之境。

其三，當體道者能超越生死執念，而此也意味者其得以超越自身形體的實然限制。在〈大宗師〉的第六章，其藉由子桑戶之死的寓言故事來闡述這個道理：

〔註66〕引自王叔岷：《莊子校詮》，頁213。「故其好之也一」之前所省略的一段文字，歷來學者多已懷疑其非《莊子》思想，故在此予以略過。

〔註67〕此論述出自於《莊子‧大宗師》的第四章，其文本意涵已在本論文第四章第二節中有過討論。

〔註68〕引自王叔岷：《莊子校詮》，頁239。

〔註69〕引自王叔岷：《莊子校詮》，頁245。

> 彼方且與造物者爲人，而遊乎天地之一氣。彼以生爲附贅縣疣，以
> 死爲決疣潰癰，夫若然者，又惡知死生先後之所在！假於異物，託
> 於同體。忘其肝膽，遺其耳目，反覆終始，不知端倪。〔註70〕

亦即是說自我形體的生滅，不過是自然之氣的聚散變化而已，因此人們又何
必執著於自身形體的佔有意欲！從集體潛意識的永恆創化活動來說，諸種形
體的聚散生滅，都當僅是永無止盡的自然變化歷程中的某個階段罷了！

其四，當體道者能安然接受生死與形體的自然限制，那麼針對人類生存
所自然衍生出的種種情性與責任，其亦當得以透過冥契心靈的體現而予以涵
容與接納。檢視《莊子·人間世》的第二章，此章即藉由仲尼的口吻來闡述
這個道理：

> 天下有大戒二：其一，命也；其一，義也。子之愛親，命也，不可
> 解於心；臣之事君，義也，无適而非君也，无所逃於天地之間。是
> 之謂大戒。是以夫事其親者，不擇地而安之，孝之至也；夫事其君
> 者，不擇事而安之，忠之盛也。自事其心者，哀樂不易施乎前，知
> 其不可奈何而安之若命，德之至也。爲人臣、子者，固有所不得已。
> 行事之情而忘其身，何暇至於悅生而惡死夫！〔註71〕

《莊子》認爲「命」（天生情性）與「義」（社會責任），同樣是人所自然衍生
出的實然處境，因此人們本無須抗拒的此二者所造成的自然限制，換言之，
即使此自然阻礙必將存在，然人們卻無須爲此感到煩惱或者憂傷，所以其言
「知其不可奈何而安之若命，德之至也。」更深入地說，對於曾體現冥契意
識的體道者而言，其已明白自身形軀之種種，皆非自我意識所獨有，而是基
於集體潛意識而被一切存在所共同擁有，因此即使從個體的自我意識來看，
人確實具有命與義、生與死的諸種限制，然從集體潛意識的存在位階來論，
則此一切「限制」皆只不過是自然創化歷程中的某種展現，換言之，此所有
「限制」皆並未妨礙整全之「道」，以至於在體道者的冥契心靈意識當中，命
與義、生與死……等諸種形體的限制，終將基於自我生命的整全擴大，而得
以被超越與轉化。

其五，當體道者能超越諸種自然限制，那麼此超越思維亦將得以引導體
道者展開轉化世俗價值的創造活動。在《莊子·人間世》第四章的寓言故事

〔註70〕引自王叔岷：《莊子校詮》，頁248～249。
〔註71〕引自王叔岷：《莊子校詮》，頁138。

中，其即試圖藉由櫟社樹的一番言論來轉化世人對於「用」的價值認定：

> 女將惡乎比予哉？若將比予於文木邪？夫柤梨橘柚果蓏之屬，實熟
> 則剝，則辱。大枝折，小枝泄，此以其能苦其生者也。故不終其天
> 年而中道夭，自掊擊於世俗者也。物莫不若是。且予求无所可用久
> 矣，幾死，乃今得之，為予大用。使予也而有用，且得有此大也邪？
> 且也若與予也皆物也，奈何哉其相物也！而幾死之散人，又惡知散
> 木？〔註72〕

在此則故事中，匠石原本認為櫟社樹為無用之木，因此招致櫟社樹入其夢中
而批評之，然此則批判反倒使得匠石有所轉化，進而體悟真正的「大用」乃
源自於「无所可用」，因此豈能透過「世俗之用」的價值觀點來理解真正回歸
於存在本身的「大用」價值！除此之外，類似此則轉化世俗價值的寓言故事，
還可見於〈人間世〉的第五章與〈德充符〉的第五章：在〈人間世〉的第五
章中，其嘗試翻轉世人對於「祥瑞與否」的價值判準；〔註73〕至於在〈德充
符〉的第五章中，則嘗試翻轉世人針對「形體殘全與否」的好惡成見。〔註74〕

更進一步來說，上述此種價值創化的反思歷程，亦得以在《莊子・逍遙
遊》的第一章末段中查見：

> 故夫知效一官，行比一鄉，德合一君，而徵一國者，其自視也亦若
> 此矣。而宋榮子猶然笑之。且舉世而譽之而不加勸，舉世而非之而
> 不加沮，定乎內外之分，辯乎榮辱之境斯已矣。彼其於世未數數然
> 也。雖然，猶有未樹也。夫列子御風而行，泠然善也，旬有五日而
> 後反。彼於致福者，未數數然也。此雖免乎行，猶有所待者也。若
> 夫乘天地之正，而御六氣之辯，以遊无窮者，彼且惡乎待哉！故曰：
> 至人无己，神人无功，聖人无名。〔註75〕

此段論述屬於第三級的冥契語言，亦即是〈逍遙遊〉第一章「鯤鵬寓言」的
寓意總結。事實上，此敘述中的四種人生價值觀：其一是「知效一官，行比
一鄉，德合一君，而徵一國者。」；其二是「舉世而譽之而不加勸，舉世而非

〔註72〕引自王叔岷：《莊子校詮》，頁151。此中之「散」字，寫作「昔」、「攵」合文。

〔註73〕請參考王叔岷：《莊子校詮》，頁158～163。此中提及「此皆巫祝以知之矣，
所以為不祥也。此乃神人之所以為大祥也。」

〔註74〕請參考王叔岷：《莊子校詮》，頁197～200。此中提及「故德有所長，而形有
所忘。人不忘其所忘，而忘其所不忘，此謂誠忘。」

〔註75〕引自王叔岷：《莊子校詮》，頁17～18。

之而不加沮，定乎內外之分，辯乎榮辱之境。」；其三是「御風而行，泠然善也，旬有五日而後反。彼於致福者，未數數然也。」；其四是「乘天地之正，而御六氣之辯，以遊无窮者。」在解讀上，似乎皆得以對應於〈天下〉篇二至五章中，其針對四組學術家派的思想評價論述。〔註76〕具體而言，此第一種人生觀得以對應於墨翟與禽滑釐的價值主張，他們的共同處在於其雖然皆願意爲人民服務，然其價值觀點的形塑，卻源自於外在的世俗價值規範，因此這樣的價值主張並未能觸及眞正的冥契價值核心。而第二種人生觀則可對應於宋銒與尹文的價值主張，他們的共同處在於其雖然皆試圖深入自我內心以探求價值根本，然基於其尙且無法透過冥契體驗以感通萬物，因此這樣的價值主張仍易於落入自以爲是的價值成見。至於第三種人生觀則可對應於彭蒙、田駢與愼到的價值主張，他們的共同處在於其皆全然放棄了價值抉擇的思維主體，因此這樣看似逍遙無害的人生展現，其實也不過是完全淪落價值喪失的命定桎梏。最後，第四種人生觀則可對應於關尹、老聃與莊周的價值主張，他們的共同處在於其皆能自主體認冥契價值的根源，因而得以在價值抉擇上，包容與整全一切的價值歧見，更深入地說，此即開啓了一種永恆反思創化的價值覺醒活動。

　　總結而言，當體道者致力於探索集體潛意識，進而得以體現冥契意識的存在，那麼在其意識轉化歷程之中，至少涵蓋以下五種密切相關的轉化成果：其一，得以坦然接受一切宇宙創化的自然運行；其二，得以超越悅生惡死的世俗執念；其三，得以超越自身有限形體的實然限制；其四，得以泰然面對人世間中的一切命定阻礙；其五，得以展開翻轉世俗既定價值的永恆創化活動。

貳、體道者外在行爲姿態層面在實踐歷程中有何具體變化？

　　事實上，體道者外在行爲層面的轉變，乃伴隨於其內在心靈意識的轉化而來。例如在《莊子・齊物論》第一章的「三籟」故事中，針對南郭子綦的體道形象，即有如下的敘述：

　　　　南郭子綦隱几而坐，仰天而噓，嗒焉似喪其耦。顏成子游立侍乎前，

〔註76〕〈天下〉篇中針對此四組學術家派的思想評價，已在本論文第四章第一節中
　　　　進行過討論。

曰：「何居乎？形固可使如槁木，而心固可使如死灰乎？今之隱几
者，非昔之隱几者也？」子綦曰：「偃，不亦善乎，而問之也！今者
吾喪我，汝知之乎？女聞人籟而未聞地籟，女聞地籟而未聞天籟
夫！」〔註77〕

在此陳述中，「形如槁木」的體道形象乃源自於其「喪我」的冥契意識之顯
現，然而有趣的是體道者的外顯形象，並非只有此靜默冥合的姿態展現而
已！因為在〈大宗師〉第四章關於「攖寧」工夫的論述當中，亦可察見另一
種類型的體道者形象：

南伯子葵問乎女偊曰：「子之年長矣，而色若孺子，何也？」曰：「吾
聞道矣。」〔註78〕

此「色若孺子」所展現的，乃是另一種精神豐沛的體道形貌，其幾乎全然對
反於上述「形如槁木」的寂靜狀態，如此一來，其似乎意味著體道者的外顯
姿態並無固定形象，甚至還得以兼具動靜矛盾的相對兩端。

那麼，再進一步檢視〈應帝王〉第五章的寓言故事，壺子這位體道者更
藉由「氣」的流動變化，而接連展現出幾種不同的體道姿態：

鄭有神巫曰季咸，知人之死生存亡、禍福壽夭，期以歲月旬日若神。
鄭人見之，皆棄而走。列子見之而心醉，歸，以告壺子，曰：「始
吾以夫子之道為至矣，則又有至焉者矣。」壺子曰：「吾與汝既其
文，未既其實，而固得道與？眾雌而无雄，而又奚卵焉！而以道與
世亢，必信，夫故使人得而相汝。嘗試與來，以予示之。」明日，
列子與之見壺子。出而謂列子曰：「嘻！子之先生死矣！弗活矣！
不以旬數矣！吾見怪焉，見濕灰焉。」列子入，泣涕沾襟以告壺子。
壺子曰：「鄉吾示之以地文，萌乎不震不正。是殆見吾杜德機也。
嘗又與來。」明日，又與之見壺子。出而謂列子曰：「幸矣，子之
先生遇我也！有瘳矣，全然有生矣！吾見其杜權矣。」列子入，以
告壺子。壺子曰：「鄉吾示之以天壤，名實不入，而機發於踵。是
殆見吾善者機也。嘗又與來。」

明日，又與之見壺子。出而謂列子曰：「子之先生不齊，吾无得而相
焉。試齊，且復相之。」列子入，以告壺子。壺子曰：「吾鄉示之以

〔註77〕引自王叔岷：《莊子校詮》，頁40～41。
〔註78〕引自王叔岷：《莊子校詮》，頁235。其「孺」字寫作「孺」。

> 太沖莫勝，是殆見吾衡氣機也。鯢桓之審爲淵，止水之審爲淵，流
> 水之審爲淵。淵有九名，此處三焉。嘗又與來。」明日，又與之見
> 壺子。立未定，自失而走。壺子曰：「追之。」列子追之，不及。反，
> 以報壺子，曰：「已滅矣！已失矣！吾弗及已！」壺子曰：「鄉吾示
> 之以未始出吾宗。吾與之虛而委蛇，不知其誰何。因以爲弟靡，因
> 以爲波流，故逃也。」〔註79〕

簡要而言，其一「杜德機」乃寂靜之氣的體現；其二「善者機」則乃是躁動
之氣的展現；其三「衡氣機」則兼有動靜，而處於寂靜之氣與躁動之氣之間
的往復循環；在此之上，甚至還得以呈現出「未始出吾宗」的氣化未定之貌。
此之陳述顯示出當冥契體道者得以依「氣」顯「道」，則「氣」的各種不同流
動型態，皆得以成爲其外顯的體道姿態，而如果將此論述轉換成榮格心理學
的理論脈絡，則其意指當人得以進入冥契體驗歷程，則集體潛意識所自然展
現的一切，皆可能具體落實爲此人的外在行爲姿態，因此冥契體道者的外在
行爲展現，本來就是變化多端而無所窮極的！

在本論文前一節的討論中，也已經指出所謂「依氣而行」，即意味著集
體潛意識對於自我意識與個體潛意識的重新貫穿與融合，因此藉由集體潛意
識的體現，冥契體道者得以自然感通一切存在，進而與萬事萬物一同和諧創
化。據此，也就可以理解〈大宗師〉第一章中，爲何透過許多第二級的冥契
語言，來陳述體道者（「古之眞人」）與萬物和諧並生的具體形象：

> 古之眞人，不逆寡，不雄成，不謨士。若然者，過而弗悔，當而不
> 自得也。若然者，登高不慄，入水不濡，入火不熱。
>
> 古之眞人，其寢不夢，其覺无憂，其食不甘，其息深深。眞人之息
> 以踵，眾人之息以喉。〔註80〕
>
> 古之眞人，不知說生，不知惡死；其出不訢，其入不距；翛然而往，
> 翛然而來而已矣。
>
> 若然者，其心志，其容寂，其顙頯。淒然似秋，煖然似春，喜怒通
> 四時，與物有宜，而莫知其極。〔註81〕

〔註79〕以上兩段文獻，前者引自王叔岷：《莊子校詮》，頁286～287；後者則引自前
　　　　揭書，頁292。
〔註80〕以上兩段文獻，皆引自王叔岷：《莊子校詮》，頁203。
〔註81〕以上兩段文獻，皆引自王叔岷：《莊子校詮》，頁207。

這些類似的體道者陳述，大抵可以藉由「與物有宜，而莫知其極。」一言以蔽之，亦即是說透過「氣（集體潛意識）」的和諧感通，體道者得以與宇宙萬物同體並存共在；此外，基於「氣（集體潛意識）」的創化能量，體道者又所以能夠與宇宙創化歷程，一同生生不息。

總結而言，體道者之所以能體現「與物有宜，而莫知其極。」的和諧創化活動，仍立基於其努力保持的體道實踐。透過〈德充符〉第四章的寓言故事來說，此即是「才全」與「德不形」的具體展現：

> 死生存亡、窮達貧富、賢與不肖毀譽、飢渴寒暑，是事之變，命之行也。日夜相代乎前，而知不能規乎其始者也。故不足以滑和，不可入於靈府。使之和豫，通而不失於兌。使日夜无郤，而與物爲春，是接而生時於心者也。是之謂才全。
>
> 平者，水停之盛也。其可以爲法也，內保之而外不蕩也。德者，成和之脩也。德不形者，物不能離也。〔註82〕

「才全」意指冥契潛能的具體實現，故其能涵容接納一切自然命定的各種阻礙，並且基於冥契意識的自然引導，故其亦能展現出感通萬物與創化價值的應世姿態；至於「德不形」則意指體道者仍不斷保持自我意識的調整轉化，以隨時冥合於集體潛意識的工夫實踐，因爲一旦自我意識又自以爲是地脫離集體潛意識而自主運作，那麼此「德形」者，則必將使得價值抉擇又再次落入某種價值的執定，同時也將導致其與萬物的關係不再處於和諧創化的同體共存狀態，此即所謂「德不形者，物不能離也。」之意義。換言之，當人得以持續力行「德不形」的意識轉化工夫，則其必能展現「才全」的冥契體道姿態。

參、體道者從冥契價值模式中所獲致的應世價值觀點爲何？

在具體談論「體道者從冥契價值思維中所獲致的應世價值觀點爲何？」之前，似乎有必要再次解釋所謂的「冥契價值」與本節所要探討的「應世價值觀點」究竟有何不同？

簡要而言，「冥契價值」的思維主體，其實是以集體潛意識爲主的冥契意識，因而在本論文第四章第三節中，已推論出當體道者之作爲得以依循著冥

〔註82〕以上兩段文獻，皆引自王叔岷：《莊子校詮》，頁190。

契價值（至善），則此行為本身即等同於體道者發掘與展現了所謂的冥契事實（至真），換言之，冥契價值（至善）即是冥契事實（至真）的直接展現，因此所謂的「冥契價值」並非一般應然性的價值主張，而就是冥契真相的實然展現！然而，檢視冥契真相之內涵，則將發現其得以蘊含任何具體的價值主張，因為集體潛意識會持續在其對應的時空當下，自然展現其所決定的價值成果，此亦即是說冥契價值雖然蘊含著一切價值主張，然其每一具體展現的價值抉擇，都僅自適其當下時空的獨特意義。關於此觀點，得以在《莊子・齊物論》的第四章中查見：

> 可乎可，不可乎不可。道行之而成，物謂之而然。惡乎然？然於然。惡乎不然？不然於不然。物固有所然，物固有所可。無物不然，無物不可。故舉莛與楹，厲與西施，恢恑憰怪，道通為一。其分也，成也。其成也，毀也。凡物無成與毀，復通為一。唯達者知通為一，為是不用而寓諸庸。庸也者，用也；用也者，通也；通也者，得也。適得而幾矣。因是已。已而不知其然謂之道。勞神明為一，而不知其同也。謂之朝三。何謂朝三？狙公賦芧，曰：「朝三而莫四。」眾狙皆怒。曰：「然則朝四而莫三。」眾狙皆悅。名實未虧，而喜、怒為用，亦因是也。是以聖人和之以是非，而休乎天鈞，是之謂兩行。
>
> 〔註83〕

此為第一級的冥契語言。從「可乎可，不可乎不可。」以至於「無物不然，無物不可。」其旨在說明世上本存在著不同的事物與相異的價值，然而這些存在都僅是「道（集體潛意識）」的自然展現罷了！因此一切的歧異事物與價值，如果從體道者的冥契價值觀點來看，其皆自然得以「道通為一」，而無分合成毀的區別意義，以至於「達者（冥契者）」便得以自然接受「道」在世上所自然展現的各種價值樣貌，此亦即「為是不用而寓諸庸」的「因是（順隨集體潛意識）」體現成果。然此之體現，其實皆源自於集體潛意識的自然創化，因此反過來說，當某人僅依其自我意識而汲汲營營地追求某種超越時空的「一」，則此「勞神明為一」的刻意作為，反倒將導致「朝三」故事般的價值紛擾情況！事實上，如果狙公能夠體道而行，則其自然得以感通眾狙心靈，以至於其最終無論選擇了「朝三莫四」或者「朝四莫三」，其皆

〔註83〕引自王叔岷：《莊子校詮》，頁61。

不會引起眾狙憤怒，進而反倒得以在集體潛意識的和諧轉化中，重新成全了自己與眾狙的情性，此亦即「是以聖人和之以是非，而休乎天鈞，是之謂兩行。」所要彰顯的道理。換言之，冥契價值的具體落實，乃是其對應於每一當下時空情境的自然展現，因此其一方面蘊含著多元開放的價值立場，而另一方面又展現出永恆創化的價值再造動能。

　　相較之下，從此衍生而出的「應世價值觀點」，則將焦點鎖定在自我意識的運作層面，其旨在探究當常人無法久住於冥契體驗之中，那麼人們將如何基於冥契價值思維的引導，而發展出一組得以對應世事以解決現實種種紛爭的價值評估原則？此即是本節所要討論的重點。事實上，這裡所說的「常人」，雖然同樣無法久住於冥契體驗之中，然依其實際情況，仍具有其程度上的概略區別：其一是曾明確有過冥契體驗且能夠再度與集體潛意識進行溝通者；其二則是不曾明確經歷過冥契體驗者；其三則是雖然曾有過冥契體驗卻無法再次與集體潛意識進行交流者。據此因素，《莊子》在談論所謂的「應世價值觀點」時，大抵亦針對此不同程度的讀者情況，因而有其不同的論述策略，以下將依序檢視之。

　　首先，針對第一種「得以再次開啓冥契體驗」的讀者，《莊子》期許他們所應抱持的「應世價值觀點」，便是在需要的時候，得以重新返回冥契體驗以彰顯所謂的「冥契價值」。檢視《莊子・齊物論》的第五章：

> 古之人，其知有所至矣。惡乎至？有以爲未始有物者，至矣、盡矣，不可以加矣；其次以爲有物矣，而未始有封也；其次以爲有封焉，而未始有是非也。是非之彰也，道之所以虧也。道之所以虧，愛之所以成。果且有成與虧乎哉？果且無成與虧乎哉？有成與虧，故昭氏之鼓琴也；無成與虧，故昭氏之不鼓琴也。昭文之鼓琴也，師曠之枝策也，惠子之據梧也，三子之知幾乎！皆其盛者也，故載之末年。惟其好之也，以異於彼。其好之也，欲以明之彼。非所明而明之，故以堅白之昧終。而其子又以文之綸終，終身無成。若是而可謂成乎？雖我亦成也。若是而不可謂成乎？物與我無成也。是故滑疑之耀，聖人之所圖也。爲是不用而寓諸庸，此之謂以明。〔註84〕

此同樣屬於第一級冥契語言。「有以爲未始有物者」是冥契者所能體現的冥契

〔註84〕引自王叔岷：《莊子校詮》，頁66。「聖人之所圖」之「圖」字，據王先生考證，應爲「鄙」。

真相與所彰顯出的冥契價值原貌，故在此「道」的整全展現中，並無所謂是非好惡的價值區分，因此反過來說，當某些價值被確立下來，如「昭文之鼓琴也，師曠之枝策也，惠子之據梧也。」則這些價值展現將不免成為某種既定價值而被世人所執定，此即是「其好之也，欲以明之彼。」的價值規範化過程，然一旦如此，人便即將失去原本整全和諧的冥契價值，此即所謂「是非之彰也，道之所以虧也。」之本意。因此，《莊子》認為宣揚某種特定價值主張並期許他人服從的行為本身，不過是「非所明而明之」的價值混淆行為，至於體道者真正應該努力實踐的，乃是保持與集體潛意識的溝通管道，如此便能在需要的時刻，讓冥契意識自然地「以明」展現。〔註85〕

那麼，除了在價值抉擇上，應回歸於冥契意識的自然展現，此外，針對於事實認定的議題，則也不乎如此！審視〈齊物論〉的第六章：

> 今且有言於此，不知其與是類乎？其與是不類乎？類與不類，相與為類，則與彼無以異矣。雖然，請嘗言之，有始也者，有未始有始也者，有未始有夫未始有始也者。有有也者，有無也者，有未始有無也者，有未始有夫未始有無也者。俄而有、無矣，而未知有、無之果孰有孰無也。今我則已有謂矣，而未知吾所謂之其果有謂乎？其果無謂乎？天下莫大於秋豪之末，而大山為小；莫壽於殤子，而彭祖為夭。天地與我並存，而萬物與我為一。既已為一矣，且得有言乎？既已謂之一矣，且得無言乎？一與言為二，二與一為三。自此以往，巧歷不能得，而況其凡乎！故自無適有，以至於三，而況自有適有乎？無適焉，因是已。〔註86〕

其亦為第一級冥契語言。《莊子》指出人們對於事實認定的陳述，如果透過相關後設觀點的轉換，則其原本所認定的事實，都將可能重新被予以推翻。此種觀點轉換的語言論述能力，一直是名家辯者所十分擅長的！而在此段論述

〔註85〕 此亦即《莊子・齊物論》第九章「齧缺問乎王倪」以及第十一章「罔兩問景」寓言中，所要揭示的故事寓意：當人得以體契集體潛意識，則其一切作為，都將自然是冥契價值——此一超乎世俗是非利害的價值展現，因此根本無須束縛在自我意識層次中而執著於各種質問。關於〈齊物論〉第九章，請參考王叔岷：《莊子校詮》，頁79～85；而關於〈齊物論〉第十一章，則請參考前揭書，頁93～95。另外，此則「罔兩問景」的寓言故事，同樣出現在〈寓言〉篇的第五章中，並且具有更完整的故事情節，請參考前揭書，頁1104～1107。

〔註86〕 引自王叔岷：《莊子校詮》，頁70。

的舉例中，顯示出《莊子》也同樣認可此種後設轉換的思考模式，只不過其所要強調的是：正因為人們的陳述觀點會基於其自我意識的運作而有所轉變，因此一切對於事實認定的具體陳述，都將無法脫離同異變化未定的意見混亂情況！所以其期許體道者在事實認定的判斷上，應同樣讓冥契意識自然展現即可，此亦即「無適焉，因是已。」之涵義，換言之，對於得以重返冥契體驗的體道者來說，其自然無須停留在自我意識層次，以至於讓同異、真假未定的種種假象與爭議，不停擾亂於自我內心之中！〔註87〕

至於，針對第二種「未曾經歷過冥契體驗」的讀者而言，基於其未必能確實理解冥契一體的世界真相，也因此未必能自行開展價值翻轉的創化活動！據此因素，《莊子》只好將「應世價值觀點」的論述策略，轉化為具體的價值宣稱：

> 夫道未始有封，言未始有常。為是而有畛也，請言其畛：「有左、有右，有倫、有義，有分、有辯，有競、有爭。此之謂八德。」六合之外，聖人存而不論；六合之內，聖人論而不議。春秋經世，先王之志，聖人議而不辯。故分也者，有不分也；辯也者，有不辯也。曰：「何也？」「聖人懷之，眾人辯之以相示也。故曰辯也者，有不見也。」夫大道不稱，大辯不言，大仁不仁，大廉不嗛，大勇不忮。道昭而不道，言辯而不及，仁常而不成，廉清而不信，勇忮而不成。五者园而幾向方矣。故知止其所不知，至矣！孰知不言之辯，不道之道？若有能知，此之謂天府。注焉而不滿，酌焉而不竭，而不知其所由來，此之謂葆光。〔註88〕

此為〈齊物論〉的第七章，其亦屬於第一級的冥契語言。檢視「故分也者，

〔註87〕然而，無論事實認定在自我意識運作中多麼混亂，對於冥契者而言，其在冥契體驗中所呈顯的世界真相，依舊是「一多相即」的泛神式存在！此即《莊子・齊物論》最末章「莊周夢為胡蝶」所欲揭示的宗旨：無論是莊周變化為蝴蝶，抑或是蝴蝶變化為莊周，重點是在其冥合一體當下，仍必然有所分別，因此其最終強調「周與胡蝶，則必有分矣。此之謂物化。」請參考王叔岷：《莊子校詮》，頁95～97。另一方面，此章所應歸屬的冥契語言層級十分曖昧！一般而言，學者大抵視本章為寓言陳述，故理當將其歸屬為第三級或第四級的冥契語言。然其所陳述的故事人物卻為莊周本人，因此若本章即為莊周本人自身的冥契體驗記錄，則應當將其歸屬為第一級冥契語言！此外，若此記錄者另為他人，則又必須將其視為第二級的冥契語言！

〔註88〕引自王叔岷：《莊子校詮》，頁72～73。

有不分也；辯也者，有不辯也。」之前諸語，其大抵皆旨在強調冥契眞相與冥契價值的整全性；至於其後諸語，則陳述了其所體認的價值主張，亦即「大道不稱，大辯不言，大仁不仁，大廉不嗛，大勇不忮。」此五項具體原則，換言之，其期許這種類型的讀者，至少應該盡可能地持守自我意識與個體潛意識避免於自以爲是地過度妄動，更進一步來說，當人們若能全然依循此價值原則而實踐至極，則便得以自然體現所謂的冥契價值，此亦即是從「天府（冥契意識）」之中，所自然開顯「葆光（冥契價值）」妙境。

　　最後，針對第三種「雖有過冥契體驗卻無法再次體現冥契意識」的讀者而言，基於其至少已察覺到自我意識與個體潛意識並非自我生命眞正的主宰，因此其內心深處將自然引發「自我意識下的一切價值抉擇與事實判斷，皆可能並非是冥契事實眞相」的意識自覺！如果檢視先前五項價值原則的形成關鍵，則將發現其皆肇因於「聖人懷之」這個根本的思維態度，此「懷」字所蘊含的，即是此種意識自覺的核心內涵。更深入而言，在〈齊物論〉第十章「瞿鵲子問道於長梧子」的寓言故事中，當瞿鵲子一心認定孔夫子所言即是「妙道之行」時，長梧子對此論斷的省思態度，十分關鍵，其言：

> 是黃帝之所聽熒也，而丘也何足以知之！且女亦大早計，見卵而求時夜，見彈而求鴞炙。予嘗爲女妄言之，女以妄聽之，奚？旁日月，挾宇宙，爲其脗合，置其滑涽，以隸相尊。眾人役役，聖人愚芚，參萬歲而一成純，萬物盡然，而以是相蘊。予惡乎知說生之非惑邪？予惡乎知惡死之非弱喪而不知歸者邪？麗之姬，艾封人之子也。晉國之始得之也，涕泣沾襟；及其至於王所，與王同筐牀，食芻豢，而後悔其泣也。予惡乎知夫死者不悔其始之蘄生乎！夢飲酒者旦而哭泣；夢哭泣者旦而田獵。方其夢也，不知其夢也。夢之中又占其夢焉，覺而後知其夢也。且有大覺，而後知此其大夢也。而愚者自以爲覺，竊竊然知之。君乎，牧乎，固哉！丘也與女，皆夢也；予謂女夢，亦夢也。是其言也，其名爲弔詭。萬世之後，而一遇大聖知其解者，是旦暮遇之也！〔註89〕

首先，長梧子認爲瞿鵲子太過受制於自身原本的價值成見，因而太快斷言其好惡。再者，當長梧子要重新陳述其所體認的大道價值時，卻立論於「予嘗

〔註89〕引自王叔岷：《莊子校詮》，頁86～87。

爲女妄言之，女以妄聽之。」的謹愼態度。接著，其嘗試指出聖人所體現的價值特徵：其一「旁日月，挾宇宙。」旨在強調對於萬物之情的體察與感通；其二「爲其脗合」則彰顯了與萬物同體並存的存在感受；其三「置其滑涽」則是指自我意識與個體潛意識的消退，因而得以坦然接受萬物創化所造成的種種分歧；其四「以隸相尊」則說明了超越貴賤成見的價值轉化；其五「眾人役役，聖人愚芚。」則揭示了聖人得以直契集體潛意識的意識超昇境界；其六「參萬歲而一成純，萬物盡然，而以是相蘊。」則突顯了聖人得以調和萬物分歧，進而成全萬物的創化展現。事實上，上述種種省思態度，即是「聖人懷之」——此意識自覺的具體內涵，那麼統整而言，此思維態度至少蘊含了以下四種實踐特質：其一，謹言愼行地盡可能避免處於自以爲是的思維狀態；其二，盡可能體察貼合萬物自身的存在本性；其三，尊重並接納一切價值與事實上的多元歧異；其四，盡可能成全一切存在而嘗試調和其間之衝突。總而言之，當體道者無法再度開啓冥契意識，然其意識自覺卻能自然使其在一切意識思維的當下，盡可能符合上述四種價值省思的根本態度，更關鍵的是，此四種價值省思態度並非是某種具體而明確的價值主張，嚴格而論，其僅是一種考量各種不同價值主張的後設評估態度。〔註90〕

延續〈齊物論〉第十章的討論，審視「予惡乎知說生之非惑邪？」其後諸語，則可發現《莊子》一再強調上述四種價值省思態度的第一項——謹言愼行地盡可能避免處於自以爲是的思維狀態。《莊子》認爲一旦某人具體論述了價值省思的實踐方式，那麼此語言陳述當出自於言說者的自我意識，因此其價值陳述中便必然帶有其主觀的意識成見，如此一來，此言論又怎麼可能承載眞正的體道價值！所以在此章故事中，即使長梧子已嘗試從十分謹愼的言說態度來進行價值陳述，然在故事的最後，當其指責「丘也與女，皆夢也。」的同時，也不忘自覺地強調「予謂女夢，亦夢也。」的自我省思，此亦即是冥契價值根本無法言說的「弔詭」處境。換言之，對於第一種能力較高的讀者而言，基於其得以在需要的時候，自主地促使冥契意識自然彰顯，因此其

〔註90〕如果沿用倫理學（動機、過程與結果）的三維視角來分析，則其意指在動機層面所應該保持的一種思維態度，以至於其所引發的價值抉擇過程也得以在此應然態度中進行，然而究竟在結果層面該具體形成什麼樣的價值判斷？關於此議題，則並非是這個後設價值衡量態度所能直接決定的！換言之，保持某種態度的行爲動機，僅能確保其行爲過程具有其相應的價值屬性，卻無法直接決定其最終所形成的行爲結果。

所體現的冥契價值，得以在「無言」的狀態下自然展現，此亦爲本章「辯無勝」〔註91〕所欲強調的寓意宗旨；然而對於第二種與第三種無法當下直契集體潛意識的讀者而言，基於他們大抵無法體現眞正的冥契價值，而僅能在自我意識運作的收斂中，盡可能努力朝向冥契價值的展現，據此因素，本爲「無言」的實然展現，便轉化爲「愼言」的價值省思態度。總之，無論是「無言」或者是「愼言」，其皆旨在強調唯有排除自以爲是的思維狀態，方能體現眞正的體道價值。〔註92〕

附帶一提，既然《莊子》在價值思維上，強調「無言」與「愼言」，那麼是否意味著其全書眾多關於價值思維的各種論述皆是毫無意義的？實則不然，檢視〈大宗師〉第四章的「攖寧」陳述，當南伯子葵請教女偶是從何處聞道時，女偶則有如下的回應：

> 聞諸副墨之子，副墨之子聞諸洛誦之孫，洛誦之孫聞之瞻明，瞻明
> 聞之聶許，聶許聞之需役，需役聞之於謳，於謳聞之玄冥，玄冥聞
> 之參寥，參寥聞之疑始。〔註93〕

如果將此順序倒過來看：首先，道之「疑始」得以化爲體道者的「參寥」體驗；再者，「參寥」的冥契體驗又得以展現爲「於謳」的冥契言說以及著「需役」的冥契行爲；隨後，「於謳」與「需役」的冥契者體現，則皆得以昇華轉化冥契者的身心，而使其擁有「聶許」與「瞻明」的個人體悟；最後，「聶許」與「瞻明」般的個人洞見，又得以具體落實爲「洛誦之孫」與「副墨之子」的冥契語言文字。換言之，《莊子》仍認爲語言文字得以承載「道」的內涵，僅是其語言形式必須超越主客對立的意義指涉關係，以《莊子》所使用的術語而言，這樣的語言形式便是基於「對稱互攝」，因而得以不斷促使意識轉化的巵言陳述，而若以史泰司的論述語彙來說，則是邏輯悖論陳述，其認爲當冥契者離開當下的冥契體驗之後，仍得以使用「別異」與「合同」的理智能

〔註91〕　請參考王叔岷：《莊子校詮》，頁 91～93。其中嘗試論證「是不是，然不然。是若果是也？則是之異乎不是也亦無辯；然若果然也？則然之異乎不然也亦無辯。」的無言價值觀。

〔註92〕　對應於《莊子·大宗師》第八章的寓言故事，便可理解並非「躬服仁義」與「明言是非」的價值觀點必須遭致批判，許由之所以仍要提醒意而子，乃是督促其莫忘應隨時反省意識運作的價值思維態度。請參考王叔岷：《莊子校詮》，頁 262～266。

〔註93〕　引自王叔岷：《莊子校詮》，頁 238。

力，來準確陳述超越邏輯關係的冥契內涵。以上關於冥契語言的議題，已在本論文的第三章第二節中進行過討論，所以在此不再深入探究。

總結本小節關於「應世價值觀點」的討論，對於能再次返回冥契體驗的偉大體道者而言，《莊子》理解他們會在恰當的時候，自然彰顯冥契意識的價值作為。至於針對雖有過冥契體驗卻無法再次體現冥契價值，以及從未經歷冥契體驗的人們而言，《莊子》則期望他們能隨時保持價值思維的自省態度，亦即盡可能排除自以為是的思維狀態，以感受貼合一切存在，進而便能自然成全多元分歧的創化世界，據此意識省思，一切價值與事實層面的歧異，都將得以被由衷接納與和諧轉化，換言之，此價值自省態度終將得以引領實踐者朝向冥契價值所展現的真實世界。據此因素，針對一般人所身處的後兩種情況，則當強調：即使《莊子》的「應世價值觀點」無法在特定的時空情境下，給予一個清楚而明確價值主張，然而在其「排除獨斷」、「尊重多元」與「協調歧異」的價值省思態度下，卻能確保其所開展的多元價值，得以存在於永恆反思的價值創化歷程中。

肆、此應世價值觀點將如何具體轉化體道實踐者的真實生命與世界？

在先前討論中已指出：明確具有冥契體驗的體道者，能夠超越自身種種的實然限制，並展開翻轉世俗價值的創化活動，進而得以成全自我生命及其所身處的具體世界。而事實上，當人們願意依循上述所論及的「應世價值觀點」而作為，此即意味著其已致力於《莊子》體道工夫的具體實踐，因此本小節所要進一步探究的是：當人們力行於體道實踐，而無論其能否明確達致冥契體驗，那麼其又得以在此「永恆反思的價值創化歷程」中，展現出怎麼樣的具體生命與世界樣貌？

檢視《莊子‧逍遙遊》第一章的寓言故事，從鯤鵬的轉化到整個南飛的歷程，一般而言，我們得以將之視為一段關於體道實踐歷程的隱喻性言說，因此解析其寓意，將得以從中理解求道者的生命展現及其所轉化的真實世界。〔註94〕舉例來說，其指出：

> 且夫水之積也不厚，則其負大舟也无力，覆杯水於坳堂之上，則芥

〔註94〕關於〈逍遙遊〉第一章的具體內容，請參考王叔岷：《莊子校詮》，頁3～21。

爲之舟，置杯焉則膠，水淺而舟大也。風之積也不厚，則其負大翼
也无力。故九萬里則風斯在下矣。而後乃今培風，背負青天，而莫
之夭閼者，而後乃今將圖南。〔註95〕

其用水的浮力做爲例證，以指明大鵬之所以能夠如此高飛，乃基於風的浮力
所致。那麼，「風」之實指爲何？筆者以爲或許是同體共存的一切人事物！亦
即是說在求道歷程中，需要許多存在者的共同協助，尤其是那些曾經歷過冥
契體驗的偉大體道者，因爲他們所領悟的體道智慧，將得以照亮他人的求道
之途。更進一步來說，當求道者因而得以開啓自身的體道實踐，進而其亦展
現了體道智慧的某種「高度」，以至於其又得以反過來自然引導其他存在者一
同邁向體道進程，所以此故事中的大鵬「而後乃今培風，背負青天，而莫之
夭閼者。」即旨在藉由「大鵬得以培養風」的形象，以揭示體道實踐者能夠
轉化他人心靈的自然傾向。

此外，又例如「小知不及大知」一段：

小知不及大知，小年不及大年。奚以知其然也？朝菌不知晦朔，蟪
蛄不知春秋，此小年也。楚之南有冥靈者，以五百歲爲春，五百歲
爲秋；上古有大椿者，以八千歲爲春，八千歲爲秋。而彭祖乃今以
久特聞，眾人匹之，不亦悲乎！〔註96〕

其是以智慧高低與壽命長短的區別，來喻指超越轉化自身原本意識思維的重
要性。換言之，此一方面強調求道者若不深層地轉化自我意識，則難以達致
冥契境界；而另一方面，亦指出若所有存在者不共同致力於意識轉化實踐，
則便無法一同協助此真實世界的永恆創化開展。

總合來說，大鵬的南飛，即意味著其體認了自身天性，因而不斷致力於
成就自我使命的體道實踐歷程。換言之，體認天命與盡其本分，當是體道實
踐者所能彰顯的生命樣貌，而在此生命展現中，其又能夠自然引導他人，以
共同開啓昇華轉化的體道修練。〔註97〕

若進一步追問體道實踐者爲何得以自然轉化他人意識以共臻道境？則關

〔註95〕引自王叔岷：《莊子校詮》，頁8～9。
〔註96〕引自王叔岷：《莊子校詮》，頁12～13。
〔註97〕此亦可以對應於〈應帝王〉第二章所欲揭示的治天下之道。在此章寓言中，
　　　　接輿主張「夫聖人之治也，治外乎？正而後行，確乎能其事者而已矣。」此
　　　　即強調：如果在位者能力行體道實踐，則自然能夠轉化人民，甚至更得以彰
　　　　顯並成全人們各自的內在本性。請參考王叔岷：《莊子校詮》，頁276～279。

鍵在於冥契情感的共通性！再度檢視〈人間世〉的第一章，當顏回請教孔子如何才能轉化衛君心中的成見時，孔子先以「心齋」工夫點化顏回，並進一步期許他能展現內心中所體悟的冥契情感：

> 吾語若，若能入遊其樊，而无感其名，入則鳴，不入則止。无門无毒，一宅而寓於不得已，則幾矣。〔註98〕

孔子認為當顏回能具體實踐冥契工夫，則自然得以「无感其名」，亦即超越了名利的追求以及教化的責任，而如此進一步自然彰顯其冥契情感，便能逐漸引起衛君內在的冥契本能，而無須強求衛君遵守任何既定的價值規範，此即「入則鳴，不入則止。」與「无門无毒，一宅而寓於不得已。」之意，而在此自然催化下，便能基於冥契情感的共通性，而開啟昇華轉化衛君心靈的實踐契機。

除此之外，在〈德充符〉第一章的寓言故事中，王駘的體道者形象，亦展現了相應的道理：

> 魯有兀者王駘，從之遊者與仲尼相若。常季問於仲尼曰：「王駘，兀者也，從之遊者與夫子中分魯。立不教，坐不議，虛而往，實而歸。固有不言之教，无形而心成者邪？是何人也？」仲尼曰：「夫子，聖人也。丘也直後而未往耳。丘將以為師，而況不若丘者乎？奚假魯國！丘將引天下而與從之。」〔註99〕

王駘「立不教，坐不議。」卻能轉化他人，而使他人「虛而往，實而歸。」此即是透過冥契情感以自然轉化他人意識思維所致。換言之，引導他人實踐體道工夫，並非刻意改造他人思維所能達致，而是基於自身冥契情感的自然分享，因而得以逐漸促使他人心靈深處的集體潛意識自然湧現。反之，當某人未能自省意識，而刻意要求他人投入體道實踐，那麼事實上，此人反倒受制於自我意識與個體潛意識的成見作祟而不自知，則其又怎麼可能成功轉化他人的心靈意識呢！〔註100〕

〔註98〕引自王叔岷：《莊子校詮》，頁 130。此外，關於〈人間世〉第一章之內涵，已在本論文第四章第二節與第三節中有過討論；而此章的完整內容，則請參考前揭書，頁 117～136。

〔註99〕引自王叔岷：《莊子校詮》，頁 171。

〔註100〕此亦即〈應帝王〉最末章的「渾沌」故事所欲揭示的寓意：當儵與忽未能超越自我意識的主宰，那麼即使他們是出於善意而想要開鑿渾沌，然此作為反倒使得渾沌失去了其原初的冥契本質。請參考王叔岷：《莊子校詮》，頁 301

更深入地說，在引導他人投入體道實踐的實際過程中，被轉化者幾乎不會感到一絲遭受批判的壓迫心情，而得以自然而然地轉化自我意識。關於此點，得以在〈人間世〉第三章的寓言故事中查見：

> 顏闔將傳衛靈公大子，而問於蘧伯玉曰：「有人於此，其德天殺。與之爲无方，則危吾國；與之爲有方，則危吾身。其知適足以知人之過，而不知其所以過。若然者，吾奈之何？」蘧伯玉曰：「善哉問乎！戒之，愼之，正女身哉！形莫若就，心莫若和。雖然，之二者有患。就不欲入，和不欲出。形就而入，且爲顛爲滅，爲崩爲蹶。心和而出，且爲聲爲名，爲妖爲孽。彼且爲嬰兒，亦與之爲嬰兒；彼且爲无町畦，亦與之爲无町畦；彼且爲无崖，亦與之爲无崖。達之，入於无疵。〔註101〕

基於體道者得以由衷接納一切價值與事實層面的種種歧異，因此針對於衛靈公太子這般人物，《莊子》仍主張應採取「形莫若就，心莫若和。」的順性對待方式，因爲如此方能眞正透徹其內心深處而全然感化之。其所謂「彼且爲嬰兒，亦與之爲嬰兒。」諸語，亦同爲此意。另一方面，在此章的故事陳述中，其多次強調「戒之」、「愼之」的自省態度，則似乎旨在提醒自我意識與個體潛意識中的思維慣性，是難以輕易轉化的，因此若引導者內心仍帶著些許自以爲是的教化動機，則又將使得被轉化者退回到其原本所執著的價值慣性，如此一來，不僅無法成功轉化其之心靈意識，甚至更可能招致彼此生命的損傷。

筆者檢視自我生命歷程，大抵不曾有過明確的冥契體驗，然而對於「冥契情感的傳遞」，卻似乎有著些許似懂非懂的體會，這個體會來自於一年多前過世的外祖母身上。雖然筆者自許不僅要成爲《莊子》體道工夫的研究者，更要成爲體道工夫的實踐者，但是對於生死執念的超越，顯然還是一竅不通！因爲我仍對外祖母十分想念，然而在想念之中，卻隱隱察覺到或許對於一般人而言，最能直接體驗到冥契情感的流動，便是在親情之間的「愛」。

我的外祖母並不識字、沒有受過任何教育，她出生於一個十分貧窮的家庭，在她十歲左右，便被原生家庭賣給其他人家當作童養媳，她曾爲這任沒有感情基礎的丈夫生下了一個兒子，但這個婆家並不善待她，數年後她選擇

〜302。

〔註101〕引自王叔岷：《莊子校詮》，頁145～146。關於〈人間世〉第三章的完整內涵，請參考前揭書，頁145～150。

逃離這個家庭，直到被我流氓般的外祖父拐走，她才算有了個堪稱安穩的家。我相信她沒有一個快樂的童年，也沒有一段自己選擇的幸福婚姻，但是她卻懂得如何愛她的子女，也教會我們如何去善待他人。在這一年多來的想念中，有個問題一直震攝著我：一個可能不曾在愛中長大，也不曾被教導該如何愛人的外祖母，為什麼依然懂得如何愛護她的子女？同時，我發現自己也是一樣的，其實外祖母並不曾真的「教」過我們該怎麼愛人，但逐漸地，我們卻也從她身上學到了關於愛的奧秘！

　　孩童時期，我是個難以管教的任性孫子，記憶中的外祖母，總是很有耐心的依著這個可惡孫子的壞脾氣，予取予求，外祖母無奈與難過的心情，在當時，我這個混世魔王一點也察覺不到！彷彿這個孫子天生下來便是注定要來折磨自己，外祖母也毫無怨言。印象中，有天傍晚，外祖母也許想到什麼過往的傷心事，且又再度遭遇混世魔王大吵大鬧，惹得外祖母無法趕緊完成家事，進行神聖的燒飯工作，情急之下，外祖母揮舞著菜刀，哭著要挾魔王暫且安靜，不然便要替天行道，了結魔王的性命！聽起來像是個家暴現場，但事實並非如此，因為我並不感到害怕，反倒一直跟著外祖母流淚不止，聽著外祖母訴說著不為人知也沒有人能夠疼惜的過往心事，突然間，彷彿一道靈光注入自已心中，似乎能真實感受到外祖母心中的苦痛，就如同她一直把我們當作自己生命的延伸一樣。逐漸長大後，我才明白：她對我們的體貼與包容，並不是一種責任或手段，更不需要建立在任何知識的學習上，從根本來說，它就僅是一種讓生命更加整全的自然對待。

　　我在想，如果自然而真誠的體諒，便是冥契情感的一種展現樣貌，那麼它確實在親情之間，一再地繁衍與傳遞著。我的外祖母並沒有教導我應該如何愛人，也並不擔心我會不會永遠都不懂得愛，而她僅是一直深愛著我，直到愛自然貫穿我的心中，順著愛的牽引，我不僅能感受到她的擔憂與期待，也能理解她為何能如此自然無盡地體諒著我們，因為我們的生命皆能夠在「愛」中擴大，整全而包容著彼此！也許，這一切都源自於「道」的自然引導，也印證了上述〈德充符〉第一章所謂的「不言之教」。〔註102〕

　　更進一步來說，或許「冥契情感」在人世間，能幻化成不同形式的「愛」，進而流行共享於不同的關係中，而當人們內心所潛存的「冥契之愛」因而被

〔註102〕或許「親情之愛」未必達到「狹義冥契主義」的深刻體驗，然其卻仍是邁向體道的一種進程。

喚醒，那麼它將自然擴大與轉化生命的存在模式，其一方面能爲自我人生帶來智慧與能量，而另一方面也能感化他人與世界，而使之邁向成爲一個更加整全以及圓滿的存在。

總而言之，當體道實踐者能自然展現其所體悟的冥契情感，那麼基於冥契情感的共通性，其因而亦得以自然喚起他人心靈深處的冥契潛能，而引導他人共同投入體道實踐。事實上，此引領他人與世界共同邁向昇華轉化的成果，亦即是體道實踐者對於眞實世界的具體貢獻。然而換個角度來說，《莊子》並不認爲體道實踐者，必然具有任何超人般的生命表現，檢視〈應帝王〉第五章，列子最終的體道者形象：「三年不出，爲其妻爨，食豕如食人，於事无與親。」〔註103〕此一方面顯示人們得以在日常生活之間，具體實踐體道工夫；另一方面也強調體道者之生命並無異於常人，因爲眞正的轉化關鍵在於內在心靈，而非具體外顯的行爲結果。亦即是說當人們願意依循著《莊子》的「應世價值觀點」，而即便其之日常作爲與常人無異，然而其在本質上，卻已逐漸開啓昇華轉化自我心靈及其所處世界的眞實契機。

〔註103〕引自王叔岷：《莊子校詮》，頁298。此章的思想內涵，已在先前進行過討論；至於此章的完整內容，則請參考前揭書，頁286～301。

第五章　結　論

　　回顧本論文主要的兩項研究目的：其一是「透過冥契主義研究的協助以重新建構《莊子》體道工夫的研究方法」，此目標已在本論文第三章中達成；其二是「執行此新研究方法以重新呈現《莊子》體道工夫的理論內涵及其實踐智慧」，此目標則已在本論文第四章中完成。換言之，本論文所進行的，是以研究方法為其主要導向的研究工作，更進一步來說，在本論文的「研究動機與目的」、「研究策略與步驟」以及「文獻範圍的界定」之下，其實統合著一組「方法關係」以及「理論關係」，在此得以藉由下頁圖來顯示。

　　而在此「方法關係」與「理論關係」中所推導出的研究成果，即為本論文第四章所呈現的主要內容。

　　從整體的研究進路來檢視，本研究嘗試在學術分工的立場下，進行當謂與創謂層次的研究。具體而言，針對《莊子》文本的實謂與意謂，主要承繼於王叔岷先生的研究成果；至於《莊子》文本的蘊謂，亦即關於冥契向度的《莊子》解讀，此則承繼前人學者（尤其關永中先生）的研究成果。本研究的主要成果在於：解析當代冥契主義研究者探究冥契語言的研究方法進而將此研究方法重新導入《莊子》文本語言（卮言、寓言與重言）的研究方法中，以藉此還原檢視《莊子》作者言說動機中的冥契心靈。因此，本論文第四章所呈現的研究成果，一方面屬於冥契理論（尤其是集體潛意識理論）參照研究的一種當代詮釋；另一方面亦屬於具體導入冥契主義研究方法的一種創新嘗試。

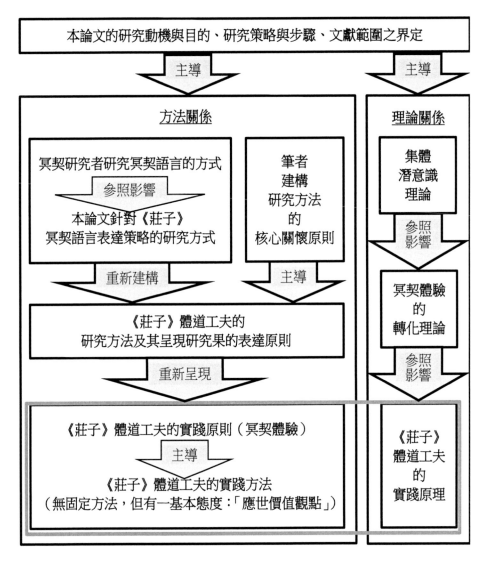

　　總結《莊子》體道工夫的核心宗旨，或許一言以蔽之，就僅是「體現自我心靈意識深處的集體潛意識。」然檢視其實踐方法，卻無固定的具體步驟！因此，真正的實踐關鍵，其實在於如何開啓轉化自我意識與個體潛意識的實踐契機？換言之，即是自我意識思維慣性的重建引導。據此因素，便得以理解爲何《莊子》要使用大量的寓言與重言陳述來說服讀者，因爲其不僅想要說服讀者認同其「體現集體潛意識」的根本論點，更重要的是，藉由故事的情境構作，讀者心中原本所不自覺的種種執著與成見，皆可能基於某種對應的情感渲染，因而得以被重新察覺並開啓轉化契機。那麼接續此論點，而既

然寓言故事的情境因素是轉化人們思維慣性的一種恰當方式，因此重新詮釋《莊子》寓言的當代意義，便成爲當代學者所應承擔的研究工作，甚至更進一步來說，重新改寫或者創作具有當代情境氛圍的寓言故事，用以重新轉化現代人的思維慣性，亦不失爲當代《莊子》研究所值得開展的學術道路。

以《莊子》的立場來說，其期許每個人一生皆應致力於集體潛意識的體現，雖然此目標未必是每個人終其一生可以達致的，然而事實上，集體潛意識仍一直潛存於我們每個人的心靈意識深處當中，因此有些人或許能時時與其溝通並存卻不自知，也是極有可能的。無論如何，基於人們大抵無法久住於冥契體驗之中，因此從冥契價值思維所引申的應世價值觀點，亦是《莊子》體道工夫思想所一再強調的！簡要而言，此應世價值觀點，要求人們應隨時保持價值思維的自省態度，以盡可能地排除自以爲是的思維模式，並由衷地感受體諒一切的存在，那麼據此思維態度所能展現的，當是「排除獨斷」、「尊重多元」以及「協調歧異」的價值樣貌。換言之，當我們面對兩種明確衝突的價值主張，以《莊子》的應世價值觀點來說，其未必能爲我們指引出一個較爲恰當的具體抉擇，然其應世價值觀點所要強調的是：無論我們做了什麼價值選擇，一旦我們不再保持這樣的價值自省態度，那麼我們所做的一切抉擇，都將遠離至眞、至美與至善的大道之途！而嘗試將這樣的價值自省態度，內化爲我們自身的人格特質，亦即是《莊子》體道工夫思想所蘊含的生命課題。

更準確地說，眞正的「至善」，其實便是冥契意識的「至眞」展現，換言之，最完美的應然價值，事實上就是「道」所自然開展的多元實然樣貌，此即所謂的「冥契價值」。據此因素，「冥契價值」僅能展現在體道者冥契體驗的意識當下，以至於在一般自我意識運作下的具體價值抉擇，根本無法企及某種永恆不變的完善價值主張！對《莊子》來說，與其要在自我意識中汲汲營營地追求某種最爲完美的價值抉擇結果，還不如返回到價值選擇的考量動機，以保持永恆反思的價值自省態度，此即《莊子》體道工夫思想中，最爲核心的「體道態度」。〔註 1〕對於這樣的價價思維觀點，筆者聯想到榮格針對

〔註 1〕更深入地說，此一「保持永恆反思」的「自省態度」，仍得以再次加以反省與檢視！此乃是無限後退的自省歷程，換言之，其僅形塑出一種價值態度，而非具體落實爲某種明確的價值論斷。據此因素，筆者一再強調：此「自省態度」乃是行爲動機層面的一種思維態度，而並非行爲結果層面上的某種具體價值主張。

其精神醫療活動所發表的一段闡述：

> 精神醫療，基本上是醫生與患者間一種辯證的關係。這是兩位完整
> 的精神間之會面與對談，其中知識的地位，僅是被視為工具，目標
> 仍在轉化。但這裡的轉化，並非事先預定的，而是種尚未決定的變
> 化，惟一可以作為準則的，乃是我執之消聲匿跡。在推動此種經驗
> 方面，醫生完全無能為力，他最多只能為患者鋪平道路，助他形成
> 一種態度，使他在達成決定性的體驗前，其阻礙可減至最低的程度。
> 〔註2〕

那麼，此論點仍舊對應到上述所言的「自我意識思維慣性的重建引導」，亦即
是說對於當代學者而言，「如何為自己與他人形塑出一個恰當的『體道態
度』？」已成為一個當代關鍵的研究議題！而此論述也同時說明了當代許多
「人文療癒」〔註3〕或者「哲學諮商」〔註4〕研究開展的必要性。

事實上，本論文所開展的研究向度，亦即是促使《莊子》體道工夫研究
邁向「人文療癒」或者「哲學諮商」的一種努力。一方面，筆者認為當代各
學科領域的研究進展，已使得過去種種關於形上神秘現象的探索愈加撥雲見
日，因此在本論文中，筆者嘗試藉由集體潛意識這樣的心理學理論，來揭示
過去一旦我們沒有真實體驗，便無法深入討論的冥契體道內涵；另一方面，
筆者認為當我們僅延續《莊子》文本內涵的原始語意探析，那麼我們便無法
直接連結《莊子》所使用的傳統形上語彙與當代真實生命轉化修練之間的具
體關聯，因此在本論文中，筆者不但藉由集體潛意識理論的協助，亦企圖透
過新研究方法對於冥契語言的釐清作用，以重新挖掘《莊子》體道工夫論述
所具備的當代實踐意義。簡而言之，「集體潛意識理論」強化了我們對於《莊
子》體道實踐原則及其核心原理的理解；至於「針對冥契語言所開展的新研
究方法」則得以轉化傳統《莊子》形上語彙中的神秘曖昧，而重新賦予其當

〔註2〕 引自榮格著，楊儒賓譯：《東洋冥想的心理學——從易經到禪》，頁166。

〔註3〕 例如林安梧先生即以其「存有三態」學說，來建構其關於存有治療、文化治
療以及心靈治療的思想論述，林先生認為一切的「存有開展」，最終皆難以避
免形成「存有執定」的價值異化，因此必須隨時重返「存有根源」，如此方能
重新活化價值活動的整全內涵。請參考林安梧：《中國宗教與意義治療》（臺
北：文海學術思想研究發展文教基金會出版，2001年7月再版）。

〔註4〕 例如黎建球先生所帶領的臺灣哲學諮商學會，對此議題已深耕多年，目前學
會甚至已發展出「哲學諮商師」的相關訓練課程，以及諮商師資格檢定的考
核辦法。

代具體的實踐意義。〔註5〕

　　當然，還是必須強調：通過集體潛意識論述所揭示的冥契理論，也僅是當代冥契思想研究的一種可能進路，其未必已是絕對準確的冥契主義定論。此論點亦得以呼應於《莊子》所認可的應世價值觀點，亦即是說我們仍舊應該不斷反省檢視這樣對於冥契事實的認定是否恰當準確？也許若干年後，會有研究者明確指出集體潛意識假說的失誤，甚至因此必須修正本論文的根本論點也不一定！然而保持這樣的自省態度本身，則確實是《莊子》體道思想所要真正傳達的精神宗旨，因爲《莊子》相信真理存在於一個保持自省而永恆開放的探索歷程中。

　　至於，針對本論文所提出的新研究方法也蘊含相同道理。具體而言，當筆者將研究目的聚焦在《莊子》體道工夫的當代實踐意義，因而將《莊子》的巵言陳述視爲研究主體，而將寓言與重言擺放在「用」的研究參照層次，那麼依循此冥契語言層級所進行的研究，對比於傳統僅依據文獻篇章而分級的研究策略來說，確實能更準確地掌握體道工夫的實踐原則及其所隱含的處世智慧；〔註6〕另一方面，基於冥契心靈的傳遞，乃是《莊子》體道研究的核

〔註5〕劉笑敢先生認爲「中國哲學」，具有三種身份——「現代學科」、「民族文化」與「生命導師」。其指出「如果對於中國哲學的這三種身份毫無分辨，那麼所謂中國哲學的方法問題、合法性問題、反向格義問題都會錯綜糾纏，茫無頭緒，莫衷一是。中國哲學要發展，無論是作爲哪一種身份，都離不開嚴肅的、細緻的、超功利的、有創造力的研究，而其『現代學術身份』很可能是其他兩種身份的根基與命脈。」引自劉笑敢：《詮釋與定向——中國哲學研究方法之探究》，頁7。事實上，劉先生主張將中國哲學做爲「現代學科」的嚴肅身份，獨立在其「民族文化」與「生命導師」的身份之外。然而，本論文卻試圖爲中國哲學建構出一種具有「生命導師」意義的「現代學科」，筆者認爲透過相關心理學領域的導入研究，並不會使得具有「生命導師」意義的中國哲學，失去其做爲「現代學科」的嚴肅身份。關於劉先生的完整觀點，請參考前揭書，頁2～12。

〔註6〕筆者認爲《莊子》的巵言陳述，亦即其所涉及的前三級冥契語言，其旨在使《莊子》文本的閱讀者，更清楚地理解體道工夫的思想內涵；至於寓言與重言的運用，則歸屬爲第四級冥契語言，其使用目的則與巵言不同，其旨在使閱讀者更容易接受體道工夫的思想論點。換言之，此二者之間具有十分微妙的互補關係：巵言式的直接表述，雖然得以使讀者更清楚而準確地理解其思想，然基於其思想過於複雜，因此卻未必能使讀者輕易接受與領悟其真諦；相較之下，寓言與重言陳述，反倒基於其象徵或隱喻的感性張力，因而能更加容易地使讀者接受與認同其所宣揚的思想主張，然基於其文學表述的複雜張力，因此反而又使得其寓意之解讀，具有多元的歧異性。

心任務之一，因此本研究方法亦鼓勵研究者應將主觀的體道實踐心得，自然地融合在其研究成果的表述當中，此效用不僅得以喚起讀者們可能具有的共通感受，更重要的是，其能夠開啟一種合理的方法整合機制，以嘗試縮合理性研究進路（排除個人感受以追求純粹的客觀道理）與感性研究進路（強調直觀洞見所主導的創造性詮釋）之間的根本衝突。但無可避免的，這些研究方法上的開創，亦將可能引發新的研究限制，然而僅要隨時保持自省與調整的開放性，研究方法本身亦得以跟隨著「道」而持續創化。換言之，「道」不僅屬於一種「人生態度」，亦將得以做為一種「研究態度」，而當研究者依此態度來進行研究，自然得以持續開啟其他更為恰當的研究向度。

總體而言，本研究方法的建構，亦不違背於《莊子》體道思想的核心宗旨。當《莊子》強調勿將其所言的任何價值宣稱，視為某種既定的價值規範而信奉之，此意味著人們應盡可能隨時重返冥契價值根源，以再度開啟更恰當的價值展現。對應於本研究法也是一致的，本研究法強調研究者不應只探究《莊子》文本的內涵，而應進一步感受、探索其陳述此內容的意識動機，筆者認為如此方能將研究者自身的「體證」與探究文本的「論證」之間，基於冥契意識此一超越主客的存在，而予以重新融合與貫通。事實上，此研究向度亦將促使《莊子》文本內涵，彰顯出其內在而一致的冥契思想基調。

更進一步來說，雖然本研究方法已盡可能在方法機制上，降低「主客對立」與「主客合一」所造成的衝突，然就研究方法的本質來看，此之衝突依舊存在！事實上，我們難以僅就方法層面的調整，便得以完全超越此二者所帶來的研究阻礙，因此真正的關鍵，同樣在於方法使用者的關懷動機與態度！據此因素，筆者所以要在本論文第三章起始，便自我反省檢視本研究所出自的關懷原則。換言之，當研究者的核心關懷更加全面，且其所進行的反省檢視，亦更加地排除成見，那麼出自於此核心原則的研究本身，方能擁有彌平此研究裂縫的更多契機。

最後，筆者應當指出本論文在口試過程中，老師們提出許多重要的研究議題，或為本論文暫且無法直接回應的，例如集體潛意識是否預設了思想者的主體性，其或與佛學觀點有所分歧？又例如能否有一種關於冥契體驗的感受及其陳述，是超越文化及其語言思維的？事實上，此兩個議題所直接涉及的，乃是文化主體論述以及跨文化脈絡的立場分歧！此確為當代中國哲學研究既曖昧又關鍵之處，值得筆者進一步省思與探討。另外，關於當代《莊子》

研究所關注的幾個面向，例如有關內丹式的道家工夫探究，又例如有關語言批判與文化反省的研究轉向，此亦是筆者應該再進一步拓展的研究向度。如果可能的話，筆者期望在未來，基於各相關學科領域的合作，我們得以嘗試建構出某種更為普遍以及可行的集體潛意識探索管道，如此方能為更多人開啟冥契體道的實踐契機，也同時藉此開展出某種冥契式的文化傳承以及文明展現。如此也意味著：「探索自我生命的意義感」確實與「傳承文化的使命感」之間，並未背道而馳！因為實踐體道工夫除了揭示了自身生命的意義感，也同時成全了所有生命與整體世界，此中所蘊含的價值智慧，亦得以承繼人文化成的永續歷程。也許我們可以相信：在真正的體道實踐中，「生命意義感的探索」已與「文化使命感的傳承」，得以融合為一、相輔相成！

引用書目

一、古　籍

1. 〔清〕郭慶藩輯，王孝魚整理：《莊子集釋》（臺北：華正書局有限公司，2004 年 7 月初版）。

二、專　書

1. Jonathan R. Herman. *I and Tao: Martin Buber's Encounter with Chuang Tzu*. New York: State University of New York, 1996.

2. Martin Buber. "Zhuang: Sayings and Parables."*Chinese Tales*. Trans. Alex Page. London: Humanities Press International, 1991.

3. R.C. Zaehner. *Mysticism: Sacred and Profane —An Inquiry into some Varieties of Praeternatural Experience*. London: Oxford University Press, reprinted 1978.

4. 方勇，陸永品：《莊子詮評》（成都：巴蜀書社，2007 年 5 月二版）。

5. 王叔岷：《莊子校詮》（北京：中華書局，2007 年 6 月初版）。

6. 史泰司（Walter Terence Stace）著，楊儒賓譯：《冥契主義與哲學》*Mysticism and Philosophy*（臺北：正中書局，1998 年 6 月）。

7. 艾弗・格拉頓・吉尼斯（Ivor Grattan Guinness）主編，張燕云譯：《心靈學——現代西方超心理學》（瀋陽：遼寧人民出版社，1988 年 3 月初版）。

8. 西田幾多郎著，何倩譯：《善的研究》（北京：商務印書館，1997 年 5 月初版五刷）。

9. 杜普瑞（Louis Dupré）著，傅佩榮譯：《人的宗教向度》*The Other Dimension: A Search for the Meaning of Religious Attitudes*（臺北：立緒文化事業有限公司，2006 年 3 月初版）。

10. 汪淑麗：《《莊子》的神祕主義向度》（新北：花木蘭文化出版社，2012年9月初版）。

11. 林安梧：《中國人文詮釋學》（臺北：臺灣學生書局，2009年10月初版）。

12. 林安梧：《中國宗教與意義治療》（臺北：文海學術思想研究發展文教基金會出版，2001年7月再版）。

13. 林修德：《從方東美的「機體主義」論《莊子》「道」之兩重意涵》（新北：花木蘭文化出版社，2011年9月初版）。

14. 威廉·詹姆斯（William James）著，蔡怡佳、劉宏信譯：《宗教經驗之種種》The Varieties of Religious Experience（臺北縣新店市：立緒文化事業有限公司，2007年5月初版四刷）。

15. 徐復觀：《中國藝術精神》（臺北：臺灣學生書局，1998年5月初版十二刷）。

16. 徐聖心：《莊子「三言」的創用及其後設意義》（臺北縣永和市：花木蘭文化出版社，2009年9月初版）。

17. 陳鼓應註譯：《莊子今註今譯》（臺北：臺灣商務印書館，2007年10月修訂版六刷）。

18. 傅偉勳：《學問的生命與生命的學問》（臺北：正中書局，1994年5月初版二刷）。

19. 黃慶明：《實然應然問題探微》（臺北：鵝湖出版社，1993年10月二版）。

20. 楊儒賓：《莊周風貌》（臺北：黎明文化事業股份有限公司，1991年初版）。

21. 榮格（Carl Gustav Jung）著，楊儒賓譯：《東洋冥想的心理學——從易經到禪》（北京：社會科學文獻出版社，2000年11月初版）。

22. 劉笑敢：《莊子哲學及其演變》（北京：中國社會科學出版社，1988年2月初版）。

23. 劉笑敢：《詮釋與定向——中國哲學研究方法之探究》（北京：商務印書館，2009年3月初版）。

24. 賴錫三：《當代新道家——多音複調與視域融合》（臺北：臺大出版中心，2012年3月初版二刷）。

25. 賴錫三：《道家型知識分子論——《莊子》的權力批判與文化更新》（臺北：臺大出版中心，2013年10月初版）。

26. 錢穆：《莊子纂箋》（臺北：東大圖書股份有限公司，2009年8月六版四刷）。

27. 謝君讚：《先秦儒、道義理的當代詮釋與反思——以典範轉移、冥契主義與樂園思想為核心》（國立中央大學中國文學所博士論文，2014年1月）。

28. 瀧川龜太郎：《史記會注考證》（臺北：大安出版社，2006年8月初版五

29. 羅伯特・奧迪（Robert Audi）英文主編，王思迅主編：《劍橋哲學辭典》
（臺北：貓頭鷹出版社，2002 年初版）。

30. 羅浩（Harold D. Roth）：《原道：《內業》與道家神秘主義的基礎》（北京：學苑出版社，2009 年 1 月初版）。

三、單篇論文

1. 《法光》雜誌編輯室採訪整理：〈每個人都是一個潛能的神秘家——專訪關永中教授〉，《法光》雜誌第 118 期（1999 年 7 月）。

2. Harold D. Roth. "Bimodal Mystical Experience in the 'Qiwulun'." *Hiding the World in the World.* Eds. Scott Cook. New York: State University of New York, 2003. pp.15-32.

3. 刁生虎：〈莊子的語言哲學及表意方式〉，《東吳哲學學報》第 12 期（2005 年 8 月），頁 1～62。

4. 王六二：〈宗教神秘主義的性質〉，《世界宗教研究》1996 年第 1 期，頁 1～10、156。

5. 王六二：〈近現代神秘主義研究狀況〉，《世界宗教研究》2001 年第 3 期，頁 125～140、156。

6. 王六二：〈神秘主義的類型學課題〉，《宗教哲學》第 8 卷第 2 期（2002 年 10 月），頁 26～35。

7. 王希佳：〈馬丁布伯對老莊思想的宗教性理解——以《莊子的對話與寓言》一書為依據〉，第七屆兩岸宗教學術論壇會議論文（輔仁大學，2013 年 5 月 6～7 日），第八場次論文，頁 1～8。

8. 包兆會：〈《莊子》中的神秘主義〉，《莊子生存論美學研究》（南京：南京大學出版社，2004 年 4 月），頁 282～297。

9. 何建興：〈「不可說」的弔詭〉，《世界宗教學刊》2003 年第 2 期（2003 年 11 月），頁 89～110。

10. 吳經熊著，項退結譯：〈莊子的智慧：一個新估價〉，《現代學苑》第 4 卷第 3 期（1967 年 3 月），頁 87～99。

11. 沈清松：〈表象、交談與身體——論密契經驗的幾個哲學問題〉，《哲學與文化》第 24 卷第 3 期（1997 年 3 月），頁 262～274。

12. 林久絡：〈神秘主義〉，《法光》雜誌第 118 期（1999 年 7 月）。

13. 林永勝：〈功夫試探——以初期佛教譯經為線索〉，《臺大佛學研究》第 21 期（2011 年 6 月），頁 1～34。

14. 林安梧：〈中西哲學會通之「格義」與「逆格義」方法論的探討——以牟宗三先生的康德學與中國哲學研究為例〉，《淡江中文學報》第 15 期（2006 年 12 月），頁 95～116。

15. 林修德：〈《莊子》工夫論之研究方法省思〉，《東華中國文學研究》第 9 期（2011 年 6 月），頁 1～19。

16. 林修德：〈從〈聲無哀樂論〉引用《莊子》「三籟」典故探其「聲情關係」中所蘊含的工夫向度〉，《中央大學人文學報》第 54 期（2013 年 4 月），頁 95～129。

17. 威廉・莊士頓（William Johnston, S.J.）著，李靜芝譯：〈神秘主義與時推移的不同面貌〉，《當代》第 36 期（1989 年 4 月），頁 49～53。

18. 威廉・莊士頓（William Johnston, S.J.）著，張譯心譯：〈神秘主義有未來嗎？〉，《輔仁宗教研究》第 15 期（2007 年夏），頁 1～12。

19. 畢來德（Jean François Billeter）著，宋剛譯：〈莊子九札〉，《中國文哲研究通訊》第 22 卷第 3 期（2012 年 9 月），頁 5～39。

20. 黃鼎元：〈書評：W. T. Stace《冥契主義與哲學》〉，《哲學與文化》第 31 卷第 12 期（2004 年 12 月），頁 117～120。

21. 楊祖漢：〈「體用不二」與體證的方法〉，《鵝湖月刊》第 19 卷第 12 期（1994 年 6 月），頁 2～6。

22. 楊儒賓：〈卮言論：莊子論如何使用語言表達思想〉，《漢學研究》第 10 卷第 2 期（1992 年 12 月），頁 123～157。

23. 楊儒賓：〈有沒有「道的語言」──莊子論「卮言」〉，收錄於林明德策畫《中國文學新境界》（臺北縣新店市：立緒文化事業有限公司，2005 年 3 月初版），頁 299～340。

24. 楊儒賓：〈莊子的「卮言」論──有沒有「道的語言」〉，收錄於劉笑敢主編《中國哲學與文化》（桂林：廣西師範大學出版社，2007 年 11 月初版）第二輯（注釋，詮釋，還是創構？），頁 12～40。

25. 楊儒賓：〈莊說，說莊〉（廈門：第三屆海峽兩岸國學論壇暨第四屆海峽兩岸國學高端研討會「道家研究──學術・信仰・生活」會議論文，2012 年 11 月 23～24 日）。

26. 蔡岳璋：〈試論莊子文學空間──來自「嘗試言之」的考慮〉，《清華學報》新 43 卷第 3 期（2013 年 9 月），頁 431～460。

27. 冀劍制：〈體證與論證的混淆：一個儒、道、佛哲學的難題〉，《鵝湖月刊》第 38 卷第 3 期（2012 年 9 月），頁 9～16。

28. 賴錫三：〈老莊的肉身之道與隱喻之道──神話・變形・冥契・隱喻〉，《當代新道家──多音複調與視域融合》（臺北：臺大出版中心，2012 年 3 月初版二刷），頁 289～336。

29. 賴錫三：〈身體、氣化、政治批判──畢來德《莊子四講》與〈莊子九札〉的身體觀與主體論〉，《中國文哲研究通訊》第 22 卷第 3 期（2012 年 9 月），頁 59～102。

30. 賴錫三：〈從《老子》的道體隱喻到《莊子》的體道敘事——由本雅明的說書人詮釋莊周的寓言藝術〉，《當代新道家——多音複調與視域融合》（臺北：臺大出版中心，2012 年 3 月初版二刷），頁 337～393。

31. 賴錫三：〈道家的自然體驗與冥契主義——神秘·悖論·自然·倫理〉，《當代新道家——多音複調與視域融合》（臺北：臺大出版中心，2012 年 3 月初版二刷），頁 225～288。

32. 謝君讚：〈未始出吾宗：論莊子之冥契主義的類型問題〉，《中正漢學研究》2013 年第 1 期（2013 年 6 月），頁 67～92。

33. 謝明陽：〈王叔岷《莊子校詮》勝義舉隅〉，《臺大中文學報》第 28 期（2008 年 6 月），頁 197～230。

34. 謝明陽：〈竟陵派詩學視野中的《莊子》詮釋——譚元春《遇莊》論析〉，《臺大中文學報》第 36 期（2012 年 3 月），頁 157～192。

35. 羅浩（Harold D. Roth）：〈內修：早期道家的主要實踐〉，收錄於陳鼓應主編，《道家文化研究》第十四輯（北京：生活·讀書·新知三聯書店，1998 年 7 月初版），頁 89～99。

36. 關永中：〈《神祕主義：神聖與世俗》〉，《哲學雜誌》第 3 期（1993 年 1 月），頁 237～239。

37. 關永中：〈「獨與天地精神往來」——與莊子對談神祕經驗知識論〉，《第三個千禧年哲學的展望——基督宗教與中華文化交談——會議論文集》（臺北縣新莊市：輔仁大學出版社，2002 年 10 月初版），頁 105～156。

38. 關永中：〈上與造物者遊——與莊子對談神祕主義〉，《臺大哲學論評》第 22 期（1999 年 1 月），頁 137～172。

39. 關永中：〈不敖倪於萬物、不譴是非——與莊子懇談見道及其所引致的平齊物議〉，《臺灣大學哲學論評》第 32 期（2006 年 10 月），頁 45～74。

40. 關永中：〈神祕主義及其四大型態〉，《當代》第 36 期（1989 年 4 月），頁 39～48。

41. 蘇何誠：〈莊子卮言論：密契體驗之酒醉境界語言〉，《文明探索》第 58 卷（2009 年 7 月），頁 43～61。